O DESAPARECIMENTO DO DOTE

MURIEL NAZZARI

O desaparecimento do dote

Mulheres, famílias e mudança social em São Paulo, Brasil, 1600-1900

Tradução
Lólio Lourenço de Oliveira

COMPANHIA DAS LETRAS

Título original
Disappearance of the Dowry:
Women, Families, and Social Change in São Paulo, Brazil, 1600-1900

Capa
Ettore Bottini sobre foto de Luís Gonzaga de Azevedo
(Acervo do Museu da Imagem e do Som / SP)

Preparação
Flavia Bancher

Índice remissivo
Luciano Marchiori

Revisão
Cláudia Cantarin e Maysa Monção

Dados Internacionais de Catalogação na Publicação (CIP)
(Câmara Brasileira do Livro, SP, Brasil)

Nazzari, Muriel
O desaparecimento do dote : mulheres, famílias e mudança social em São Paulo, Brasil, 1600-1900 / Muriel Nazzari : tradução de Lólio Lourenço de Oliveira. — São Paulo : Companhia das Letras, 2001.

Título original : Disappearance of the dowry : women, families, and social change in São Paulo, Brazil, 1600-1900
ISBN 85-359-0185-x

1. Dote – São Paulo (Estado) – História 2. Família – São Paulo (Estado) – História 3. Mulheres – São Paulo (Estado) – História 4. São Paulo (Estado) – Condições sociais I. Título

01-4941 CDD-306.85098161

Índices para catálogo sistemático:
1. Dote : Família : São Paulo : Estado : Sociologia 306.85098161
2. São Paulo : Estado : Dote : Família : Sociologia 306.85098161

[2001]
Todos os direitos desta edição reservados à
EDITORA SCHWARCZ LTDA.
Rua Bandeira Paulista 702 cj. 32
04532-002 — São Paulo — SP
Telefone (11) 3846-0801
Fax (11) 3846-0814
www.companhiadasletras.com.br

Em memória de Bessie Archer Smith, minha mãe

Sumário

Agradecimentos

Este projeto não poderia ter sido levado a cabo sem o estímulo, o apoio econômico e a ajuda direta de muitas pessoas e organizações. Uma bolsa da Tinker Foundation possibilitou que eu fizesse uma viagem preliminar ao Brasil no verão de 1981 para localizar os documentos necessários. A pesquisa em São Paulo no correr de 1982 e 1983 foi parcialmente financiada por uma bolsa para pesquisa em estudos sobre a mulher da Fundação Woodrow Wilson.

Agradeço a George Nazzari, sem cujo apoio moral e econômico este projeto teria sido impossível. Meus filhos e netos me apoiaram durante todo o tempo e dedico a eles meu agradecimento e meu amor.

Recordo com gratidão os meses que passei pesquisando no Arquivo do Estado de São Paulo, onde d. Maria Glória Martinelli e Azoardil Martinelli me agraciaram com uma ajuda amiga e inestimável. Durante os meses que passei no Arquivo do Ministério da Justiça, na Vila Leopoldina, seu diretor, sr. Benedito Chaves, facilitou-me enormemente a localização de documentos. Agradeço também a ajuda dos funcionários da biblioteca da Faculdade de Direito de São Paulo, do Arquivo da Cúria Metropolitana de São Paulo, da biblioteca do Instituto de Estudos Brasileiros, do Museu Paulista, da Biblioteca Municipal e do Arquivo Histórico do Ministério das Relações Exteriores.

Meus agradecimentos a Linda Lewin, que, em junho de 1981, em São Paulo, deu-me conselhos inestimáveis a respeito de onde encontrar documentos, de quais livros consultar na biblioteca da Faculdade de Direito e dos procedimentos burocráticos necessários para obter permissão para trabalhar no arquivo da Vila Leopoldina. Devo grande gratidão a Heleieth Saffioti, da UNESP de Araraquara, que teve a paciência de escutar minhas idéias à medida que elas evoluíam e cedeu-me graciosamente seu apartamento por várias semanas. Outros acadêmicos a quem agradeço por permitir que com eles compartilhasse minhas preocupações são Bela Biancho, Ruth Cardoso, Ralph della Cava, Mariza Corrêa, Peter Fry, June Hahner, Miriam Moreira Leite, Maria Luiza Marcílio, Laima Mesgravis, Fernando Novais e Robert Slenes.

Colegas pesquisadores do Brasil ajudaram-me com longas horas de conversa em que pudemos discutir minhas idéias. Agradeço a Serafina Traub Borges do Amaral, John French, Kathy Higgins, John Monteiro, Mary del Priore e Julio Caio Velloso. Nos Estados Unidos, recebi o estímulo e o apoio moral de Vaneeta D'Andrea, Carolyn Cooper, Jean Hein e Catalina Stroll.

Minha grande gratidão a Emilia Viotti da Costa, que orientou minha tese, oferecendo uma crítica rica de idéias a cada etapa do trabalho. Agradeço também o estímulo que recebi de Nancy Cott.

Muito embora nem sempre tenha seguido seus conselhos, agradeço de maneira especial a Silvia Arrom e Richard Graham que leram e comentaram cuidadosamente sucessivos esboços deste livro. Minha escolha do tema deve muito a Silvia Arrom, que me estimulou a prosseguir em minha pesquisa sobre o casamento mediante a investigação da prática do dote e sugeriu-me a técnica de amostragem que iria permitir este tipo de estudo longitudinal. Richard Graham foi autor do desafio que fomentou minha análise final da mudança na família no século XIX; ele fez leituras detalhadas, meticulosas e estimulantes do manuscrito.

M. N.

Observação sobre o meio circulante

Durante os séculos XVI e XVII, a unidade monetária portuguesa e brasileira era o *real*, plural *réis*. Naquele período, quatrocentos réis eram chamados um *cruzado*. Pelos meados do século XIX, a unidade monetária foi se tornando o *mil-réis*, que se grafava 1$000. Um milhar de mil-réis era chamado *conto* e se grafava 1:000$000.

Introdução

Há vários anos, quando em busca de material a respeito do casamento nos Estados Unidos do século XX, encontrei indícios de que o ingresso da mulher na força de trabalho remunerada lhe dera um poder dentro do casamento semelhante ao que, no passado, lhe conferia o fato de trazer consigo um dote para o casamento. Se o dote representava, de fato, um amparo às esposas, indaguei-me por que não existia mais esse costume e por que os pais dos séculos XIX e XX, que sem dúvida amavam suas filhas tanto quanto os dos séculos anteriores, haviam parado de conceder dotes. Uma resposta a essa indagação tornou-se possível quando descobri, no Brasil, o tipo de documento que permite o estudo da mudança na prática do dote. Este livro é o resultado disso.[1]

O dote foi uma instituição européia que os portugueses, colonizadores do Brasil no século XVI, trouxeram com eles, juntamente com o cristianismo e outros implementos culturais europeus.[2] De acordo com a lei e os costumes portugueses, conceder um dote a uma filha constituía dever dos pais, análogo ao dever de alimentar e cuidar dos filhos, e só era limitado pela amplitude dos recursos de que dispusessem. Na São Paulo do século XVII, a maior parte dos proprietários dava a suas filhas dotes de tal monta que, para o sustento do novo casal, as esposas contribuíam com a maior parte das terras, do gado, das ferramentas agrícolas e dos escravos necessários. Hoje em dia, já não existe o dote em São Paulo, embora as pessoas ainda se recordem de ouvir falar dos dotes de suas avós ou bisavós.

Em outros lugares o dote também desapareceu. Na Inglaterra, foi abandonado por volta do final do século XIX, enquanto em algumas partes da Alemanha pode ter continuado a existir até depois da Primeira Guerra Mundial.[3] Muito embora o dote tenha praticamente desaparecido na Europa, há algumas localidades, em geral em áreas rurais, na Grécia, Irlanda, Itália, Espanha, Portugal e Malta, em que o dote parece ainda ser praticado.[4] O dote também persiste em várias outras partes do mundo, notadamente na Índia.[5] Com relação à América Latina, Asunción Lavrin e Edith Couturier documentaram um decréscimo na concessão de dotes no México entre meados do século XVII e fins do século XVIII, e Silvia Arrom mostra que o declínio continuou no século XIX.[6]

No Brasil, no começo do século XX, não só tinha desaparecido a prática do dote como também haviam mudado radicalmente as opiniões a respeito da importância de uma noiva trazer um dote ou outros bens para o casamento. Em 1623, Pero Nunes, morador de São Paulo, fez constar em seu testamento: "[...] e mando a meus herdeiros não entendam com as ditas cousas que dei à dita minha filha Maria, com pena de minha maldição, que tudo lhe dei em minha vida, por ser minha única filha muito amada, para seu casamento e para ajuda de sua vida".[7] Evidentemente ele acreditava que doar bens para sua filha levar consigo ao se casar lhe garantiria a felicidade. No início do século XX, começou a manifestar-se o ponto de vista contrário. Em 1907, um congressista brasileiro comentou sobre a persistência de "casamentos de pura exploração, dos farejadores de dote, desses que vão atrás das moças ricas, para associarem-se, não a seu destino ou ao seu futuro, mas simplesmente aos seus haveres".[8] É evidente que considerava que o dote atrairia a pior espécie de marido, condenando a mulher a viver com um caçador de fortunas em lugar de viver com um homem que valorizasse suas qualidades pessoais. Houvera uma inversão nas opiniões a respeito do modo de garantir o bem-estar de uma filha.

METODOLOGIA

Para descobrir por que o dote desapareceu, tive de estudar sua prática na época em que ainda existia, procurando por padrões de mudança no decorrer do tempo que pudessem ajudar a explicar seu desaparecimento. Uma vez que o período coberto devia ser suficientemente longo para revelar mudanças ocorridas nessa prática, optei por iniciar o estudo com documentos de 1640 e terminá-lo com os de 1869, quando ainda existia o dote, como atestam artigos de natureza jurídica a respeito do dote, publicados em São Paulo nas décadas de 1870 e 1880.[9] O período coberto pelo livro é, porém, um pouco mais longo, indo aproximadamente de 1600 a 1900. Escolhi 1600 para corresponder ao fato de que os documentos de 1640 descrevem a prática do dote durante a vida dos falecidos, em muitos casos pelo menos quarenta anos antes. Escolhi 1900 como um ano redondo para o término do estudo, porque incluí uma análise de leis aprovadas em 1890 e 1917 e por supor que o dote desapareceu por volta da virada do século XX.

Utilizei "inventários", os processos judiciais brasileiros para a legalização da transferência de bens *causa mortis*. Os inventários contêm não só a relação de bens (o inventário propriamente dito de um patrimônio), como também o testamento da pessoa falecida (caso exista), todos os litígios entre herdeiros, listas dos débitos do espólio, as reivindicações dos credores, os recibos de pagamento, os relatórios e as contas dos curadores de herdeiros menores de idade e a partilha final dos bens entre os herdeiros. Os inventários são inestimáveis para a documentação da mudança, porque seu formato sofreu poucas alterações no correr desses três séculos e todos eles proporcionam aproximadamente o mesmo tipo de informação, permitindo assim comparações entre parentes, famílias e períodos.

O que torna os inventários tão úteis para o estudo da prática do dote é que, segundo o direito de família português e brasileiro, o dote era considerado um adiantamento da herança de uma filha.[10] Uma vez que todos os filhos legítimos eram herdeiros forçados — isto é, não podiam ser deserdados —, um inventário que relacionasse, entre os herdeiros do espólio, as filhas casadas ou os filhos delas continha referências aos dotes das filhas, a menos que elas não os tivessem recebido, circunstância também documentada no inventário.[11] Mesmo que não houvesse menção explícita a um dote, os próprios documentos revelavam se algum dote fora ou não concedido. Se a filha casada herdava em igualdade de condições com seus irmãos e irmãs solteiras, isso significava que não havia recebido dote algum. Se, por outro lado, não herdava nada ou abria mão da herança (o que constituía a prática mais freqüente para as filhas dotadas no século XVII), isso significava que havia recebido um dote que ela e seu marido consideravam pelo menos equivalente à sua herança. Por ocasião da morte de cada um de seus genitores, uma filha dotada e seu marido podiam ou recusar-se a herdar, ou entrar *à colação* — isto é, devolver o dote ao espólio, adicionando o respectivo valor ao espólio líquido antes da divisão entre os herdeiros. Se ela exercesse essa opção da colação, o dote seria subtraído de sua legítima, e ela receberia a diferença, ou, se ela e seu marido houvessem superestimado o valor do espólio, e o dote fosse maior do que sua legítima, ela deveria devolver a diferença a seus irmãos. Como o dote era concedido por ambos os genitores, apenas metade do dote entrava à colação quando da morte de cada um deles, enquanto o dote concedido por uma viúva ou um viúvo entrava totalmente à colação.[12]

Em português, a palavra "dote" possui pelo menos dois sentidos. No primeiro, o dote é visto do ponto de vista de quem o concede e definido como os bens que pais, ou outros parentes ou não parentes, concedem a uma mulher por ocasião do casamento. Este estudo versa principalmente sobre o dote concedido pelos pais. No segundo sentido, o dote é visto do ponto de vista de seus beneficiários, o casal de cônjuges, e é definido como os bens que uma mulher leva consigo para a sociedade conjugal. Nesse sentido, "dote" pode ser o dote que uma noiva recebe de seus pais, bens que herdou anteriormente e leva consigo para o casamento, ou bens que possui como viúva e leva consigo ao casar-se novamente.[13]

No interior do casamento, porém, o dote no Brasil era em geral absorvido no conjunto de bens do casal. As *Ordenações* estabeleciam que, a menos que se assinasse um pacto pré-nupcial, todo casamento válido efetuado pela Igreja resultava num sistema de comunhão total de bens entre os cônjuges, chamado de "carta de ametade".[14] De acordo com essa legislação, o dote se fundia aos bens do casal e não havia garantia, para a esposa, de soma alguma fixada em caso de viuvez, como acontecia na legislação espanhola.[15] Porém, uma vez que ela era dona de metade dos bens do casal, conservava essa metade, chamada de "meação", no caso de viuvez e, quando morresse, quer já viúva ou com o marido ainda vivo, sua meação ia para seus herdeiros forçados, seus filhos, ou, caso não tivesse filhos, seus genitores.[16]

Para estudar as modificações na prática do dote durante um período assim prolongado, foi necessário que eu tomasse medidas de modo a tornar o estudo viável. Primeiro, limitei a área geográfica à cidade de São Paulo e seus arredores.[17] Em segundo lugar, concentrei-me principalmente nos inventários datados das duas décadas do meio de cada século.

Com o objetivo de eliminar a subjetividade na escolha dos inventários, organizei uma amostra que compreende *todos* os inventários em que a pessoa falecida tivesse filhas casadas (ou seus descendentes) em determinado conjunto de documentos dentro de um período de tempo predeterminado.[18] Assim, a amostra para o século XVII consiste em todos os 48 inventários em que havia filhas casadas, ou seus herdeiros, no período de 1640 a 1651 publicados em *Inventários e Testamentos*, 44 vols. (São Paulo, Arquivo do Estado de São Paulo, 1921-1975).[19] A amostra do século XVIII consiste em todos os 68 inventários manuscritos em que havia filhas casadas, ou seus herdeiros, no período de 1750 a 1769, nos "Inventários não publicados", no Arquivo do Estado de São Paulo.[20] A amostra do século XIX consiste em todos os 178 inventários manuscritos em que havia filhas casadas, ou seus herdeiros, no período de 1850 a 1869, no "Segundo Ofício da Família", no Arquivo do Ministério da Justiça, na Vila Leopoldina.[21]

A data de um inventário naturalmente não corresponde à data em que os genitores falecidos concederam o dote a sua filha. Assim, dependendo da idade do falecido e da idade em que as filhas se casaram, um inventário datado de meados do século pode referir-se a um dote concedido até cinqüenta anos antes. Por isso, a comparação feita neste estudo é entre a prática do dote, aproximadamente, na primeira metade do século XVII, na primeira metade do século XVIII e primeira metade do século XIX.

O PROBLEMA

Por que uma prática que fora considerada um dever deixa de ser um dever, ou, inversamente, por que as filhas perderam o direito de que anteriormente haviam desfrutado de receber de seus genitores os recursos que contribuíam para o sustento de seu casamento? Apesar dos muitos estudos históricos e antropológicos a respeito do dote, este estudo, ao que eu saiba, constitui a primeira análise de seu desaparecimento. De modo geral, minha hipótese é que a instituição do dote estava entre os muitos obstáculos ao desenvolvimento do capitalismo, tais como o morgado, os monopólios e os privilégios da nobreza, do clero e dos militares, que desapareceram à medida que se disseminou mundialmente a influência do capital industrial. Contudo, o morgado, os monopólios e os privilégios foram legalmente abolidos, enquanto o dote não foi abolido legalmente, ele desapareceu na prática. Assim, persiste a indagação: o que terá levado as famílias a mudar seus costumes em relação ao dote?

E foi extraordinária a mudança ocorrida em tais costumes. Verifiquei que, no século XVII, praticamente todas as famílias proprietárias de São Paulo dotavam cada uma de suas filhas, beneficiando-as com a concessão de dotes que excediam em muito o montante a ser herdado mais tarde por seus irmãos. Em contraposição, no início do século XIX, muito antes de haver desaparecido o costume do dote, menos de uma terça parte das famílias proprietárias de São Paulo dotavam suas filhas e, quando o faziam, concediam dotes comparativamente menores e de conteúdo muito diferente, e algumas famílias dotavam apenas uma ou duas de suas várias filhas.

Como explicar essa transformação nos costumes? No decorrer deste livro, irei demonstrar que a prática do dote se alterou devido a mudanças na sociedade, na família e no casamento. Como o dote constitui uma transferência de bens entre membros da família, as mudanças no conceito de propriedade, no modo como se adquirem e conservam os bens ou nas práticas empresariais são relevantes para que se compreenda a mudança na instituição do dote, como também o são as mudanças na função da família na sociedade, no modo como ela se integra na produção e na maneira como sustenta seus membros.

As mudanças sofridas pela sociedade brasileira que ajudam a explicar a decadência e o desaparecimento do dote são muitas das mesmas transformações que têm sido observadas nas regiões mais centrais do mundo ocidental. Passando por um longo processo que se iniciou no século XVIII e continuou até o início do século XX, o Brasil mudou, de uma sociedade hierárquica, tipo *ancien régime*, na qual eram primordiais a posição social, a família e as relações clientelistas, para uma sociedade mais individualista, em que, cada vez mais, passaram a dominar o contrato e o mercado.[22] Uma sociedade verticalmente repartida em clãs familiares transformou-se gradativamente em uma sociedade dividida horizontalmente em classes.[23] À medida que se fortalecia, o Estado passou a assumir funções antes desempenhadas pela família, as quais, na sociedade pioneira da São Paulo do século XVII, haviam abrangido o governo local e a defesa.[24]

Entre o século XVII e o final do século XIX, desenvolveu-se um novo conceito de propriedade privada.[25] A família deixou de ser o *locus* da produção e do consumo, para se tornar principalmente o *locus* do consumo, ao mesmo tempo que "família" e "empresa" passaram a estar formalmente separadas.[26] O poder da família extensa entrou em decadência e a família conjugal tornou-se mais importante; o casamento transformou-se, de questão predominantemente de propriedade, em relacionamento reconhecido como de "amor", cujos esteios econômicos já não eram explicitados.[27] Ao mesmo tempo, houve uma mudança da forte autoridade do patriarca sobre os filhos e as filhas adultos para uma maior independência destes, e dos casamentos arranjados para os casamentos livremente escolhidos pelos noivos.[28] Essas transformações tiveram lugar no Brasil a partir do século XVIII e continuaram durante todo o século XIX de maneira gradual e complexa, de tal modo que tanto as características antigas quanto as novas muitas vezes coexistiam num dado momento, por vezes até dentro da mesma família.[29]

À medida que essas mudanças foram ocorrendo, a prática do dote se alterou. Este livro trata dessa transformação em São Paulo e busca responder como as alterações na prática familiar estavam vinculadas a mudanças sociais mais amplas. Por que as famílias proprietárias modificaram seu comportamento relativamente a filhos e filhas? E quais as conseqüências disso para as mulheres dessas famílias?

PARTE 1

O século XVII (1600-1651)

1. A família como base da sociedade

Em 1554, um grupo de jesuítas fundou São Paulo nas proximidades do povoado de vários náufragos portugueses que havia muito tempo estavam no Brasil, tendo se casado com as filhas de chefes indígenas locais, as quais haviam se convertido e recebido nomes portugueses. Essas famílias constituíram o núcleo de que descenderiam todas as grandes famílias paulistas.[1] Como São Paulo ficava distante de Salvador, centro administrativo e judicial da colônia até o século XVIII, e nada produzia de especial interesse para Portugal, pôde viver em grande parte por sua própria conta. Assim sendo, os paulistas desenvolveram grande sentimento de independência e vez por outra agiram de maneira claramente arrogante contra intervenções oficiais.[2]

Na falta de uma forte presença do Estado, a sociedade era dominada por famílias extensas ou clãs.[3] Grandes parentelas, controladas por um patriarca ou, às vezes, uma matriarca, dominavam a maioria dos aspectos da vida social (com exceção talvez das ordens regulares da Igreja), o que incluía o governo local, as atividades produtivas e comerciais e as grandes expedições para a escravização de índios, as bandeiras, que constituíam a base da prosperidade de São Paulo — ou até mesmo de sua existência. O poder do clã residia não só em sua riqueza e bens materiais, como também, e talvez de maneira mais marcante, nos recursos humanos que conseguia ter à disposição: parentes, índios e escravos africanos. Assim sendo, o casamento dos filhos ampliava e fortalecia o clã.

Como na São Paulo do século XVII não havia companhias ou sociedades comerciais formais, a família proprietária constituía, ela mesma, a estrutura por intermédio da qual se realizava a atividade econômica. O casamento era o modo como se formava uma nova empresa produtiva, em que o dote da esposa proporcionava a maior parte dos meios de produção necessários para dar início à nova unidade. Casar-se com uma mulher com um dote constituía também um dos poucos modos pelo qual um jovem adquiria recursos independentes. Conseqüentemente, o dote era uma instituição econômica importante e o casamento não era assunto privado que interessasse apenas aos indivíduos envolvidos, como viria a ser no século XIX. Devido à importância pública do dote e do casamento, as esposas e as filhas das famílias proprietárias ocupavam posição muito mais importante do que a que lhes tem sido atribuída pela historiografia tradicional. Este capítulo descreverá e analisará essa sociedade de base familiar como uma chave para a compreensão da prática do dote por ela adotada.

A SOCIEDADE COM BASE NO CLÃ

No início do século XVII, a população de São Paulo compunha-se dos descendentes dos colonos originais, de certo número de portugueses chegados mais recentemente, dos jesuítas com seus recrutas nativos instalados em aldeias em torno da cidade e de inúmeros outros índios que eram sujeitos ao serviço pessoal dos colonos.[4] São Paulo desenvolveu uma sociedade em duas camadas; a elite compunha-se dos descendentes mestiços dos primeiros portugueses mais os portugueses que vieram depois, enquanto os índios e uma pequena quantidade de escravos africanos constituíam a classe inferior.

Só se dispõe de uma idéia aproximada das dimensões da cidade no século XVII. Quando a Câmara Municipal dirigiu-se ao governador-geral do Brasil, em 1589, solicitando um vigário para São Paulo, sua estimativa do número de moradores foi de 150, que eram apenas os colonos brancos ou mestiços.[5] Quase sessenta anos depois, em 1648, o padre Antônio Vieira registrou que São Paulo possuía setecentos chefes de família — moradores — e alguns milhares de índios.[6] Todos os donos de terras viviam o ano todo em suas fazendas, onde podiam supervisionar melhor seus índios, mas as famílias mais ricas também possuíam casas na cidade, onde ficavam quando vinham participar de atividades urbanas, tais como procissões religiosas ou reuniões da Câmara.[7]

A luta entre os clãs dos Pires e dos Camargo, em meados do século XVII, é um exemplo do poder da família extensa em São Paulo e da concomitante fraqueza da Coroa. Nessa luta, a vingança privada do clã substituía a justiça pública do Estado.[8] Essa luta parece ter tido início em 1640, quando Alberto Pires matou a esposa, Leonor Camargo, e a seguir assassinou o homem que alegava ser amante dela. As milícias dos Camargo perseguiram Alberto até a fazenda de sua mãe e a cercaram. A mãe de Alberto, a matriarca d. Ignez Monteiro, conhecida como "a Matrona", veio até a porta, tendo na mão erguida um crucifixo, e negociou com os agressores, que concordaram em não matar Alberto no ato, mas aceitar o veredicto do Tribunal Superior da Bahia, para o qual o conduziriam imediatamente. D. Ignez os acompanhou com seus criados armados, mas no caminho os que escoltavam Alberto o assassinaram, o que ocasionou insaciável sede de vingança da matriarca, dando origem a um confronto entre os clãs que durou pelo menos vinte anos, e no qual ocorreram não só assassinatos e vinganças, como também combates abertos entre tropas de cada um dos lados.

Parte importante desse conflito teve lugar dentro da Câmara, o que demonstra que o clã, ou família extensa, constituía por si só a estrutura do governo em nível local. Os dois clãs competiam pelo poder político de modo tão indisciplinado que, finalmente, pediram a mediação do governador-geral do Brasil, e este os fez assinar um acordo de paz segundo o qual, a partir de então, cada um dos clãs ocuparia metade dos assentos da Câmara.[9]

A luta entre os Pires e os Camargo demonstra não só o poder político e militar dos clãs, como também o caráter corporativo da família. Um sentimento de responsabilidade coletiva mais do que individual permeia essa luta, pois o assassinato e a represália eram considerados assuntos mais familiares do que individuais. Isso fica claramente evidente num documento legal, datado de 1658, em que Anna de Proença, representada pelo filho, perdoava solenemente Maria Gonçalves, viúva de Pedro Leme do Prado, pelo assassinato por este cometido de um outro filho de Anna.[10] Vemos, neste caso, os parentes da vítima perdoando não o assassino, mas sua família, sua viúva.[11]

Outro exemplo da responsabilidade corporativa da família, de herdeiros respondendo pelos atos de seu pai, é o de Manoel Pinto Guedes, que levou para o sertão o grande expedicionário indígena João sem autorização de seu dono. Quando ambos morreram na expedição, o dono de João processou os herdeiros de Manoel por sua perda.[12] Poder-se-ia argumentar que este caso difere do anterior, porque os herdeiros de Manoel foram processados por perda de bens e não por uma perda familiar. Mas o bem em questão era um homem, que podia proporcionar serviços análogos aos de um filho; poder-se-ia afirmar que as diferenças entre a perda de um homem que era criado ou escravo e a perda de um filho são apenas emocionais ou relativas a questões de linhagem.

Em todo caso, a família era tida como responsável por atos individuais e, inversamente, alguns indivíduos poderiam representar todos os demais membros da família. Por exemplo, o tratado final de paz entre os Pires e os Camargo foi assinado em 1660 pelos chefes representativos de ambas as famílias "por si e em nome de suas famílias e parentes, amigos e aliados, presentes e ausentes".[13]

Além disso, a lealdade familiar era o mais importante, e considerava-se que ela determinava os atos individuais. Por exemplo, o juiz d. Simão de Toledo considerou não poder ser objetivo na partilha do espólio de Anna Luiz porque sua esposa era parente afastada de um dos netos e herdeiros da falecida, e por isso desqualificou-se para prosseguir com o processo sem a presença de um membro da Câmara como fiscal.[14]

O caráter corporativo da família extensa, ou clã, evidenciava-se também nas relações comerciais. Embora as transações comerciais registradas pareçam ser entre indivíduos, particularmente quando quem as realizava era o patriarca ou sua viúva, esse individualismo é desmentido pela freqüência com que eles eram representados por outros membros da família, do mesmo modo como, atualmente, funcionários representam uma firma. Pedro Vidal, por exemplo, registrou em seu testamento de 1658 que havia negociado o montante de seu débito de impostos com o filho do coletor.[15] Evidentemente, esse filho possuía autoridade gerencial moderna para negociar.

Assim, as famílias funcionavam como unidades empresariais em que diversos membros representavam a família. Em geral, eram filhos que representavam o pai ou a mãe viúva, mas há inúmeros casos de homens representando seus sogros ou sogras, o que indica que a relação de negócios era tão importante entre parentes por casamento quanto entre parentes consangüíneos. Por exemplo, quando Domingos Machado foi nomeado avaliador de um inventário em 1640, mandou seu genro fazer o serviço.[16] Há casos semelhantes de genros que receberam pagamentos de dívidas de que seus sogros eram credores, ou que assinaram o recibo pela herança de um sogro, ou ainda um caso em que foi o sogro quem recebeu a herança de seu genro.[17]

As alianças matrimoniais eram, pois, alianças de negócios. É provável que um homem nascido em São Paulo fosse identificado como filho, ou como genro, dependendo de qual família estivesse representando naquele momento. Contudo, os portugueses chegados recentemente, por não terem família de origem na região, provavelmente eram sempre identificados por meio de seus parentes por afinidade.

A aliança entre duas famílias criada pelo casamento não desaparecia com o falecimento da filha que fora o elo entre elas. Por exemplo, quando, em 1610, Clemente Alveres fugiu após cometer um crime, a Câmara advertiu sua segunda esposa de que não atendesse ao pedido dele para lhe enviar sua forja, ao mesmo tempo que advertia igualmente Braz Gonçalves, pai da primeira esposa de Clemente, de que nem ele nem seus filhos deveriam levá-la para Clemente.[18]

Os patriarcas eram representados em seus negócios comerciais não só por seus filhos e genros, como também por suas esposas. Apesar do fato de a maior parte das mulheres proprietárias em São Paulo do século XVII serem analfabetas, elas freqüentemente substituíam os maridos.[19] Por exemplo, em muitas ocasiões era a esposa quem recebia ou efetuava pagamentos.[20] Em outras ocasiões, as esposas tomavam decisões importantes de maneira independente, como foi o caso de Anna Tenoria, que casou e concedeu dote a sua filha mais velha, enquanto seu marido se encontrava numa bandeira.[21] O papel da mulher como representante do marido era reconhecido pelas autoridades. Isso ficou muito evidente no caso em que, durante a ausência do tutor de uma criança, o juiz dos órfãos pediu que a esposa do tutor comparecesse ao tribunal em seu lugar e desse informações sobre os bens do órfão.[22]

As esposas não só representavam os maridos em transações comerciais ocasionais, como também administravam os bens comuns durante longos períodos de tempo. Embora somente ao ficar viúva é que uma mulher se tornava legalmente chefe da família, as esposas administravam as propriedades da família enquanto seus maridos, filhos e genros se ausentavam durante anos seguidos, em expedições de escravização de índios. Por exemplo, o juiz colocou a herança de Henrique da Cunha nas mãos de sua esposa para que ela a administrasse durante a ausência do marido, e sugeriu-lhe que pusesse imediatamente seus vaqueiros para vigiar o novo rebanho.[23] O governador Antônio Paes de Sande confirmou esse papel das mulheres paulistas quando, em 1698, assim as descreveu: "As mulheres são formosas e varonis e é costume ali deixarem seus maridos a sua disposição o governo das casas e das fazendas, para o que são industriosas".[24] Vez por outra, encontra-se nos inventários esse tipo de opinião positiva a respeito da capacidade das mulheres; por exemplo, quando, ao conceder à viúva de Miguel Garcia Velho a administração dos bens de seus filhos, o juiz comentou que ela era muito capaz e cuidaria de fazê-los crescer.[25]

AS BANDEIRAS COMO EMPREENDIMENTOS FAMILIARES

Não só as famílias levavam a cabo as transações comerciais comuns como uma unidade corporativa, como também eram elas que organizavam as grandes expedições de escravização, o que constituía o empreendimento mais importante da São Paulo do século XVII. Tanto parentes consangüíneos como parentes por afinidade formavam juntos as bandeiras. Contudo, os parentes que seguiam juntos para o sertão eram principalmente homens, pois as esposas legítimas e as filhas ficavam em São Paulo, e freqüentemente se observava que, durante uma expedição, eram poucos os homens adultos que permaneciam em São Paulo. (A maior parte dos índios também ia junto como ajudantes, bem como algumas índias.)[26]

As bandeiras eram expedições militares que funcionavam como empreendimentos contratuais, em que alguns membros de uma família eram os armadores, que investiam seu capital (dinheiro, armas, suprimentos ou índios), enquanto outros investiam seu trabalho.[27] Por exemplo, no testamento que Luis Dias fez no sertão, ele declarou que chegara a um acordo com o sogro, pelo qual os cativos deveriam ser divididos meio a meio entre eles, como retribuição pelo aviamento de seu sogro de uma índia, dois índios, uma espingarda, uma panela e um machado.[28] O investimento que os membros de uma família faziam numa bandeira dependia de sua posição social e de seu capital. Geralmente, o patriarca havia começado a ir nessas expedições quando jovem e continuado durante sua maturidade, investindo sua própria pessoa e tanto capital, bens e índios quanto ele e a esposa tivessem condições de fornecer. Depois de velho, permanecia em casa, e ele e a esposa recebiam índios trazidos do sertão na proporção do investimento que faziam em bens e homens, fossem estes índios ou filhos. Sua viúva continuava agindo do mesmo modo.

As bandeiras eram empreendimentos familiares. Quanto mais rica fosse a família e quanto mais índios já possuísse, maior era o montante em suprimentos e em ajudantes indígenas que podia investir numa bandeira, e maior o retorno obtido em cativos. Uma vez que índios faziam parte dos dotes, o casamento com uma mulher dotada aumentava as possibilidades de um homem numa bandeira. Além disso, o número de membros masculinos da família que fizessem parte de uma expedição também ajudava a garantir o êxito da expedição, tornando vantajoso para a família o recrutamento não só de filhos mas também de genros, enviando-os nas expedições como sócios minoritários do patriarca, ou de sua viúva.

Desse modo, o casamento e as alianças que dele se originavam tornavam mais fortes as bandeiras. Exemplo desse ajuntamento de parentes homens é a bandeira de Antônio Raposo Tavares, que atacou La Guaira em 1628, e na qual estavam seu irmão, seu sogro, seu genro e quatro netos. Também nessa expedição estavam Fernando de Melo e seu genro; Baltazar de Morais e dois de seus genros; Simão Jorge e dois filhos; Mateus Neto e dois filhos; Amaro Bueno e seu genro; Francisco Rondon e seus dois irmãos; Calisto da Mota e seu irmão; Antônio Luiz de Grã, seu filho e seu genro; Antônio Raposo Velho com dois filhos; Pedro Madeira e seu filho; Gaspar Velho e seu genro; e Baltazar Lopes Fragoso e seu cunhado.[29] Outro exemplo é o da famosa bandeira de Fernão Dias Paes, no final do século XVII, da qual ele escreveu que havia "tomado as armas com meus parentes".[30] Entre os parentes que foram na expedição estavam seu sobrinho, seu filho, seu genro, seu filho ilegítimo e seu irmão como capelão.[31]

Filhos solteiros não emancipados, "filhos-família", iam nas bandeiras como representantes dos pais e recebiam um quinhão das recompensas apenas se seus pais assim quisessem. Meninos de apenas dez ou doze anos acompanhavam os parentes nas bandeiras. Por exemplo, enquanto Fernão Dias Borges estava fora numa expedição, sua esposa, Isabel de Almeida, enviou o filho Simão, de nove ou dez anos de idade, para a casa do padrinho, com instruções de que deveria acompanhá-lo na próxima bandeira, provavelmente para adquirir, em campo, o conhecimento que iria utilizar no decorrer de toda a vida.[32]

À medida que os jovens se tornavam mais experientes — e, com isso, crescia seu valor para a expedição —, permitia-se que conservassem como propriedade pessoal parte dos índios que coubessem à família. Uma vez que os jovens solteiros, que ainda não haviam herdado, não possuíam bem algum, eles não atuavam por conta própria ao se juntarem a uma bandeira, mas sim como empregados ou sócios minoritários da empresa familiar que havia fornecido o necessário em armas, munição, suprimentos e ajudantes índios. Por exemplo, a viúva Maria Vitoria declarou em seu testamento que havia equipado seu filho solteiro, Gervazio de Vitoria, quando ele foi para o sertão, ficando entendido que os índios que ele trouxesse na volta seriam metade dela e metade dele.[33] Francisco Borges disse o mesmo em seu testamento, afirmando que seus filhos deviam receber somente metade dos cativos que trouxessem ao retornar, pois ele investira em sua expedição e eles ainda eram filhos-família, sob seu controle.[34] Do mesmo modo, alguns dos herdeiros de Catharina do Prado insistiram em que os índios trazidos do sertão por dois de seus filhos, enquanto ainda viviam com ela, não eram deles, como pretendiam, mas pertenciam ao espólio dela e deveriam ser repartidos entre todos os herdeiros.[35]

Raphael de Oliveira, porém, pareceu não considerar que tinha o direito, como de costume, a uns tantos índios que seus filhos solteiros haviam trazido. Em seu testamento, teve o cuidado de distinguir entre os índios que lhe pertenciam e os que permitira que seus filhos mantivessem como propriedade pessoal, porque, como disse, eles haviam arriscado suas vidas para consegui-los. Afirmou julgar que somente enquanto fora suficientemente jovem e vigoroso para ir ele próprio ao sertão é que devia receber um quinhão dos cativos. Não obstante, Raphael sentiu necessidade de enumerar as muitas outras maneiras pelas quais os filhos haviam contribuído para o crescimento de seu patrimônio para assim justificar a decisão que tomava de privar os demais herdeiros, ao permitir que esses filhos mantivessem como seus os índios que haviam capturado.[36]

Além do casamento com uma mulher que tivesse dote, entrar numa bandeira era, pois, outro modo pelo qual um jovem podia começar a acumular recursos independentes. Não eram só os filhos e os genros que podiam receber um quinhão dos cativos. Um jovem órfão criado na casa de Clemente Alveres voltou do sertão, após a morte deste último, com grande contingente de índios. Exigiu e recebeu dois dos novos cativos como recompensa — ou pagamento — por haver arriscado a vida junto com os ajudantes índios fornecidos por Clemente.[37]

Uma vez trazidos do sertão, os índios cativos entravam para o conjunto do patrimônio da família e eram transmitidos por herança ou por dote. Como todo bem, os índios podiam ser conservados para renda, ou vendidos para obter um lucro imediato. Proporcionavam renda trabalhando para sustentar-se e sustentar a família de seu dono, plantando roças e criando porcos, carneiros ou gado, que eram comercializados para oferecer a seus senhores os meios para comprar os caros produtos portugueses importados, tais como roupas, símbolo de sua posição social, e para pagar os dízimos devidos à Coroa como representante da Igreja (ver, na Tabela 1, a diversidade da produção).[38] Os índios se tornavam tecelões, carpinteiros, sapateiros, veleiros, ourives, prateiros, ou ferreiros, processando assim produtos primários para aumentar seu valor de venda.[39] Eram também os carregadores que transportavam as mercadorias para Santos, cruzando a íngreme serra que separava essa cidade de São Paulo, e eram os ajudantes e guias nas bandeiras organizadas para a captura de mais índios.[40]

Além de proporcionar uma renda a seus donos mediante seu trabalho, os próprios índios podiam ser usados como mercadoria e vendidos para um imediato ganho de capital. As famílias provavelmente se beneficiavam dessas duas maneiras durante a formação de sua empresa familiar, e o número de índios num inventário dependia de qual método estivesse sendo utilizado quando morria

TABELA 1

Produção (século XVII)

Produto	Famílias produtoras	
	Número	Porcentagem
Produtos agrícolas de subsistência (principalmente mandioca, feijão e milho)	47	98
Algodão e tecidos de algodão	26	55
Porcos e carne de porco	31	65
Gado[a] 18	38	
Cavalos[b]	10	21
Trigo e farinha[c]	17	35
Cana-de-açúcar[d]	7	15
Aguardente	6	13
Uva e vinho	8	17

FONTE: Amostra, 48 propriedades.

[a] Dezoito famílias criavam gado, possuindo cada uma entre uma e 220 cabeças de gado, para um total de 597 cabeças.

[b] Dez famílias possuíam cavalos, de um a dez cavalos por família, para apenas trinta cavalos na amostra. O fato de haver índios disponíveis como carregadores pode ajudar a explicar a escassez de cavalos.

[c] Imóveis, em sua maior parte mas não exclusivamente, em Parnaíba, três dos quais possuíam moinhos. Ver Monteiro, "São Paulo", pp. 109-10, a respeito dos moinhos de trigo em Parnaíba.

[d] Inclusive cinco "trapiches", ou engenhos de açúcar, movidos a tração animal.

o chefe da família ou sua esposa. Isso explicaria por que alguns bandeirantes famosos deixaram patrimônios de tamanho considerável, mas poucos índios.

Assim, os índios capturados nas bandeiras, herdados ou recebidos como dote, tornaram-se o principal ativo de proprietários de São Paulo, como eles bem sabiam ao comentar que seus índios eram a "propriedade mais proveitosa que há nesta terra".[41] Contudo, legalmente, os índios não eram escravos. Numa lei de 1609, a Coroa decretou que os índios não podiam ser comprados ou vendidos, nem obrigados a trabalhar para quem quer que fosse contra sua vontade, e que deveriam ser pagos por seu trabalho.[42] Tão logo se teve conhecimento da nova lei, porém, os paulistas persuadiram o governador a declarar que, embora livres, os índios poderiam ainda ser herdados ou recebidos como dote.[43] Os índios continuaram, entretanto, a ser negociados durante todo o século XVII, ainda que não abertamente. Os documentos legais, tais como inventários, reiteravam constantemente que os índios eram livres, mas ao mesmo tempo forneciam pistas de que continuavam a ser vendidos.[44] Por isso, alguns historiadores sustentam que a principal fonte de renda dos paulistas era a venda de índios, mais do que de excedentes agrícolas para outras capitanias.[45] Segundo minha amostra, porém, a maioria dos paulistas possuidores de bens parecem ter diversificado seus empreendimentos, usando índios também para a produção agrícola de subsistência e para a produção de mercadorias para venda (ver Tabela 1).

A ECONOMIA COM BASE NO CLÃ

O montante de dinheiro envolvido no comércio era tão pequeno que os famosos clãs paulistas eram pobres se comparados aos donos de fazendas e engenhos do Nordeste. Nos fins do século XVI, 10 mil cruzados era quanto custava instalar um engenho no Nordeste e havia pelo menos cem fazendeiros em Pernambuco com rendas anuais de 5 mil cruzados, enquanto, em 1653, todo o patrimônio de Pedro Fernandes, de Parnaíba, valia apenas 1300 cruzados, embora ele fosse considerado um homem rico.[46] O valor total dos ativos brutos que compunham 41 patrimônios paulistas, entre 1640 e 1651, era de pouco mais de 15 mil cruzados. O fato de o conjunto das propriedades de 41 paulistas representar apenas uma vez e meia o valor de um só engenho no Nordeste confirma essa pobreza relativa.[47]

Não obstante, a São Paulo do século XVII era uma sociedade na qual não se atribuía valor monetário algum nos inventários a dois dos bens mais importantes que uma família podia possuir: terra e índios. Usualmente, a terra não era incluída na avaliação de um espólio. Títulos de propriedade da terra, quando existentes, eram anexados ao inventário, mas nenhum valor se atribuía à terra, nem era ela explicitamente dividida entre os herdeiros, como todas as demais posses. Atribuía-se valor monetário apenas às benfeitorias que houvesse nas terras, tais como roças, casas ou galpões, as quais eram divididas entre os herdeiros.[48] A maioria dos títulos de propriedade que aparecem nos inventários eram recebidos da Coroa por meio de "sesmarias", ou da Câmara mediante "cartas de datas de terra".[49] Uma vez que todo homem casado com filhos, ou viúva com filhos, podia receber essas doações, a terra tinha mais um valor de uso do que um valor de troca. Provavelmente não se avaliava a terra por ela haver sido recebida como doação.

Um mercado imobiliário começou, no entanto, a desenvolver-se no início do século XVII. Por exemplo, Ursulo Colaço diz em seu testamento que 25 anos antes havia vendido algumas terras a seu tio e, embora lhe tivesse dado o título da terra, seu tio ainda não lhe havia pago.[50] Em 1624, Lucrecia Maciel e seu segundo marido venderam por 18$000 a terra recebida em sesmaria por seu primeiro marido.[51] Além disso, no final do século, até mesmo terras recebidas como doação apareciam em inventários com um valor estimado, tendo-se tornado mercadoria.

A pobreza dos membros da elite de São Paulo era, pois, relativa. Embora o valor monetário de seus patrimônios fosse pequeno, eles controlavam recursos abundantes. Isso explica por que, em nove espólios de minha amostra que estavam tecnicamente falidos, os herdeiros consideraram necessário gastar dinheiro para que se fizesse um inventário. Seus passivos eram maiores do que os ativos a que se atribuía valor monetário, porém todos esses espólios possuíam ativos importantes a que não se atribuía valor monetário; havia índios em todos eles. O número total dos índios que faziam parte desses nove espólios falidos era de 210; um deles possuía 73 índios, enquanto apenas dois possuíam menos de dez.

Apesar da aparente facilidade com que os colonos podiam adquirir índios e terras, a sociedade da São Paulo do início do século XVII não era igualitária, mesmo entre os que eram proprietários. Já era estratificada, indicando certa acumulação de capital.[52] A Tabela 2 mostra que mais da metade dos índios pertencia a apenas 20% dos patrimônios e que mais da metade do total de bens avaliados (casas, cavalos, gado, roças, ferramentas, utensílios domésticos e roupas extremamente caras) pertencia a apenas 12%.

A concentração maior de bens avaliados do que de índios indica que era mais fácil acumular índios do que outros tipos de bens. Dos 45 espólios da Tabela 2 de que se conhece a posse de índios, apenas um não possuía índios e os restantes possuíam entre dois e 137, sendo que dez espólios tinham mais de cinqüenta índios cada um. Fora da amostra, alguns proprietários possuíam muitos mais; Luzia Leme deixou 225 índios em 1655; Antônio Pedroso de Barros deixou 500 em 1652 e, em 1630, dizia-se que Manoel Prêto tinha perto de mil índios em sua propriedade de Nossa Senhora do Ó.[53]

A posse de grande número de índios não parece estar correlacionada com um patrimônio de grande valor monetário. Dos cinco espólios da Tabela 2 com maior número de índios, apenas dois estavam entre os cinco que possuíam a maior riqueza avaliada.[54] Uma família podia não ser dona de nada mais e ainda assim possuir índios, uma vez que possuí-los não acarretava desembolso de capital, como a posse de um escravo africano. Cristovão Diniz e sua esposa, que possuíam 110 índios, estavam entre os maiores donos de índios da amostra, mas, ao morrer, ele tinha tantas dívidas que seu espólio é o antepenúltimo relativamente ao valor monetário.[55] Contudo, foi um homem importante na história de São Paulo; não só era um conhecido bandeirante, como ainda sua esposa era filha de Pedro Fernandes, outro bandeirante famoso que fundou uma cidade próxima, Itu, e com quem Cristovão fundou uma capela. Suas filhas casaram-se com os filhos de Anna Luiz, cujo espólio foi um dos cinco maiores de minha amostra, tanto em bens avaliados como em número de índios. E todos os seus filhos e filhas foram donos de grandes extensões de terra das sesmarias que Cristovão havia recebido.

O tamanho de um dado patrimônio dependia de herança e de um casamento bem-sucedido, bem como da habilidade comercial na venda de mercadorias e de índios. A sociedade paulista do século XVII estava constantemente repartindo e reagrupando bens em momentos de morte e de casamento. Por exemplo, quando os jovens maridos faleciam no sertão, ou jovens esposas morriam no parto, metade de seu patrimônio passava a seus herdeiros, deixando a viúva ou o viúvo com apenas metade dos bens que anteriormente o casal possuíra, e aumentando os bens dos filhos ou dos genitores (herdeiros forçados de alguém sem filhos). A seguir, o sobrevivente em geral tornava a se casar, voltando a unir duas propriedades diferentes e ampliando a unidade de produção.

Como a família nuclear da São Paulo do século XVII pertencia à parentela estreitamente entrelaçada, ou clã, que estruturava a sociedade, ela não constituía uma unidade de produção totalmente independente. Assim, a repartição e o reagrupamento de bens ocasionados pela morte e pelo casamento não afetavam o clã, apenas o indivíduo. Por exemplo, provavelmente o patrimônio de Cristovão Diniz era tão pequeno, em relação ao número de índios que possuía, porque havia casado suas filhas de maneira vantajosa com os filhos de uma família rica, dotando-as generosamente. À medida que seu patrimônio decrescia, aumentavam os bens administrados por seus genros, e suas filhas passavam de uma situação em que não possuíam bem algum para outra, em que tinham direito à metade dos bens do casal. Embora seus bens pessoais houvessem decrescido, o clã de Cristovão Diniz não sofrera perda alguma; ao contrário, fortalecera-se mediante alianças matrimoniais e a formação de novas unidades produtivas e reprodutivas. Assim,

TABELA 2

Concentração de riqueza segundo a posse de bens e índios (século XVII)

Espólios (por ordem de riqueza)[a]			Bens possuídos[b]	
Mais altos	5	(12%)	1:433$900	(51,6%)
Seguintes	5	(12%)	577$000	(20,8%)
	5	(12%)	345$800	(12,5%)
	5	(12%)	234$600	(8,5%)
	5	(12%)	114$300	(4,1%)
	5	(12%)	58$400	(2%)
	5	(12%)	13$000	(0,5%)
Mais baixos (falidos)	6	(14,5%)	0[c]	(0)
TOTAL	41		2:777$000	
	+ 7 (bens desconhecidos)			
AMOSTRA	48			

Espólios (por posse de índios)			Número de índios e escravos africanos[d]	
Mais altos	5	(11%)	547	(33%)
Seguintes	5	(11%)	350	(21%)
	5	(11%)	215	(13%)
	5	(11%)	172	(10%)
	5	(11%)	128	(8%)
	5	(11%)	85	(5%)
	5	(11%)	73	(4%)
	5	(11%)	55	(3%)
Mais baixos	5	(11%)	17	(1%)
			1642	
TOTAL	45			
	+ 3 (número desconhecido de índios e de escravos africanos)			
AMOSTRA	48			

NOTA: As porcentagens foram arredondadas.

[a] O valor do espólio utilizado, aqui e nas tabelas seguintes, é o espólio líquido total de um viúvo ou viúva e a meação do cônjuge remanescente quando o primeiro dos cônjuges morreu. Isso foi feito para possibilitar a comparação mais adequada entre os patrimônios individuais, uma vez que, devido à lei de comunhão de bens, um viúvo (ou viúva) possuía apenas metade do patrimônio anteriormente possuído em conjunto com sua (ou seu) cônjuge.

[b] Arredondado para centenas de réis.

[c] Dívidas maiores do que ativos (sem contar índios ou terras, a que não se atribuía valor monetário).

[d] (Posse de índios não corrigida por estado civil.) Quatro dos 45 espólios de que se conhece a posse de índios possuíam também alguns escravos africanos, os quais tinham valor monetário e, por isso, foram incluídos como bens na primeira parte desta tabela e, aqui, como escravos.

quando os patriarcas e suas esposas reduziam substancialmente seus bens para casar as filhas, isso se dava por encararem o futuro do clã como mais importante do que seu próprio futuro pessoal.

A família *era* a sociedade na São Paulo do século XVII, contudo o princípio organizador não era a pequena família nuclear, mas sim a ampla parentela, o clã familiar. O clã conduzia os negócios, travava as lutas, disputava o poder político e organizava as bandeiras. A família nuclear era a menor unidade de produção dentro do clã — como uma filial de uma empresa — estabelecida inicialmente com o dote trazido pela esposa. E casar-se com uma mulher com um dote constituía importante meio de um jovem poder adquirir os bens de que necessitava para estabelecer sua própria unidade de trabalho. Na São Paulo do século XVII, o dote não era, pois, uma instituição periférica que interessava apenas às mulheres, mas sim um elemento vital na economia da sociedade como um todo.

2. A importância do dote

Os dotes eram importantes na vida dos proprietários paulistas do século XVII, pois geralmente proporcionavam a maior parte da mão-de-obra e dos meios de produção necessários para um casal dar início a sua nova unidade produtiva. Quando suas filhas se casavam, os pais se privavam de considerável quantidade de bens destinada aos dotes, muitas vezes concedendo dotes várias vezes maiores do que o que os filhos homens iriam herdar. Mais ainda, considerava-se que era obrigação dos filhos trabalhar duramente para colaborar com os dotes de suas irmãs.

A importância do dote que uma esposa trazia para o casamento é ilustrada pelo que se diz no testamento de Angela de Campos: "[Sou] filha legítima de João Baptista Troche e Joanna de Campos havida de legítimo matrimônio os quais me casaram com Diogo Guilhermo e *para haver efeito o tal casamento* deram rol ao dito meu marido das cousas que nos prometeram".[1] As palavras de Angela tocam em três características do sistema de casamento na São Paulo do século XVII. Em primeiro lugar, indicam que o dote era um requisito do casamento — ou seja, que o casamento era uma questão de propriedade. Em segundo lugar, demonstram que o casamento era arranjado, e não só pelo pai, mas por ambos os genitores, o que os verbos no plural deixam bastante claro. Em terceiro lugar, o dote era concedido não só à filha ou ao marido, mas a ambos. Naturalmente, essa era a única maneira possível num sistema de comunhão de bens.

Assim, as filhas de famílias de posses jamais iam para o casamento de mãos abanando. A maioria delas recebia um dote. Os genitores haviam dotado suas filhas em 43 das 47 famílias com filhas casadas, 91% da amostra do século XVII.[2] E toda filha casada dessas 43 famílias havia recebido um dote, independentemente de quantas fossem as filhas.

As quatro famílias que não concederam dotes explícitos eram de viúvas, ou viúvos, cujas filhas ainda assim levaram bens para o casamento, fruto de sua legítima por parte de pai ou de mãe. A filha de Anna Cabral oferece um exemplo desse padrão. Quando o marido de Anna morreu, sua filha Maria tinha apenas catorze anos de idade e era solteira. Porém, por ocasião da morte de sua mãe, quatro anos mais tarde, ela já havia se casado. Embora o inventário de Anna mostre que ela não dotara sua filha, Maria não foi para o casamento de mãos abanando, pois já havia herdado de seu pai.[3] As quatro famílias que não concederam dote algum eram todas famílias de viúvos, ou viúvas, cujas filhas haviam se casado de posse de suas respectivas legítimas.[4]

O TAMANHO DOS DOTES

Era tão grande a parcela dos bens duma família gasta nos dotes que, quando Martim Rodrigues Tenório prometeu um dote a sua terceira filha e seu marido, relacionou vários dos itens sob a forma de frações de suas posses. Prometeu um terço de suas roças, um terço dos porcos que possuía, uma parcela de suas terras, metade de seu estoque de estanho, a casa em que morava na fazenda mais sua casa na cidade, e, se as casas não fossem satisfatórias, declarava estar disposto a construir outras, ou fornecer o dinheiro para que outras fossem construídas.[5] Evidentemente, Martim Rodrigues estava disposto a não medir esforços em prol do casamento de sua filha.

A maioria de outros genitores também se esforçava muito para conceder dotes, a tal ponto que muitas mulheres receberam dotes que consistiam em quantidades de bens maiores do que as que seus irmãos homens herdariam mais tarde. Por exemplo, quando Maria Gonçalves se casou, em 1623, seu pai lhe deu, entre outras coisas, pelo menos dezesseis índios. Dezoito anos depois, quando o pai morreu, seu irmão herdou apenas cinco índios.[6] Os animais de criação em seu dote também eram em número maior do que os que ele receberia como herança, pois ela recebeu dez cabeças de gado e mais um cavalo com sela, enquanto ele recebeu apenas três porcos (ver Tabela 3).

O momento em que o dote é recebido constitui, por si só, uma grande vantagem sobre uma herança. Além de receber quantidade maior de bens, Maria Gonçalves pôde usá-los por dezoito anos mais do que o irmão. Assim sendo, até mesmo as filhas que receberam dotes equivalentes à herança a que teriam direito, ou menores do que ela, tiveram vantagem sobre seus irmãos. Contudo, na São Paulo do século XVII, os dotes costumavam ser maiores do que a "legítima" (herança legal) da filha. Porém, embora grande número de testamentos do século XVII relacionem os dotes concedidos, na verdade, muito poucos deles foram avaliados.

Por isso, o melhor modo de demonstrar como eram grandes os dotes do século XVII é o estudo do costume relativo à colação.[7] Menos de 10% das famílias da amostra tinham casado filhas que

TABELA 3

Comparação de um dote com a herança de um irmão

Dote de Maria Gonçalves (concedido em 1623)	Herança de Alvaro Rodrigues (seu irmão)
Sua legítima* por parte de mãe, mais: 1 baú 1 toalha de mesa, 6 guardanapos 6 colheres de prata 6 pratos 2 toalhas de banho 8 foices grandes 8 enxadas 8 cunhas 10 cabeças de gado 1 cavalo com sela Pelo menos 16 índios (a lista dos índios está incompleta)	Provavelmente recebeu sua legítima por parte de mãe quando se casou. Sua legítima por parte de pai (recebida em 1641) consistiu em: 1 baú 1 bufê 2 cadeiras 1 colchão 1 livro 3 porcos Dívida para com o espólio, 2$000 5 índios

NOTA: Os preços encontrados em outros inventários ajudam-nos a compreender o valor do crédito de 2$000 recebido por Alvaro Rodrigues: 1 égua, 2$000; 2 copos de prata e 6 colheres de prata, 6$000; 1 casa pequena, 3$200 (sem valor atribuído ao terreno em que ela se encontrava); 2 côvados de sarja importada, 1$000.

* Legítima era a herança a que um filho ou filha tinha direito por lei, a que se chegava dividindo-se igualmente entre todos os filhos o espólio líquido do genitor falecido. (Se o falecido, ou a falecida, tivesse feito um testamento legando o máximo permitido por lei, um terço de seu espólio, chegava-se à legítima de cada um dos filhos dividindo-se igualmente entre os filhos dois terços do espólio líquido do genitor.) Assim, as legítimas dos irmãos eram sempre iguais.

devolveram seu dote ao espólio (levaram-no à colação) e muitas vezes somente uma ou duas das filhas casadas da família agiram desse modo. A maior parte das filhas casadas dotadas do século XVII abriram mão da herança, o que indica que estavam satisfeitas com seus dotes como única herança. Exemplo do exercício dessa opção pode ser observado no inventário de Catharina do Prado. Embora ela tivesse onze filhos, quando morreu havia só três herdeiros, dois filhos e uma última filha solteira, porque suas oito filhas casadas abriram mão da herança.[8] Evidentemente perceberam que seus dotes eram tão grandes quanto, ou maiores do que a legítima que receberiam se trouxessem à colação seus dotes e o espólio aumentado fosse dividido entre onze herdeiros.

Como a maioria das filhas dotadas do século XVII abriram mão da herança, pode se considerar, nesses casos, que o dote foi dado em lugar de uma herança. O testamento de Suzanna Dias é bastante explícito a esse respeito. Ela declarou que não estava deixando nada a suas quatro filhas porque, nos dotes que lhes concedera, havia incluído tudo quanto elas poderiam ter herdado de seu marido e dela própria.[9]

Contudo, se o dote ocupava o lugar da herança, era algo decidido, em última instância, não pelos doadores, mas pelos beneficiários, pois eles podiam ou abrir mão da herança, ou optar por levar o dote à colação. Esse dispositivo diferia de certas práticas do dote do final da Idade Média na França, segundo as quais o dote era utilizado como um meio de deserdar uma filha.[10] Na São Paulo do século XVII, as filhas e seus maridos abriam mão da herança por estarem satisfeitos com o que já haviam recebido. Abriam mão, também, porque, se seus dotes eram muito maiores do que sua legítima, esperava-se que devolvessem o excesso a seus irmãos e irmãs.

Como, na amostra do século XVII, muito poucas filhas levaram seus dotes à colação, os inventários em geral não oferecem informações suficientes para julgarmos qual parcela dos bens da família era dada como dote. Embora os dotes fossem relacionados e os contratos de dote fossem apresentados, o dote geralmente não era avaliado, a menos que viesse à colação. No entanto, no caso de João Baruel, todas as filhas casadas levaram seus dotes à colação, e podemos fazer esse cálculo. Ele se despojara de mais de uma terça parte de seus bens com os dotes e, sem dúvida alguma, essa fração encontrava-se no extremo inferior da ordem habitual, porque as filhas casadas só vinham à colação quando julgavam que seus dotes eram menores do que suas legítimas. Acrescentando a seu espólio líquido os três dotes que João Baruel concedeu a suas filhas e as duas doações que fez a seus filhos, o total foi a seguir dividido igualmente entre os sete filhos, e cada herança incluiu o dote, ou doação, já recebidos mais outros bens para completar a diferença. A decisão de suas três filhas de devolver os dotes ao espólio havia, pois, sido correta, visto que seus dotes eram de fato menores do que suas legítimas.[11]

FILHAS PRIVILEGIADAS

A discussão sobre a importância do dote na São Paulo do século XVII não estará completa se não se considerar se os filhos homens recebiam doações equivalentes. A ocorrência de doações a filhos nos inventários é esporádica, o que indica que a doação a um filho era menos obrigatória do que um dote para uma filha. Apenas três das 35 famílias que haviam tido filhos homens que já eram casados, ou estavam acima da maioridade, haviam feito doações a eles.

E as doações aos filhos também não eram tão grandes quanto os dotes. A maior doação que Messia Rodrigues fez a um filho valia menos de uma décima parte do valor do maior dote que ela concedeu.[12] Manoel João Branco também havia feito uma doação a seu filho, Francisco João Leme, mas o valor era de pouco mais de uma terça parte do *menor* dos dotes de suas duas filhas.[13]

Os padres eram os únicos filhos a receber dos pais doações *premortem* tão consideráveis quanto os dotes de suas irmãs. Os padres precisavam de bens em terras e índios que lhes proporcionassem um meio de vida, uma vez que a Coroa sustentava muito poucos padres no Brasil colonial.[14] E, muito embora todos os homens jovens na São Paulo do século XVII precisassem desses bens para estabelecer-se independentemente, os padres eram os únicos que não podiam casar e receber esses bens no dote da esposa. João Baruel, por exemplo, fez a seu filho, o reverendo padre Francisco Baruel, uma doação equivalente a 7% de seu patrimônio, mas não doou nada a dois outros filhos que se tornaram frades mendicantes e cujas pequenas necessidades corriam por conta da ordem.[15] O patrimônio doado aos padres, às vezes, prejudicava a herança dos demais herdeiros.

Foi o que se deu em relação ao patrimônio que Maria Leite da Silva prometera a seu filho, o padre João Leite da Silva, no valor de 150$000. Quando ela morreu, o total de seu espólio somou apenas 305$780, de modo que, dele subtraído aquele legado e outras dívidas, cada um de seus outros três filhos recebeu apenas 16$352.[16]

Os dotes esgotavam também os bens da família em detrimento de filhos ou filhas solteiros, mesmo que o dote ainda não houvesse sido pago quando da morte de um dos genitores. Um dote prometido era considerado uma dívida, e todas as dívidas eram subtraídas do total dos bens antes de se dividir o espólio entre os herdeiros. Por exemplo, quando Pedro de Oliveira foi dado por morto, depois de sete anos no sertão, seu espólio valia 143$163, mas como suas dívidas chegavam a 118$770, a meação de sua mulher foi de apenas 12$201 e cada um de seus filhos menores herdou 2$440. Contudo, sua filha casada, Antonia de Paiva, havia recebido um dote, parte do qual ainda não fora paga e foi incluída entre as dívidas. O pai de Antonia também lhe devia duas arrobas e meia de ferro, mais 10 mil telhas e metade do parreiral. A este não foi atribuído nenhum valor, mas os dois outros itens somaram 12$850. Essa parte valia, portanto, mais do que todos os bens deixados aos demais filhos, e era apenas parte do dote, cujo total não foi registrado.[17] Antonia era, pois, muito mais rica do que seus irmãos ou irmãs, e até mesmo do que sua mãe.

Era comum, na São Paulo do século XVII, a vantagem exagerada que algumas filhas casadas tinham sobre os demais filhos, especialmente seus irmãos homens. Outro patrimônio que se exauriu devido a uma promessa de dote foi o de Pedro Dias Paes Leme, que morreu em 1633, tendo uma filha recentemente casada. Como seus bens valiam 158$720 e suas dívidas subiam a 123$440, seu espólio líquido valia 33$530. Sua divisão pela metade deu à viúva 16$765, e cada um dos filhos recebeu uma herança de somente 2$098. Porém, sua filha casada, Maria Leite, foi extremamente privilegiada, pois, da quantia que fora reservada para o pagamento de dívidas, recebeu o dote prometido de 80$000.[18]

Embora os irmãos é que suportassem o impacto do extremo favorecimento das irmãs, eles eram estimulados a pensar que assim mesmo é que devia ser.[19] Era constante nos testamentos a exortação aos filhos para que conseguissem recursos para os casamentos de suas irmãs. Isso era freqüentemente alegado como razão para juntar-se a uma expedição ao sertão. Por exemplo, um dos filhos de Estevão Furquim foi duas vezes ao sertão quando ainda era menor de idade "buscar seu remédio e para suas irmãs", e uma de suas irmãs casadas emprestou-lhe um de seus índios para ajudá-lo na expedição.[20] Como pelo menos metade dos índios trazidos por filhos menores de idade tornava-se propriedade de seus genitores, de fato os filhos contribuíam para os dotes das irmãs.

Os irmãos também concediam dotes às irmãs de maneira mais explícita, arranjando desse modo seus casamentos.[21] Por exemplo, o capitão Amaro Alveres Tenório declarou em seu testamento que havia dotado sua irmã Anna do Prado. Contudo, como ele era seu tutor após a morte do pai, a herança dela pode ter sido pelo menos uma parte do que ele lhe deu.[22] Em outro caso, Maria de Siqueira e seu marido Aleixo Jorge deram à irmã solteira dela, como dote, a casa que eles próprios haviam recebido como dote, alegando que o faziam pelo desejo de ajudar a mãe, devido às muitas dívidas que ela teve que pagar após a morte do marido.[23] De sua parte, João Pedroso doou toda a sua herança como dote à sua meia-irmã.[24] Evidentemente, o bem da família exigia sacrifícios.

Só raramente um herdeiro homem fazia objeção ao favorecimento de suas parentes mulheres. Exemplo disso é o de Ursulo Colaço que, em seu testamento, queixou-se de sua avó viúva haver concedido dotes tão grandes a suas netas que não sobrou nada para ele herdar quando ela morreu.[25] Contudo, o favorecimento das netas por sua avó harmoniza-se com a prática predominante na

São Paulo do século XVII, e o próprio Ursulo provavelmente havia se casado com uma mulher com um grande dote.

Por vezes, um genitor sentia a necessidade de receber o consentimento dos demais herdeiros ao favorecer excessivamente uma filha. Foi o caso de Constantino Coelho Leite que em seu testamento declarou haver dotado sua segunda filha de maneira tão magnificente que isso prejudicou a herança de seus três filhos homens, mas estes haviam concordado com o dote e também em não exigir restituição.[26] Por sua vez, Lourenço Castanho Taques pediu a seus filhos para não exigirem que suas irmãs levassem seus grandes dotes à colação, em consideração às dificuldades por que estavam passando.[27] E Fernão Dias Paes e seus irmãos disseram à mãe que ocultasse determinados bens do inventário do pai e os empregasse para conceder dotes melhores a suas irmãs, embora isso significasse privá-los de parte da herança que lhes cabia.[28]

Dotar uma filha era algo de tal importância que levou Anna Tenorio a exorbitar imprudentemente. Quando seu marido, Pedro Fernandes, estava no sertão, e ela não sabia se estava vivo ou morto, casou sua filha do primeiro casamento e concedeu-lhe um dote muito grande. Como Maria não era filha de Pedro, Anna devia ter recebido o consentimento dele para conceder dote tão grande como aquele, especialmente porque ela mesma trouxera para seu casamento apenas um pequeno patrimônio e muitas dívidas, e o dote diminuía a herança dos filhos que tinham em comum. Entretanto, ao retornar, Pedro não questionou o direito dela de conceder um dote grande como aquele, mas os demais filhos deles o fizeram após a morte de Pedro. O problema foi resolvido deduzindo-se o montante daquele dote da meação de Anna, de modo que isso não prejudicou a legítima paterna de seus filhos. Quando Anna morreu, esperava-se que Maria e seu marido devolvessem parte do dote aos demais filhos de Anna, uma vez que haviam usufruído dele durante aqueles tantos anos.[29] De fato, Maria fora favorecida, embora seus irmãos sem dúvida tenham se casado com mulheres com grandes dotes.

LEGADOS COMO DOTES

O privilégio das filhas começava cedo em suas vidas, pois legados ou doações lhes eram outorgados explicitamente em benefício de seus dotes, muito antes que se casassem, e até mesmo durante a infância ou antes de nascerem. As frases mais comumente empregadas quando alguém dava um presente ou um legado a uma jovem moça solteira eram "para ajuda de seu dote" ou "para ajuda de seu casamento". Por exemplo, quando Izabel de Proença ainda era uma menina, recebeu de um tio uma boiada para o seu dote.[30]

Bom exemplo do favorecimento das filhas em relação aos filhos, característico da São Paulo do século XVII, encontra-se no testamento de Pedro de Araujo.[31] Quando estava para morrer, em 1638, sabedor de que a esposa esperava o primeiro filho deles, levou em conta o sexo do nascituro em seu testamento. Declarou que, se fosse uma menina, a criança deveria receber não só sua legítima — ou seja, sua parte legal da herança —, mas também o remanescente de sua "terça" — a maior parcela (depois de serem pagos o funeral, as missas e os legados menores) da terça parte de sua meação, que podia legalmente deixar em testamento.[32] Ao lhe deixar o remanescente da terça, obviamente estava pensando nos bens que ela levaria consigo para o casamento, seu dote. Porém, se a criança fosse menino, Pedro queria que o remanescente da terça se destinasse a sua esposa e não a seu filho.[33]

Apesar dos casamentos arranjados, muitos dos membros dos casais do século XVII aparentemente se preocupavam um com o outro, pois a maioria dos testadores casados deixava o remanescente da terça para o cônjuge. A Tabela 4 mostra que 60% dos homens casados a deixaram para suas esposas e que 53% das mulheres casadas a deixaram para seus maridos. A maioria dos testadores não declarou o motivo para deixar o remanescente da terça para o cônjuge, mas Ignes Dias de Alvarenga declarou que a deixava para seu marido "pela satisfação que dele tenho", demonstrando que existia amor ou afeição.[34]

É especialmente significativo que os testadores homens que deixaram o remanescente da terça a suas esposas fizeram-no sem condições, isto é, sem especificar que elas deveriam não voltar a casar para conservar o legado. Essa prática certamente era conseqüência do fato de que as esposas traziam para o casamento dotes consideráveis. Uma vez que grande parte dos bens do casal provinha inicialmente do dote da esposa, é provável que o homem não procurasse limitar a opção da esposa por voltar a casar, porque o legado que fazia não era inteiramente de propriedade *dele*. Por

TABELA 4

Beneficiários do remanescente da terça, segundo o sexo e o estado civil do testador (século XVII)

	Testadores casados		Testadores viúvos		
Beneficiários	Homens	Mulheres	Homens	Mulheres	TOTAL
Cônjuge	21 (60%)	12 (53%)	—	—	33
Filhos	1 (2%)	0	0	3 (25%)	4
Filhas:					
solteiras	8 (23%)	9 (39%)	4 (67%)	5 (42%)	26
casadas	0	1 (4%)	0	2 (17%)	3
Todos os filhos	2 (5%)	1 (4%)	0	1 (8%)	4
Filhos ilegítimos	2 (5%)	0	0	1 (8%)	3
Igreja	1 (2%)	0	2 (33%)	0	3
TOTAL	35	23	6	12	76

FONTE: 76 testadores dos quais se conhecem as vontades relativas ao saldo de sua terça: 41 homens e 35 mulheres.

NOTA: "Filhas" inclui netas e "filhos" inclui netos. As porcentagens foram arredondadas. A viúva que deixou o remanescente de sua terça a filhos ilegítimos deixou-o para os filhos de seu filho.

exemplo, como veremos mais adiante, a esposa de Pedro de Araujo havia trazido para o casamento mais do que ele, de modo que, ao receber o remanescente da terça (pois a criança que teve foi um menino), isso significou que, somando o remanescente à meação que lhe cabia, o total aproximou-se do que originalmente trouxera para o casamento. Assim, o legado que ele fez em favor dela compunha-se de bens que, originalmente, pertenciam à família da esposa. Ele estava lhe dando o que já era dela.

Ao legar para os filhos, tanto os pais como as mães favoreciam as filhas solteiras em relação aos demais filhos (ver Tabela 4). Algumas mães, contudo, destinavam o remanescente da terça a suas filhas ou netas casadas, ou a filhos homens. Uma viúva cujas filhas estavam todas casadas deixou o remanescente da terça a um de seus filhos casados para "ajuda de amparar suas filhas"; assim, mesmo ao beneficiar o filho, estava pensando nas netas.[35]

O legado do remanescente da terça a filhas solteiras equivalia a lhes conceder grandes dotes, uma vez que essas mulheres levavam para o casamento sua legítima mais o legado. Assim, legar o remanescente da terça a uma filha solteira garantia que ela receberia um dote grande. Porém, como o dote era dever de ambos os genitores, considerava-se dever do cônjuge viúvo, ou viúva, acrescentar a essa herança um dote retirado de seus próprios bens, e assim fazia a maioria dos paulistas do século XVII.

Quando uma filha solteira recebia o remanescente da terça, isso significava que levava para o casamento parcela muito maior de bens do que o que seus irmãos herdavam. (Isso era verdade particularmente quando havia muitos filhos, pois a herança devia ser dividida igualmente entre todos os herdeiros.) Por exemplo, quando Catharina do Prado morreu, em 1649, deixou o remanescente da terça para sua filha solteira, Joanna da Cunha. A legítima de cada herdeiro foi de 52$106, mas Joanna recebeu essa importância acrescida do remanescente da terça, num total de 106$226, o dobro da herança de cada um de seus irmãos homens.[36]

Quando Estevão Furquim morreu, em 1660, também deixou o remanescente da terça a suas três filhas solteiras. Cada uma delas recebeu quase o dobro dos ativos monetários e quatro vezes o número de índios recebidos por cada um de seus cinco irmãos homens (24$880 contra 15$000, e quatro índios adultos com seus filhos contra um índio adulto e filhos).[37]

Os dotes muito grandes concedidos pelos paulistas do século XVII e seus grandes legados a filhas solteiras ajudam a explicar por que se verifica que praticamente todas as filhas de famílias proprietárias se casavam. Em 56 das 58 famílias com filhas em idade de casamento, não havia filhas solteiras com mais de 25 anos.[38] O casamento era evidentemente a regra para as mulheres que possuíam bens.

Nessas duas famílias em que das filhas com mais de 25 anos nem todas haviam casado, verificamos que era a mais jovem a que não havia casado, o que indica que ela ficou para cuidar de seu genitor viúvo. A filha mais nova do viúvo Gaspar Cubas, o Velho, provavelmente não se casou antes de ele morrer para proporcionar-lhe companhia e cuidados, pois ele diz em seu testamento que não voltara a casar por causa dela.[39] E, embora as quatro filhas mais velhas de Manoel Rodrigues houvessem casado antes de sua morte, em 1646, seis filhas haviam permanecido solteiras, com idades entre 26 e quinze anos, mas quando sua viúva morreu, 26 anos depois, todas essas filhas já haviam se casado, com exceção da mais nova.[40] Mesmo essas exceções mostram que o casamento constituía a regra entre os proprietários.

O DOTE DENTRO DO CASAMENTO

Não só a dimensão dos dotes mas também o tipo de bens neles contidos certamente estimulavam o casamento. Exemplo disso é o dote de Maria de Proença, cujos genitores, Baltazar Fernandes e Izabel de Proença, em 6 de maio de 1641, foram à casa e ao escritório do tabelião de Parnaíba para registrar um contrato de dote. Diante do tabelião e de outras testemunhas, prometeram conjuntamente dar como dote a sua filha e seu marido o seguinte:

> Sua filha vestida em cetim preto, mais dois outros finos vestidos e brincos de ouro e uma gargantilha de ouro;[41]
> Uma cama com seus cortinados e lençóis, uma mesa e seis cadeiras, um bufê, toalhas de mesa e de banho, trinta pratos de louça, dois baús com respectivos cadeados, um tacho de cobre grande e um pequeno;
> Uma fazenda em São Sebastião, com uma casa telhada, uma roça de mandioca e uma roça de algodão;
> Uma casa na vila;
> Vinte ferramentas agrícolas;
> Dois escravos africanos;
> Trinta índios;
> Um bote ou uma canoa com os remos;
> Quinhentos alqueires de farinha depositados em Santos.

Baltazar Fernandes e sua esposa Izabel de Proença acrescentaram que tudo isso davam a sua filha e seu marido para sempre, sabendo que cada um dos cônjuges seria dono de metade desses bens.[42]

O acima exposto ilustra a característica principal dos dotes paulistas do século XVII: todos eles, independentemente de seu tamanho, continham os meios de produção e os índios ou escravos africanos necessários para dar início a um novo empreendimento. Dotes grandes, como o de Maria de Proença, continham roupas para a noiva, jóias, roupas de cama e mesa, e outros objetos de uso doméstico que não constavam de dotes menores, mas eles todos continham meios de produção. Por exemplo, Antonia Dias recebeu como dote um vestido e quatro índios, enquanto Beatriz Rodrigues recebeu somente nove índios.[43] O dote de Maria Vidal continha um vestido, uma vaca, duas folhas de prata e dois índios.[44] Todos os dotes, grandes ou pequenos, continham índios.[45]

A contribuição da esposa com seu dote era vital para a manutenção de sua nova família, pois ela trazia consigo grande parte do necessário para dar início a um estabelecimento produtivo. Os índios com que contribuía trabalhavam para prover a subsistência própria e a da família e produziam mercadorias para vender. Além dos índios, seu dote podia incluir terras e casas e talvez um ou dois escravos africanos. Muitas mulheres contribuíam com gado, porcos ou cavalos; outras traziam consigo roças de algodão, trigo ou mandioca, prontas para a colheita. Devido à falta de moeda sonante no Brasil do século XVII, poucas mulheres traziam dinheiro para o casamento; em lugar disso, contribuíam com mercadorias disponíveis para a venda, tais como carregamentos de farinha ou de trigo, que seriam vendidos para fornecer o capital para a compra de gado, ferramentas ou suprimentos.

Contudo, permanece a questão de se eram as próprias filhas ou seus maridos que estavam sendo favorecidos por esses grandes dotes produtivos. Muito embora o homem evidentemente se beneficiasse com o estabelecimento que tinha condições de montar com o dote da esposa, ela se beneficiava tanto quanto o marido com o padrão de vida do casal. E os próprios paulistas acreditavam estar beneficiando suas filhas, pois sempre redigiam as dotações às filhas solteiras em termos de sua preocupação com o futuro delas. Pero Nunes, por exemplo, declarou em seu testamento que o que dera a sua filha Maria era "para seu casamento e para ajuda de sua vida".[46]

Um dote não só provia materialmente o futuro de uma mulher, como era também fonte de orgulho. Embora ele fosse absorvido no conjunto dos bens do casal, a esposa não esquecia que havia colaborado. Por exemplo, Aleixo Garcia da Cunha, ao morrer em idade muito avançada, em 1680, declarou em seu testamento que determinadas terras que possuía com seus irmãos haviam sido concedidas como dote a sua avó Domingas da Cunha, "como ela sempre disse".[47] Esse dote deve ter significado muito para sua avó, que se preocupou em falar nisso a seus netos, e também para seu neto, que disso se lembrou tantos anos depois.

Todavia, pelo fato de as esposas não controlarem o próprio dote, pode parecer que o casamento fosse um contrato de propriedade entre homens. Por exemplo, Estevão Furquim, tutor de seus cunhados e cunhadas menores de idade, escreveu em seu testamento que havia casado suas duas cunhadas com dois irmãos e havia entregado a herança das mulheres a seus maridos.[48] Embora os bens pertencessem à mulher como herança sua, ela passou das mãos de um homem para as de outro, do tutor para o marido (como, em outros casos, passava do pai para o marido).

Contudo, quando se considera que uma viúva, ou uma esposa na ausência do marido, também casava sua filha e transferia bens para o novo genro, deve-se concluir que, do lado do doador, o fator determinante não era o gênero, mas sim a posição dentro da família. Era o patriarca, ou seu representante — esposa, viúva ou tutor (este, geralmente um parente do sexo masculino, mas às vezes uma avó) —, que fazia o acordo com o genro ou com os genitores do genro. Os bens passavam de uma família da velha geração, por meio da filha, para sua nova família, uma geração mais jovem.

Muito embora o dote fosse legalmente concedido por ambos, marido e esposa, e recebido por ambos, filha e genro, os homens freqüentemente diziam "Concedi um dote a minha filha", enquanto suas esposas diriam, invariavelmente, "Nós concedemos", a não ser que já fossem viúvas ao dotar suas filhas.[49] A percepção que os homens tinham de si mesmos como os únicos atores refletia, sem dúvida, a organização patriarcal da família. Embora o casamento constituísse uma sociedade entre os cônjuges, na qual todos os bens eram do casal, o marido era o chefe legal da sociedade, ou o "cabeça do casal", e o administrador de todos os bens que possuíam em conjunto e, por isso, achava que as decisões eram somente dele. Porém, exatamente por serem os bens de propriedade comum, a lei tornava necessário o consentimento explícito da esposa em toda transferência de bens, particularmente de propriedades imobiliárias.[50] O dote era uma dessas transferências de propriedade e os tabeliães sempre faziam questão da presença e do consentimento da esposa na concessão de um dote.

Do mesmo modo que os homens consideravam estar agindo sozinhos na concessão de dotes, agiam também, muitas vezes, como se o beneficiário do dote fosse o genro. Por exemplo, na listagem e avaliação dos dotes que vieram à colação após a morte de Messia Rodrigues, só são dados os nomes dos genros. A própria Messia havia absorvido essa maneira patriarcal de encarar o dote, pois em seu testamento ela não menciona as filhas, mas nomeia seus genros como beneficiários dos dotes que concedeu como viúva.

No entanto, as esposas sabiam que eram co-proprietárias dos bens comuns e sentiam-se como parte, tanto no dar como no receber, embora o genro recebesse oficialmente a propriedade como chefe da família e como administrador legal dos bens que o casal possuía em comum, e o pai concedesse oficialmente o dote como chefe da família. Que a participação das esposas no processo era mais do que mera formalidade, pode ser percebido nas freqüentes referências feitas pelas testadoras aos bens que possuíam ou aos dotes que haviam concedido. Izabel Fernandes, por exemplo, declarou em seu testamento: "da qual filha Izabel Ferreira casamos com Bento Fernandes e lhe demos seu dote, e ficamos devendo o seguinte, uma boa saia de bom pano e um gibão de seda e uma touca de seda, e o mais que pudemos lhe temos dado".[51] A viúva Catharina Diniz disse que casara suas três filhas e lhes dera tudo o que havia prometido como dote, e que possuía terras em Juqueri que havia doado a dois genros e a uma neta.[52] Como muitas outras mulheres testadoras, Maria Rodrigues usou palavras enérgicas para asseverar seu direito de dispor dos próprios bens: "Declaro que o sítio em que está meu genro Simão da Motta é seu e ninguém entenda com ele por ser assim minha vontade".[53]

Pelo menos em um caso não era o marido, mas sim a esposa que sabia (e, portanto, provavelmente havia decidido) exatamente o que sua filha recebera como dote. Quando relacionou em seu testamento os dotes de suas filhas, Manoel João Branco disse que sua esposa, Maria Leme, havia entregado as cem cabeças de gado que haviam prometido à sua segunda filha, e que era ela quem sabia o número exato de escravos africanos e de índios que haviam sido dados.[54]

Embora a lei fizesse do homem o chefe da casa, ela também especificava que ambos os parceiros estivessem presentes e dessem seu consentimento a toda transação que envolvesse a alienação de bens imóveis.[55] Os maridos e as esposas eram, pois, sócios e assim eram considerados pelas autoridades da São Paulo do século XVII, como se pode ver quando o tabelião intimou as herdeiras dotadas de João Baruel. Ele foi primeiro à casa da filha mais velha, Francisca de Siqueira, e intimou tanto o marido como a esposa, e relatou que ambos lhe disseram não desejar levar seu dote à colação. Foi a seguir à casa da segunda filha e, tendo conhecimento de que o casal iria entrar à colação, citou Ascenso de Morais "em sua pessoa e por estar sua mulher Maria de Siqueira de parto e não poder vir à vila, citei o dito seu marido em seu lugar". Depois, foi à casa da terceira filha e citou Isabel de Siqueira, "mulher de Francisco Henriques e, por estar ele ausente, citei a sobredita em lugar do dito seu marido".[56] É claro, portanto, que ele considerava ambos os membros do casal partes necessárias do processo legal, e intercambiáveis.

O dote vultoso levado por uma esposa para o casamento talvez desse maior peso a sua opinião, malgrado a posição legal do marido como chefe da família. Por exemplo, quando intimou Messia Rodrigues, o tabelião registrou que ela lhe disse que não queria ser herdeira do espólio de sua mãe — isto é, levar seu dote à colação. A seguir, ao perguntar ao marido dela, este respondeu que uma vez que sua esposa julgava que não deviam herdar, ele também não queria herdar. Messia era mais importante na tomada de decisões desse casal do que poderíamos supor, considerando a longa tradição do poder patriarcal brasileiro.

Contudo, a competência e a confiança como proprietárias demonstradas por algumas mulheres talvez tenham chegado com a idade. As viúvas jovens, ainda que legalmente competentes para administrar sua própria vida e bens, ainda tinham seus casamentos arranjados para elas por seus genitores. Por exemplo, Gaspar Cubas declarou em seu testamento que casara sua filha Izabel Cubas com Sebastião da Costa e que, após a morte de Sebastião, a casara com Luis Soares.[57] Esse exemplo indica que uma viúva jovem não possuía a independência ou a autoridade de uma viúva mais velha. Isso demonstra que as mulheres continuavam a ser consideradas parte de sua família de origem depois de se casarem.

A importância das mulheres casadas para sua família de origem também se evidencia pela proeminência que tinham seus parentes homens no processo de inventário, no caso de morte de uma jovem mulher casada, ou de seu marido. Pais e irmãos geralmente representavam as jovens viúvas quando seus maridos morriam e eram as testemunhas do testamento de uma jovem mulher casada.[58] Uma filha casada não estava, pois, sozinha; ela ainda fazia parte de sua família de origem.

O sistema de casamento nas famílias proprietárias da São Paulo do século XVII era muito diferente daquilo em que iria se transformar em meados do século XIX. Devido ao processo pelo qual ocorria o casamento, os atores que intervinham, e o tipo de pacto explícito ou implícito que se fazia, o casamento era tanto um negócio de família como um arranjo entre indivíduos, e o *sine qua non* era a transferência de bens da noiva ou de sua família para o novo casal.

Num sistema de casamento desse tipo, as filhas eram evidentemente privilegiadas. A maioria recebia dotes, muitos deles várias vezes o montante que seus irmãos herdariam posteriormente, e as filhas que só se casavam com sua herança haviam recebido legados tão vultosos que elas também recebiam mais do que seus irmãos. Uma vez que os dotes em geral continham índios e sempre incluíam meios de produção, eles proporcionavam grande parte do sustento inicial e subseqüente do novo casal. A concessão de dotes desse porte evidentemente fomentava o casamento, pois, caso resolvessem se casar, os irmãos de irmãs com dotes vultosos podiam esperar receber montantes equivalentes de suas noivas. A pergunta que se faz é: por que as famílias queriam tão desesperadamente promover o casamento? E o que o casamento de uma filha trazia para sua família?

3. O pacto matrimonial

O extremo favorecimento das filhas pelos proprietários da São Paulo do século XVII constituía evidentemente uma estratégia empregada para ampliar e consolidar o clã, princípio organizador do empreendimento militar, político e produtivo. Os grandes dotes estimulavam os homens a casar-se e os casamentos acrescentavam genros à família, ao mesmo tempo que ajudavam os filhos a se estabelecer. Como uma maneira de explicar a prática do dote no século XVII, este capítulo descreverá o pacto matrimonial e como ele beneficiava cada uma das partes.

Em primeiro lugar, com a promessa de bons dotes, as famílias obtinham influência no arranjo de casamentos. Esse poder está bastante evidente no caso de Raphael de Oliveira, que casou seu filho de um primeiro casamento com uma enteada — filha de sua segunda esposa com o primeiro marido. Embora concedesse a sua enteada um dote que incluía a legítima materna, vinte anos depois não havia ainda pago a legítima materna ao filho, marido dela.[1] Dotar uma filha constituía, pois, dever mais importante do que providenciar para que um filho recebesse sua herança. Ou, em outras palavras, a herança de uma filha tinha prioridade sobre a de um filho. Esse estado de coisas só pode ter sido resultado do desejo de estimular determinados casamentos. Certamente, se o filho de Raphael de Oliveira tivesse recebido sua legítima por parte de mãe e, com isso, se tornasse independente do pai, podia não ter se casado com a moça com quem o pai queria que se casasse, ou podia nem ter se casado, em vez disso amasiando-se com uma índia. O dote era claramente um instrumento de domínio dos pais sobre os filhos. Muito embora a maioria dos patriarcas e suas esposas não controlassem ao mesmo tempo a noiva e o noivo, como Raphael de Oliveira, esse exemplo esclarece bem o que significava o dote para a classe dos proprietários. Quando os genitores concediam dotes a suas filhas, mas não faziam doações equivalentes a seus filhos, o que os tornaria independentes, estavam mantendo o controle sobre o modo pelo qual a família e a classe se reproduziam.

Assim, o casamento era não tanto um assunto pessoal quanto era um assunto de família, e isso favorecia a família de muitos modos. O casamento de filhos, ou filhas, dava continuidade às linhagens dos dois genitores porque, no Brasil como em Portugal, a linhagem se transmitia tanto pelos homens como pelas mulheres.[2] Além disso, o casamento de um filho dava a sua família como um todo uma aliança com a família da noiva, acrescida de uma nova unidade produtiva, instalada, em sua maior parte, com o dote da noiva. Inversamente, pelo casamento de uma filha, a família ganhava um novo sócio, que podia colaborar para a expansão do empreendimento familiar.

Na verdade, casar uma filha não significava perdê-la, e sim ganhar um genro. E se os filhos homens da família eram menores de idade, o casamento de uma filha dava à família um segundo adulto do sexo masculino que podia assumir o lugar do pai ausente ou falecido; essa é uma explicação possível da razão por que algumas filhas se casavam muito jovens. Entre trinta famílias de que se conhecem as idades do filho, ou filha, mais velho, quinze possuíam filhas casadas mesmo quando o filho, ou filha, mais velho era menor de idade, isto é, com 24 anos de idade ou menos (em dois casos, o filho mais velho tinha apenas quinze anos e, em outros dois, apenas dezesseis). Por exemplo, além de sua filha Antonia de Paiva, que se casou com Affonso Dias, os cinco herdeiros de Pedro de Oliveira eram crianças com idades entre sete e dezesseis anos. Affonso Dias figurou de maneira proeminente no processo do inventário de Pedro, uma vez que era o único que resolvia os assuntos do espólio.[3] No caso de Bernardo da Motta, antes mencionado, foi também seu genro, Estevão Furquim, quem se tornou tutor de seus cunhados e cunhadas menores de idade e administrou o patrimônio deles.[4] Embora filhos adolescentes fossem jovens demais para assumir o comando, uma filha adolescente tinha idade suficiente para se casar e, desse modo, trazer para dentro da família um outro homem adulto que desempenhasse o papel masculino.

DOTE E RESIDÊNCIA

Se a família da noiva estava interessada em conseguir um genro para desempenhar o papel de adulto masculino, seria importante que o novo casal morasse perto. Sem dúvida, quando incluía uma casa ou terras, o dote ajudava a determinar o lugar de residência do casal. De 33 dotes paulistas do século XVII, dezessete incluíam terras, nove dos quais também incluíam uma casa na vila, enquanto oito outros tinham apenas uma casa na vila.[5] Esses 25 casais que receberam terras ou casas em seus dotes naturalmente tenderiam a morar perto da família da esposa.

O capitão João Mendes Giraldo, da aldeia de Parnaíba, foi perfeitamente explícito sobre ter dotado sua filha com uma casa para tê-la morando próximo de sua família. No documento em que relacionou o dote da filha, declarou que daria ao genro uma casa com cobertura de telhas, em Parnaíba, se ali fossem morar os recém-casados. Se não fossem, não se considerava de modo algum com a obrigação de instalar casa para eles.[6] Essa condição tinha certo peso, se se considerar que, na época, seu futuro genro morava em São Paulo, não em Parnaíba.

Além de garantir que a filha e o genro morassem perto, darlhes terras no dote tinha outra vantagem para a família dela. Uma vez que a sesmaria exigia que a terra fosse cultivada no prazo de três anos, para a posse ser mantida, dotar uma filha com terras recebidas como sesmaria fortalecia o domínio da família sobre aquela terra.[7] Por exemplo, Braz Rodrigues de Arzão declarou em seu testamento que, devido a entendimentos que tivera com seus irmãos, um certo trecho da terra era dele e ali instalara seu genro, dandolhe parte dela. Ter ali o genro, morando e cultivando a terra com seus índios, significava que a família havia fortalecido seus direitos sobre aquela terra.[8] Assim sendo, dar terras não constituía uma perda, mas um ganho para a família extensa.

Quanto mais filhos e genros estivessem instalados em terras da família, mais firmes seriam os direitos da família sobre ela. Por isso, a maioria das famílias que davam terras, davam-nas a todas as suas filhas ou a toda a sua prole. Por exemplo, Maria Bicuda declarou em seu testamento que ela e seu marido haviam dado a seu primeiro genro quatrocentas braças de terra e cem braças a cada um dos outros dois genros.[9] Cristovão Diniz declarou em seu testamento que tivera a posse de uma sesmaria durante mais de quatro anos e que cada um de seus filhos tinha nela sua meia légua e assim também cada uma de suas filhas casadas, enquanto ele mantinha para si próprio apenas meia légua.[10] Nesse contexto, dar terras era, pois, um meio de ampliar os recursos familiares, salvo que quem se beneficiava com isso não era a família nuclear dos genitores, mas sim a família extensa.

NOBREZA E RAÇA NO PACTO MATRIMONIAL

Havia outras maneiras pelas quais a concessão de um dote considerável beneficiava a família extensa. Por exemplo, um bom dote podia atrair sangue nobre, o que era importante levar em conta numa época em que a nobreza conferia muito mais status do que a riqueza. O genealogista de São Paulo do século XVIII, frei Gaspar da Madre de Deus, afirmava serem tão grandes os dotes concedidos pelos paulistas do século XVII às filhas que se casavam com recém-chegados sem vintém, por quererem incorporar sangue nobre a suas famílias.[11] O status de nobre, mesmo que fosse apenas como "fidalgo", dava aos recém-chegados a oportunidade de conseguir um excelente partido, ainda que eles fossem possuidores de poucos bens, ou de nenhum.

Sua fidalguia evidentemente ajudou d. João Matheus Rendon, que se casou com Maria Bueno de Ribeira, filha do eminente paulista Amador Bueno, que sem dúvida alguma concedeu um grande dote a sua filha.[12] Contudo não foram muito bem e, em 1646, por ocasião da morte de dona Maria Bueno (que adquirira o "dona" devido ao status do marido), o patrimônio deles tinha mais dívidas do que bens (embora possuíssem 104 índios e duas sesmarias, a que não foi atribuído valor monetário). O juiz dividiu os índios entre o viúvo e seus filhos e deixou os demais bens com o viúvo, para que pudesse saldar as dívidas.[13] Em 1654, d. João Matheus Rendon havia se casado com Catharina de Goes, viúva muito rica de Valentim de Barros.[14] Sua nobreza deve ter pesado bastante em ambos os pactos matrimoniais.

Outro exemplo em que o status de um forasteiro sem dúvida teve peso significativo é o de Simão Borges Cerqueira que, segundo Pedro Taques, fora moço da câmara do rei Henrique.[15] Ele se casou com Leonor Leme, da importante família Leme, e tornou-se tabelião em São Paulo. Dessa forma, trouxe para a família da esposa nobreza e uma profissão. Quando morreu, porém, seu patrimônio era muito menor do que o das duas irmãs de Leonor, Maria Leme e Luzia Leme. Se a família dela agiu conforme o costume do século XVII, provavelmente o dote de Leonor havia sido do mesmo tamanho que os de suas duas irmãs, de modo que o tamanho reduzido do patrimônio de Leonor e de Simão só pode ter sido resultado de o marido não ter trazido bem algum para o casamento, ou porque era pouco capaz para os negócios.[16]

A fidalguia e o status disso resultante, que alguns genros portugueses trouxeram para dentro das famílias de suas esposas, podem ajudar a explicar por que alguns genitores favoreceram algumas das filhas não só em relação a seus filhos homens, mas também a outras filhas. Isso certamente ajudaria a explicar o dote de Margarida Rodrigues, que foi cinco vezes maior do que os de suas irmãs.[17] Ela foi uma das duas (entre nove) filhas de Messia Rodrigues que receberam de Pedro Taques, o famoso genealogista do século XVII, o título de "dona", o qual devem ter adquirido de seus maridos. Suas demais irmãs haviam todas se casado com homens de São Paulo, mas Margarida e sua irmã Catharina casaram-se com portugueses que, segundo Pedro Taques, tornaram-se personalidades importantes em São Paulo, tendo um deles "mercê de hábito de Cristo", por serviços prestados ao rei.[18]

Contudo, como a maioria dos homens que chegavam de Portugal não possuíam sangue nobre, o que traziam para a negociação do casamento era provavelmente a infusão de sangue branco nas famílias paulistas mestiças. Margarida e Catharina Rodrigues podem ter-se beneficiado tanto da nobreza como dos ancestrais europeus de seus maridos, pois as irmãs pertenciam à importante família de São Paulo, os Pires, que descendiam do chefe índio Piquerobi.[19]

Assim, nesses primeiros anos da história de São Paulo, o casamento das filhas pode ter se tornado ainda mais importante do que o dos filhos, porque as famílias queriam melhorar sua raça. Em 1561, os membros da Câmara de São Paulo enviaram uma petição à Coroa em que solicitavam que, "outrossim, mande que os degredados que não sejam ladrões sejam trazidos a esta vila para ajudarem a povoar, porque há muitas mulheres da terra mestiças com quem casarão e povoarão a terra".[20] As mulheres mestiças a que se referiam os membros do conselho da vila eram sem dúvida as filhas e as netas dos colonos. Para eles, "povoar" deve ter significado, acima de tudo, aumentar a influência do cristianismo e da cultura portuguesa perante os índios, mediante o recrutamento de homens portugueses que ajudariam no processo de conquista do poder. Em segundo lugar, deve ter significado também recrutar europeus que, casando-se com as descendentes mestiças dos primeiros colonos, embranqueceriam as gerações seguintes, para elevá-las acima dos demais mestiços e índios.[21] O apelo feito pelos membros da Câmara de São Paulo pretendia perpetuar o domínio de suas famílias sobre a sociedade, mediante o embranquecimento de suas linhagens.

Vários anos antes da fundação de São Paulo, os jesuítas já haviam manifestado preocupação relativa à questão de uma população branca no Brasil. O padre Manoel da Nóbrega escrevera da Bahia sugerindo que a Coroa enviasse meninas órfãs e até mesmo prostitutas de Portugal. Julgava que os portugueses de classe melhor se casariam com as órfãs, enquanto os de classes inferiores poderiam se casar com as prostitutas.[22] Ele parecia preocupado não só porque os portugueses estavam se amasiando com mulheres índias (e não se casando com elas), mas também porque não estavam gerando crianças brancas.

O padre Leonardo Nunes também demonstrou preocupação com a reprodução da raça branca, encarando as mulheres mestiças como melhores esposas para os portugueses do que as mulheres índias. Em carta escrita de São Vicente, em 1551, congratulava-se por haver persuadido vários homens solteiros a abandonar suas amantes índias e a casar-se com as "filhas de homens brancos", isto é, mulheres mestiças.[23] Se sua única preocupação fosse a imoralidade do concubinato, teria insistido com os homens para que se casassem com suas concubinas índias. Assim, conquanto os brancos que povoaram São Paulo fossem preponderantemente homens, as mulheres mestiças levavam vantagem sobre as mulheres índias.

As mulheres mestiças também tinham vantagem sobre seus irmãos. Na medida em que nenhuma ou poucas mulheres portuguesas vinham para São Paulo, somente por meio das filhas das famílias pioneiras mestiças é que o processo de embranquecimento podia ocorrer, uma vez que os filhos não conseguiam encontrar parceiras brancas e, necessariamente, tinham de se casar com mulheres mestiças.[24] Ao estudar a genealogia de mais de uma dezena de famílias pioneiras paulistas, fui levada a concluir que, até fins do século XVIII, os homens constituíam a maior parte dos portugueses que chegavam a São Paulo. A não ser alguns poucos homens e mulheres, descendentes de três ou quatro casais portugueses que chegaram a São Vicente em meados do século XVI, europeus puros que se casaram nas antigas famílias paulistas foram exclusivamente do sexo masculino.[25]

A tendência dos paulistas de casar as filhas com europeus recém-chegados foi observada, em 1698, pelo governador Antônio Paes de Sande. Disse ele que as mulheres de São Paulo eram "industriosas e inclinadas a casar antes suas filhas com estranhos que as autorizem que com naturais que as igualem".[26] (Essa citação mostra também como as mães eram consideradas atores importantes no arranjo do casamento de suas filhas.)

O fato de portugueses recém-chegados a São Paulo serem predominantemente homens explica também por que muitas antigas famílias paulistas traçam sua linhagem até os ancestrais pioneiros quase exclusivamente pela linha feminina. Por exemplo, o famoso padre do final do século XVII, dr. Guilherme Pompêu de Almeida, escreveu que sua linhagem chegava até o fundador de São Paulo, João Ramalho, por intermédio de sua mãe, Ana Lima, filha de João Pedrozo e Maria de Lima, a qual, continua ele, "era filha de João da Costa, que havia se casado com a filha de Domingos Luiz, o Carvoeiro, que se casara com a filha de Jeronimo Dias Cortes, que havia casado com a filha de Bartholomeu Camacho, que se casara com a filha de João Ramalho" (que se casara com a filha do chefe indígena Tibiriçá).[27] Ele só menciona nomes europeus masculinos depois de sua avó, enfatizando com isso seus antecedentes europeus, mas uma olhada na árvore genealógica resultante mostra que ele traça sua linhagem exclusivamente pela linha feminina (ver Figura 1).

O fato de europeus vindos para São Paulo serem em sua maioria homens ajuda igualmente a explicar por que, no decorrer de toda a época colonial, o sobrenome escolhido para muitas crianças de uma família podia tanto ser o da mãe quanto o do pai. (O uso de sobrenomes diferentes para os diferentes filhos do mesmo casal era um antigo costume português.)[28] Em São Paulo, 45% de todas as filhas e 23% de todos os filhos na amostra do século XVII tinham o sobrenome da mãe em vez do sobrenome do pai. O freqüente uso do sobrenome materno pode ter sido devido a que, apesar de alegações de genealogistas paulistas do século XVII, a maioria dos portugueses recém-chegados no século XVII não era nobre, enquanto suas esposas pertenciam às poderosas famílias de São Paulo e haviam contribuído com a maior parte dos bens do casal.[29]

Tibiriçá

João Ramalho = Bartyra

Bartholomeu Camacho = ?

Jeronimo Dias Cortes = ?

Domingos Luiz, o Carvoeiro = ?

João da Costa = ?

João Pedrozo = Maria de Lima

Capitão-mor Guilherme Pompêu de Almeida = Ana de Lima

Dr. Guilherme Pompêu de Almeida

Figura 1. *Genealogia do dr. Guilherme Pompêu de Almeida*

OUTRAS CONTRIBUIÇÕES DOS GENROS

Como somente pouquíssimos homens portugueses chegaram a São Paulo no século XVII, a maioria das famílias paulistas tinha de casar as filhas com outros paulistas. Muitos faziam-nas casar com parentes, consolidando assim o patrimônio no interior da família mais chegada. Alguns casaram sobrinhas com tios.[30] Alguns casaram os filhos com os filhos dos primos. Outros, como Raphael de Oliveira, casaram os filhos de seu primeiro casamento com os filhos do primeiro casamento de sua segunda esposa.[31] Outras vezes, os filhos de uma família casavam-se com os filhos de uma família vizinha. Por exemplo, em 1652, Domingos Fernandes declarou em seu testamento que três de seus seis filhos (duas filhas e um filho) se casaram com três filhos de Domingos Dias, o Moço.[32] Três dos filhos homens de Antonio Bicudo casaram-se com três filhas de Francisco Alvarenga e Luzia Leme.[33] E Domingos Cordeiro casou suas duas filhas com dois filhos de Raphael de Oliveira.[34]

Outras famílias escolhiam seus genros por suas aptidões, ou os genros optavam por casar-se com a filha devido aos recursos e à experiência que a família detinha. Quando um genro se ajustava ao tipo de negócios em que seu sogro tinha interesse, isso era duplamente vantajoso. O capitão Martim Rodrigues Tenório, por exemplo, combinava a atividade de bandeirante com o comércio e mostrava grande interesse em metalurgia, o que se relaciona com os interesses de seus genros.[35] Quando Martim morreu, em 1612, dois de seus genros eram Clemente Alveres e Cornelio de Arzão, ambos entendidos em metalurgia. Além de eminente bandeirante, Clemente Alveres era dono de uma forja e a operava com a mão-de-obra de seus índios. Com o passar dos anos, também descobriu catorze minas de ouro e de ferro em torno de São Paulo.[36] O outro genro, Cornelio de Arzão, chegou a São Paulo com d. Francisco de Souza, em 1599, com o objetivo expresso de construir fundições (ver Figura 2).[37]

A complementaridade das capacidades dos genros de Martim Rodrigues indica uma estratégia paterna. Martim deve ter sido muito interessado em minas e no futuro da metalurgia. Em 1607, registrou a abertura de uma fundição em seu livro de anotações, e alguns historiadores deduziram que ela era sua, embora não estivesse relacionada entre seus bens, quando morreu, em 1612.[38] Se a fundição pertencia ou não especificamente a Martim Rodrigues, pertencia pelo menos a sua família, pois, em 1628, metade da fundição pertencia a sua filha Elvira Rodrigues e a seu marido Cornelio, quando a Inquisição confiscou a meação do marido.[39] A outra

Figura 2. *Árvore genealógica de Martim Rodrigues Tenório.* NOTA: Nem todos os filhos estão incluídos na árvore. Todas as profissões eram desempenhadas principalmente por meio de, ou com a ajuda de índios treinados. Ver Apêndice A.V, para o dote de Elvira Rodrigues.

metade da fundição pertencia, em 1628, a Anna Tenória, neta de Martim (filha de Clemente Alveres), e a seu marido Luis Fernandes, que era fundidor de profissão e fabricava ferramentas.[40] Luis ajustava-se à preferência da família por genros entendidos em metalurgia.[41] E o irmão de Anna Tenória continuou a operar a forja do pai com o auxílio de índios treinados como ferreiros (ver Figura 2).[42]

Assim, para um homem da São Paulo do século XVII, o casamento significava muito mais do que se tornar cônjuge de uma mulher: significava juntar-se a uma família, com responsabilidades não só para com sua esposa, mas também para com a família dela. David Ventura é a exceção que confirma a regra, pois, apesar de aceitar a maior parte do dote de sua esposa, jamais viveu com ela nem continuou com sua sociedade com o sogro, ainda que tenha, de fato, pago sua dívida com a família. Quando David casou com a filha de Manoel João Branco, Anna Leme, teve a promessa de um dote muito grande, de que fazia parte metade do valor de um navio para o tráfico de escravos com Angola. Segundo o testamento de Manoel, David conduziu ou enviou o navio a Angola em sociedade com o sogro, mas as contas nunca foram acertadas porque David quis comprar a parte do sogro e Manoel João não concordou.[43] Pouco tempo depois do casamento, David deixou São Paulo sem a esposa e estabeleceu-se na Bahia. A única parte do dote que recebeu foi a metade do navio, embora pareça ter mantido para si o usufruto da metade que era do sogro. Sua esposa continuou vivendo com os pais e recebeu outra parte do dote: gado, índios, dois escravos, que ela vendeu, e algumas casas, que alugou.[44] David continuou a fazer fortuna na Bahia. Ao morrer viúvo, muitos anos mais tarde, deixou sua fortuna em testamento para o dote da sobrinha-neta de sua esposa, e ela se casou na Bahia, dando início à poderosa família que veio a ser chamada de os Leme de David Ventura.[45] Desse modo, reembolsou a família de sua esposa e contribuiu para melhorar sua linhagem.

OS BENS QUE CADA CÔNJUGE LEVAVA PARA O CASAMENTO

Porém, será que homens como David Ventura contribuíram economicamente para o casamento tanto quanto fizeram suas esposas com seus dotes? É difícil determinar a contribuição de um marido para o casamento devido ao sistema de comunhão de bens utilizado em Portugal e no Brasil, segundo o qual o dote e quaisquer outros bens trazidos para o casamento, pelo marido ou pela esposa, são absorvidos no conjunto dos bens e, por isso, não são relacionados separadamente quando um dos cônjuges morre. Não obstante, em alguns casos de meados do século XVII, conhecemos o dote da esposa e o patrimônio de pelo menos um dos genitores do noivo, o que torna possível chegar a uma idéia aproximada de o que cada um deles trouxe para o casamento.

Em todos esses casamentos, o dote da esposa foi maior do que o montante de bens com que contribuiu seu marido. Esse é o caso de Thomazia Pires e seu marido, Francisco de Godoy. Examinemos primeiro o dote que está relacionado no testamento de sua mãe, de 1665. Consistia em quinze índios adultos e uma jovem índia, uma casa na vila, um vestido de grande valor, uma cama com os respectivos lençóis e cortinados, 44 cabeças de gado e três cavalos.[46] Como o casal aceitou a opção de levar o dote à colação, havia no inventário a quantia pela qual foi avaliado, 140$020.[47] O fato de todo o dote ter vindo à colação indica que foi concedido somente por sua mãe e que Thomazia casou após a morte do pai. Assim sendo, ela havia recebido também sua legítima por parte de pai.[48]

Thomazia e Francisco haviam trazido para o casamento aproximadamente o mesmo número de índios. Em 1649, no espólio do pai de Francisco havia 137 índios, dos quais 68 permaneceram com sua mãe, e os nove filhos receberam sete ou oito índios cada um. Supondo que esse número de índios não tenha aumentado nem diminuído até a morte de sua mãe, Francisco terá recebido, nessa ocasião, outros sete ou oito índios, elevando para catorze ou dezesseis o número de índios que herdou. Assim, o número de índios que trouxe por herança para o casamento foi de aproximadamente os mesmos quinze índios do dote de sua esposa.

Contudo, Francisco trouxe para o casamento consideravelmente menos ativos de valor monetário do que sua esposa. Sem contar os índios, todo o patrimônio de seus genitores por ocasião da morte de seu pai, quinze anos antes, era aproximadamente do mesmo tamanho que o dote de sua esposa. Supondo que o montante do patrimônio não tenha se alterado significativamente até a morte de sua mãe, o máximo que Francisco, como um entre nove filhos, poderia ter recebido como legítima por parte de ambos os genitores representava uma nona parte dos ativos trazidos por sua esposa com o dote.[49]

A irmã de Thomazia, Anna Pires, também contribuiu mais para o casamento do que seu marido, João Gago da Cunha. O testamento de sua mãe não relaciona o dote de Anna, pois ela fora dotada antes da morte do pai. Porém, como os três menores dos quatro dotes relacionados estão numa faixa de 140$000 a 180$000, contendo cada um entre quinze e 22 índios, e a legítima final foi de 143$000, podemos supor com segurança que seu dote valia mais de 100$000 e continha pelo menos quinze índios. Anna e João já haviam se casado quando a mãe dele morreu, em 1649, e sua herança materna montou a 52$106 mais seis índios.[50] Seu pai morrera dez anos antes, quando João era ainda menor de idade e sua legítima por parte de pai chegou a apenas 4$780 mais um índio, e participação (com metade) em outro.[51] É possível que o patrimônio de seus genitores fosse tão pequeno, quando da morte do pai, por já terem eles feito casar e dotado três filhas, despojando-se de boa parte de seu patrimônio. Também é possível que o patrimônio de sua mãe tenha aumentado posteriormente com a ajuda do esforço dos filhos solteiros. Em todo caso, a herança total de João da Cunha, de 56$886 mais sete índios, era muito menos do que o que sua esposa levara, como dote, para o casamento. E esse dote não só era maior do que o que ele levara consigo, como ainda o casal o recebera no momento do casamento, enquanto não recebia o grosso da legítima dele, o que só ocorreu quando a mãe dele morreu. Entretanto, não há dúvida de que ele contribuiu de outras maneiras para aumentar seus bens em comum, uma vez que fez diversas viagens ao sertão.

Outro exemplo, que corrobora a opinião de que os noivos não contribuíam tanto para o casamento quanto as noivas, é o caso da irmã de João Gago da Cunha, Catharina do Prado, que se casou e foi dotada antes da morte do pai, em 1639. Não conhecemos seu dote, pois ela e seu marido, Mathias Lopes, abriram mão da herança. No entanto, Mathias declarou que uma das casas que constavam do inventário havia sido prometida a ele e a sua esposa como dote, não devendo pois ser incluída no inventário de seu sogro.[52] Sabemos, portanto, que sua esposa havia recebido uma das duas casas avaliadas em 12$000 e 15$000 respectivamente.[53] Por si só, a casa valia aproximadamente três vezes as legítimas de seus irmãos, de 4$780. E embora seu dote não tenha sido relacionado, dispomos de uma relação incompleta do dote da irmã de Catharina, Luzia da Cunha, que também se casara quando o pai ainda vivia. Dentre vários itens, ilegíveis no manuscrito, ela recebera algodão, ou uma roça de algodão, várias cabeças de gado, uma roça de mandioca, várias ferramentas, duas mil telhas, algumas peças de mobiliário, algumas roupas e pratos e quatro índios.[54] Supondo que Catharina do Prado tenha recebido dote semelhante, e sabendo que recebera a casa, uma estimativa bastante conservadora de seu dote é a de que valia 35$000 e incluía quatro índios. Sabemos qual foi a legítima do marido de Catharina, Mathias Lopes: 33$404 mais três índios.[55] Podemos concluir com segurança que o que ele trouxe para o casamento era menos do que o dote de sua esposa ou, quando muito, equivalente a ele.

Pedro de Araujo também contribuiu menos para o casamento do que sua esposa. A informação de que dispomos a seu respeito é muito mais clara do que os casos anteriores, porque ele morreu pouco depois de casar-se com Izabel Mendes, filha de João Mendes Giraldo.[56] O dote de sua esposa está relacionado no inventário e pode, pois, ser subtraído do total de bens do casal, revelando assim que, embora ambos os cônjuges tivessem contribuído com aproximadamente o mesmo montante de bens móveis, Izabel contribuiu com terras. Pedro possuía vários sítios com diferentes roças, mas não é claro que tivesse possuído título de alguma terra, enquanto do dote de sua esposa fazia parte o título de quinhentas braças de terra.

O número de índios com que Izabel contribuiu também era maior do que o número dos que o marido possuía. Pedro trouxera quatro índios de uma expedição ao sertão, os quais, somados aos que recebera quando da morte do pai, totalizavam dezoito índios adultos com algumas crianças.[57] O dote de sua esposa incluía trinta índios adultos: vinte para trabalho agrícola, equipados com as ferramentas necessárias (dez homens e dez mulheres com os respectivos filhos), mais dez mulheres para o serviço doméstico.[58] Assim, Izabel forneceu quase dois terços da mão-de-obra à disposição do casal.

Todos os exemplos anteriores indicam que, quando um homem se estabelecia mediante o casamento na São Paulo do século XVII, o dote de sua esposa proporcionava a maior parte inicial dos bens que o casal detinha em comum.[59] Frei Gaspar da Madre de Deus, escrevendo no século XVIII, corrobora essa conclusão ao comentar que os paulistas do século XVII podiam dar-se ao luxo de conceder a suas filhas tanta terra e tantos índios para que elas pudessem viver confortavelmente, mesmo que seus maridos fossem portugueses sem vintém.[60]

Antonio Raposo da Silveira oferece o exemplo extremo de como um dote podia muito bem sustentar um casal. Em seu testamento, ele declarou ser "juiz dos órfãos", tendo recebido o cargo do marquês de Cascaes, com o privilégio de transmiti-lo como dote a uma de suas filhas. Nomeou, pois, sua filha mais velha, dona Anna

Maria da Silveira, como beneficiária do cargo, de modo que quem quer que se casasse com ela iria exercê-lo em seu lugar.[61] É significativo que Antonio tivesse três filhos e, ainda assim, aparentemente nem ele nem o marquês de Cascaes consideraram que o cargo devesse ir para um deles. Naturalmente, seus filhos faziam e sempre fariam parte de seu clã, enquanto conceder o cargo como dote oferecia ao clã uma aliança e mais um membro masculino.

Uma vez que o dote da noiva, na São Paulo do século XVII, era em geral maior do que os bens que o noivo trazia para o casamento, o pacto matrimonial pesava mais em favor da esposa e de sua família. Assim, a família da noiva era mais influente no arranjo do casamento para sua filha, na determinação sobre onde o casal iria morar e na fiscalização sobre como os bens eram administrados. Embora a noiva baixasse de nível econômico ao casar-se, o pacto se equilibrava graças ao sangue branco do noivo, ao fato de ele pertencer a uma classe importante, à sua nobreza, ou à sua capacidade como guerreiro, à sua perícia tecnológica, ou simplesmente por trabalhar duro. Porque o casamento de uma filha ampliava desse modo as alianças familiares, ao mesmo tempo que incorporava mais um homem aos projetos militares, políticos ou econômicos da família, o dote da filha tinha precedência entre outros gastos. Embora os irmãos suportassem o impacto do favorecimento das irmãs, eles também tinham a oportunidade de casar com mulheres com grandes dotes; o resultado final era uma igualdade aproximada entre irmãos casados e irmãs casadas. Essa situação iria mudar no século XVIII.

PARTE 2

O século XVIII (1700-1769)

4. Transição na família e na sociedade

Na primeira metade do século XVIII, São Paulo sofreu rápidas mudanças que acarretaram tanto perdas quanto ganhos para as famílias proprietárias. Boa parte da autonomia regional, de que se desfrutava um século antes, foi perdida pelo controle cada vez maior da Coroa sobre as atividades militares e políticas locais. Após a descoberta do ouro, na década de 1690, alguns dos membros mais empreendedores das antigas famílias paulistas foram para as regiões de mineração de Minas Gerais, Mato Grosso e Goiás com seus índios e escravos africanos, o que não representou perda total para São Paulo, pois para ali acabava retornando pelo menos parte do que ganhavam nas minas, e sua ausência era suprida pelo grande número de portugueses recém-chegados. Os mercados agrícolas desapareceram em ampla medida, levando a uma economia principalmente de subsistência, porém a possibilidade e a lucratividade do comércio inter-regional cresceram enormemente. A força de trabalho se alterou, quando foi abolida a virtual escravidão dos índios do século XVII, dando origem a um campesinato livre ao mesmo tempo que à necessidade das famílias abastadas de adquirirem escravos africanos.

No transcurso da luta dos indivíduos e das famílias para se adaptarem a circunstâncias que se alteravam, enfraqueceu-se o poder do patriarca, mudando com isso o quadro dentro do qual se dava a prática do dote. A mudança de uma sociedade baseada na capacidade militar e na família extensa corporativa para uma sociedade cada vez mais baseada na posse do capital e na capacidade empresarial criou oportunidades que possibilitaram aos filhos homens tornarem-se mais independentes dos pais, ao mesmo tempo que o comércio permitia que, com relativamente poucos recursos, muitos homens fizessem fortunas. Assim, ingressaram no mercado matrimonial muitos pretendentes que não tinham *necessidade* de grandes dotes que contivessem bens produtivos, como ocorria com outros homens. Inevitavelmente, a presença desses pretendentes auto-suficientes transformou o pacto matrimonial.

DISPERSÃO DA FAMÍLIA

No início do século XVIII, os paulistas perambulavam longe de São Paulo, mas eram levados por motivos diferentes dos de seus antepassados. Expedições saídas de São Paulo haviam descoberto ouro em Minas Gerais durante a última década do século XVII e grandes contingentes de paulistas permaneceram por lá. À medida que a corrida do ouro aumentou de intensidade, lutaram sem êxito para preservar seus direitos exclusivos à descoberta contra recém-chegados de Portugal e de outras partes do Brasil.[1] Em conseqüência, os paulistas continuaram a procurar novas jazidas de metais preciosos e descobriram ouro em Cuiabá, em 1718, e em Goiás, em 1725.[2]

As expedições em busca do ouro eram projetos individuais, muito mais do que as bandeiras do século anterior. Como a descoberta do ouro dependia mais da sorte do que da quantidade de pessoas, as expedições do século XVIII eram menores e exigiam menos desembolso de capital, e seu êxito não dependia do poder do clã. Assim, era mais fácil que a elas se juntassem homens possuidores de poucos bens, e homens isolados ou em pequenos grupos punham-se a caminho por conta própria, achando que poderiam agir independentemente dos patriarcas.[3]

A distância, por si só, impossibilitava o controle patriarcal rigoroso. Por isso, é significativo que inúmeros herdeiros do século XVIII estivessem fora, nas minas de ouro. De 86 inventários, dezenove apresentavam membros da família em Minas Gerais, Cuiabá ou Goiás. Um desses inventários era de um homem que morreu nas minas, deixando esposa e filhos em São Paulo; outro, da esposa falecida de um homem que estava nas minas; os dezessete restantes eram de pessoas que morreram em São Paulo mas tinham herdeiros nas minas.[4] Embora a maior parte dos herdeiros que emigraram para as minas de ouro fosse de filhos homens, é surpreendente a proporção de filhas entre eles. Dos dezessete inventários que tinham herdeiros nas minas, doze incluíam filhos que estavam permanente ou temporariamente nas minas, dois dos quais eram padres, enquanto seis deles tinham filhas casadas que lá viviam.

Algumas famílias dispersaram-se muito, sem dúvida alguma tornando difícil para o patriarca controlar eficientemente sua família extensa. Por exemplo, embora tenha morrido em São Paulo, Manoel João de Oliveira estivera, ele próprio, nas minas de Cuiabá. De seus cinco filhos, três morreram em Cuiabá ou em Goiás, dois dos quais haviam casado e tinham filhos que moravam ainda nas minas com as mães viúvas por ocasião da morte de Manoel João. O primeiro marido de Ignes, sua filha mais velha, tinha levantado dinheiro com a ajuda de seu dote e, a seguir, a abandonara em São

Paulo depois de apenas três anos de casados. Mais tarde, morreu nas minas de Cuiabá. A mais nova das três filhas de Manoel João havia ido para Goiás com o irmão e lá permaneceu quando se casou.[5]

A dispersão dos membros da família para as minas foi sem dúvida maior do que os inventários indicam, uma vez que um inventário é feito num dado momento do ciclo de vida de uma família e não mostra necessariamente o que a pessoa falecida ou seus herdeiros fizeram no passado. Contudo, outras informações dos inventários podem indicar o envolvimento de uma família quer com as minas propriamente ditas, quer com o comércio com elas. Alguns inventários relacionam barras de ouro, ou quantidades de ouro em pó, o que reflete negócios feitos com Minas Gerais, Goiás ou Cuiabá, enquanto outros apresentam relações de credores ou de bens nas minas, ou sociedades com pessoas lá residentes. Somando todos os inventários que indicam a existência de negócios com as minas de ouro àqueles outros, em que a pessoa falecida, o cônjuge ou os herdeiros lá estavam, vemos que 33% apresentam ligações com as minas.[6]

Não é de surpreender que os que comerciavam com as minas, nelas residiam ou lá possuíam herdeiros tendessem a pertencer aos estratos mais ricos dos paulistas do século XVIII. Mais da metade dos 25% mais ricos entre os espólios estudados possuíam ligações evidentes com as minas, contra apenas 11% dos 25% mais pobres.[7]

O comércio com as minas tornou-se a atividade econômica em expansão de São Paulo e ocupou grande número de seus homens, que iam de sua cidade para as minas e voltavam. Nos primeiros anos, todos os bens importados para Minas Gerais chegavam por São Paulo, mas em 1733 foi construída a nova estrada, que ia diretamente do Rio de Janeiro para Minas Gerais, pondo fim àquele trânsito. A partir de então, os paulistas desenvolveram o comércio de gado, cavalos e mulas que vinham do sul para Minas

Gerais e com isso tiveram condições de acumular capital.[8] São Paulo continuou, porém, a ser o centro do comércio com o restante das minas, e os paulistas desenvolveram um sistema complexo de transporte fluvial com grandes canoas que partiam em flotilhas periódicas, as "monções". Essas monções levavam escravos, produtos manufaturados, gêneros alimentícios e sal para Cuiabá, enquanto a trilha por terra para Goiás, posteriormente estendida para chegar a Cuiabá e a outras regiões mineiras de Mato Grosso, era usada para o transporte de gado, cavalos e mulas.[9]

A descoberta do ouro trouxe não só oportunidades de mineração e comércio, como também possibilidades de emprego, que enfraqueceram a família patriarcal. Por exemplo, em 1767, dois empregados portugueses fugiram da casa do governador de São Paulo para ir trabalhar com outro patrão nas minas, por salários muito mais altos, pagos em ouro. Embora admitindo que não havia pago seus empregados durante os últimos seis anos nem permitido que fizessem trabalhos externos por conta própria, o governador processou e prendeu o padre, a quem acusou de ter induzido sua "família" a fugir. Numa época em que os empregados ainda eram considerados parte da família, as oportunidades nas minas permitiam que esses "membros da família" agissem independentemente e fizessem pouco do poder do patriarca.[10]

Não apenas os empregados, mas também os filhos encontraram nas minas um meio de se libertar do controle absoluto do patriarca. Muitos filhos foram mandados para as minas por seus pais; outros foram por conta própria. Num e noutro caso, cessava o controle imediato do pai sobre os atos dos filhos. Antonio de Quadros, por exemplo, foi mandado pelo pai para as minas de Cataguás quando era ainda um filho-família; durante a viagem emprestou a um homem parte do ouro em pó que tinha consigo e esse empréstimo jamais foi saldado. Depois desse fato, o único recurso do pai foi, anos depois, mencionar esse ato de independência em seu testamento e indagar se Antonio não era devedor desse dinheiro ao espólio de seus genitores.[11]

Outros filhos simplesmente se apropriavam de parte do patrimônio da família e partiam. Por exemplo, os filhos de Manoel dos Santos de Almeida carregaram os cavalos da família com mercadorias e partiram para Goiás sem sua permissão expressa. Antonio Rodrigues Fam também partiu para as minas sem consentimento do pai, levando um escravo, três cavalos, ouro em pó e dinheiro sonante.[12] Fosse qual fosse o sentimento dos pais a respeito dessas deserções e apropriações, as minas proporcionaram aos filhos uma maneira de atuar independentemente do controle de seus pais e de progredir rapidamente por conta própria.

Uma das conseqüências do êxodo de paulistas para as minas de ouro foi, portanto, a decadência do poder patriarcal e a fragmentação da família extensa e de sua fortuna. As distâncias eram tão grandes que um irmão, filho ou genro que estivesse nas minas não podia efetivamente ser controlado. Como também uma filha casada vivendo à grande distância de seus pais não podia ser facilmente protegida. Embora ainda existisse a família patriarcal, a sociedade paulista havia dado mais um passo na direção do individualismo que iria desenvolver-se no século XIX.

AUMENTO DA ALFABETIZAÇÃO DAS MULHERES PROPRIETÁRIAS

Outra mudança ocorrida na sociedade do século XVIII, relacionada com o crescimento do individualismo, e que pode ter tido algo a ver com o enfraquecimento do controle patriarcal, foi o crescimento da alfabetização feminina entre os ricos.[13] Nos oito maiores espólios da amostra, quer a esposa e as filhas, quer todas ou algumas das filhas, assinavam testamentos, escrituras de venda, declarações, requerimentos ou outros documentos do inventário. Num dos casos, uma filha assinou por sua mãe analfabeta, coisa que, no passado, fora sempre papel dos filhos homens ou de outros parentes do sexo masculino. Os paulistas do século XVIII também não usavam a frase comum no século XVII, quando uma mulher não sabia assinar um documento, "por ser mulher e não saber ler nem escrever". A alfabetização já não era peculiaridade exclusiva de gênero; em lugar disso, relacionava-se com a classe.

Como em outras partes do mundo ocidental, as pessoas em São Paulo começavam a crer que não só os homens da elite mas também as mulheres da elite deviam ler e escrever. Quando Pedro Taques, o grande historiador e genealogista paulista do século XVIII, descreveu de que modo uma de suas contemporâneas, d. Ines Pires Monteiro, fora enganada em Portugal por seu segundo marido por não saber ler e escrever, expressava sua preocupação com a educação das mulheres, pelo menos das mulheres ricas.[14] O caso de d. Ines é também um exemplo de como a perda de poder pela família extensa, nesse caso pela distância, tornou importante a alfabetização da mulher na defesa de seus direitos de propriedade. É provável que ela tenha sido enganada pelo marido não só por não saber ler e escrever, mas também por estar em Portugal, longe do poder do clã dos Pires. A constante supervisão — e até mesmo intervenção — nos negócios de um casal pelos parentes da esposa, que fora comum em São Paulo, era algo impossível para além do oceano. As filhas casadas que estavam longe das famílias, quer em Portugal, quer nas minas, eram pois vulneráveis e enfrentavam seus maridos longe dos olhos vigilantes de seus parentes homens. A alfabetização tornou-se indispensável como um meio de defender os bens dessas mulheres.

Portanto, a tendência das mulheres da elite a se instruírem, o que se intensificaria no século XIX, foi em parte uma reação ao enfraquecimento do poder (e proteção) do patriarca e da família extensa sobre a geração mais nova. Ao mesmo tempo, educar as mulheres da elite outorgava-lhes poder individualmente, contribuindo assim para o crescimento do individualismo no século XIX e para o maior enfraquecimento do poder patriarcal.

CONTROLE CRESCENTE PELA COROA

Em meados do século XVIII, o poder da família patriarcal extensa, ou clã, viu-se ainda mais restringido pelo controle cada vez maior que a Coroa exercia na região. Até a descoberta do ouro, São Paulo fora bastante independente. O exemplo extremo de sua independência talvez tenham sido as medidas unilaterais tomadas, em 1690, pela Câmara, relativas ao valor das moedas. Como a economia paulista do século XVII sofresse cronicamente de uma escassez de moeda, certas mercadorias, como o tecido de algodão, eram com freqüência usadas localmente para o pagamento de dívidas. Mas os negociantes que traziam mercadorias de Portugal só aceitavam pagamento em moeda sonante, de modo que esta era retirada de toda parte do Brasil para pagar as importações, disso resultando uma permanente escassez na colônia. Apesar das solicitações dos colonos para a criação de uma moeda colonial que não pudesse ser utilizada em Portugal, em 1688 a Coroa desvalorizou o dinheiro em uso e decretou que as moedas teriam valor uniforme em todo o Império. Essa medida aumentou a falta de moedas no Brasil inteiro, mas somente em São Paulo foram tomadas medidas defensivas. Em 1690, a Câmara decretou que as moedas em São Paulo valeriam mais do que no resto do Império, e estabeleceu taxas de câmbio para o comércio com outras cidades.[15] Três anos depois, São Paulo valorizou ainda mais a moeda paulista, levando o governador-geral a escrever, exasperado, que a reforma monetária da Coroa fora aplicada sem oposição em toda a colônia, exceto em São Paulo. Ele descreveu os paulistas como desobedientes a toda e qualquer ordem, por não crerem em Deus, nem na lei, nem na justiça.[16]

Porém, a independência dos grandes clãs de São Paulo não durou muito tempo. No início do século XVIII, a Coroa procurou agressivamente assumir o controle da região, refreando assim a autonomia dos clãs e diminuindo seu poder. Até então, São Paulo havia pertencido à capitania de São Paulo e São Vicente. Em 1709, um rico paulista, José de Góis Morais, propôs ao donatário a compra da capitania por 40 mil cruzados, mas foi a Coroa que a comprou pelo mesmo preço com a renda proveniente da taxação do ouro.[17] Embora, em 1711, a Coroa viesse a elevar São Paulo à categoria de cidade, ela foi pouco a pouco desmembrando a capitania, criando as capitanias distintas do Rio Grande do Sul, Minas Gerais, Mato Grosso e Goiás e, por fim, em 1748, reduziu ainda mais a independência de São Paulo, tornando-a parte da capitania do Rio de Janeiro até 1765.[18] Quando o rei separou Minas Gerais de São Paulo, declarou explicitamente que uma de suas razões era manipular os paulistas para que descobrissem mais ouro, o que eles continuaram a fazer. Mais tarde, descobriram também jazidas de diamantes.[19]

Além disso, o Estado começou a monopolizar funções que antes havia compartilhado com a Igreja. No início do século XVII, a feitura de um inventário era um momento de reconhecimento e de acerto de contas, e nisto intervinham tanto a justiça secular como a religiosa, e freqüentemente as pessoas eram exortadas a cumprir as cláusulas de um testamento ou a pagar suas dívidas sob pena de excomunhão. Por exemplo, quando alguém se queixou de que nenhum dinheiro fora gasto para a salvação da alma de Manoel de Alvarenga, o inspetor eclesiástico, chamado de "visitador", observando que não havia bens no espólio, decidiu que os herdeiros não seriam obrigados a pagar pelas missas, dizendo: "O que visto dou a seus herdeiros por quites, e livres de hoje para todo sempre e mando com pena de excomunhão que nenhuma justiça os obrigue a cousa alguma no tocante a que deste testamento dêem conta pela terem dado neste meu juízo competente".[20] Ou, no litígio contra o irmão do falecido Lourenço Fernandes, que detivera a posse de bens de Lourenço, um dos herdeiros apelou: "Requeria mais a sua Mercê que a conta desta fazenda mandasse tirar carta de excomunhão de tudo o que falta".[21] Em contraposição, em meados do século XVIII, embora a Igreja ainda tivesse interesse em legados piedosos, era a autoridade secular que supervisionava o cumprimento de um testamento.[22] E a ameaça de excomunhão já não era utilizada.

A Coroa passou ainda a controlar a autonomia militar dos clãs paulistas pelo estabelecimento de duas organizações militares controladas pelo Estado: um exército profissional e as companhias de ordenanças. No século anterior, os clãs e seus auxiliares índios é que constituíam todo o poder militar, uma vez que as bandeiras eram dirigidas por membros dos clãs que as financiavam e controlavam. O novo exército pago do século XVIII destinava-se a alterar essa situação, mas era relativamente pequeno e estava aquartelado em Santos. As companhias de ordenança organizaram todos os habitantes do sexo masculino da capitania e serviram, ao mesmo tempo, como canal de recrutamento de efetivos do exército.[23] Os chefes dos clãs mais ricos tornaram-se oficiais das companhias de ordenança e, desse modo, conservavam certo grau de autonomia administrativa e militar, pois o pequeno exército profissional de Santos não era suficiente para controlar São Paulo.[24]

Em todas as famílias mais ricas de minha amostra, tanto de comerciantes como de agricultores, havia oficiais das companhias de ordenança. Por exemplo, um dos inventários é o de Manoel Mendes de Almeida, capitão-mor da cidade de São Paulo a partir de 1740 e reconhecidamente uma das pessoas mais ricas da cidade.[25] Ele era um negociante português, casado numa antiga família paulista, que teve sete filhos, três homens que se tornaram monges beneditinos e quatro filhas casadas. Dois de seus genros também eram oficiais das companhias de ordenança, um sargento-mor e um capitão, enquanto outro era juiz real. O capitão-mor Manoel Mendes de Almeida tinha amplas ligações com as minas de ouro, uma vez que, em meados do século, seu neto, dr. Antonio Mendes de Almeida, foi intendente da Casa Real da Moeda de Goiás.[26] Quando o capitão-mor morreu, em 1756, ele e sua esposa eram donos de três casas no centro de São Paulo, na rua Direita, uma delas com uma loja. Possuíam também 98 escravos, o maior número de todos os espólios da amostra, e, entre outros objetos de consumo conspícuo, camas de jacarandá ricamente ornamentadas, feitas na Bahia, marfim de Angola, porcelanas da Índia e uma liteira com decorações em ouro e suntuosas cortinas forradas.[27]

A CRESCENTE IMPORTÂNCIA DA RIQUEZA

Enquanto no século XVII o poder militar e a coesão do clã eram o caminho para a riqueza, no século XVIII era a riqueza que dava acesso ao poder militar. Como se exigia que os membros das companhias de ordenança fornecessem as próprias armas, e os que pertenciam à cavalaria tivessem que ter um cavalo e um escravo que dele cuidasse, somente homens consideravelmente ricos se tornavam oficiais das ordenanças. Ademais, suas armas pessoais, cavalos e escravos não podiam ser tomados por dívida, o que dava uma vantagem suplementar aos que pertenciam às ordenanças.[28] Além do capitão-mor Manoel Mendes de Almeida e do tenente José Rodrigues Pereira, havia oficiais em todas as onze famílias mais ricas da amostra, entre eles dois outros capitães-mores, um guarda-mor, ou guardião-chefe (de minas, por exemplo), dois capitães, dois sargentos-mores, outro tenente e um alferes. Os outros 57 inventários da amostra continham apenas seis oficiais das companhias de ordenança, o que indica que o poder conferido por uma patente nas ordenanças ou no exército regular ia em geral para as famílias que já possuíam o maior poder econômico.[29]

As expedições do século XVIII em busca de ouro afetaram a economia de São Paulo de maneira muito diferente do que as bandeiras do século anterior. As expedições do século XVII haviam proporcionado uma infusão de mão-de-obra a essa economia, o que levou a um aumento de produção e a um desenvolvimento gradual, enquanto as expedições em busca de ouro ocasionaram um êxodo de pessoas e de bens.[30] A maioria dos mercados regionais para os produtos agrícolas de São Paulo desapareceu em meados do século XVIII, de modo que a agricultura deixou de ser a origem de uma certa acumulação de capital, como fora no século XVII. Assim, as famílias paulistas voltaram-se em grande parte para a produção apenas suficiente para a família e as necessidades urbanas locais.[31]

Em meados do século XVIII, a não ser pelo comércio à longa distância, houve uma estagnação da economia, e os funcionários portugueses, interessados na promoção das exportações, descreveram a era como um período de decadência.[32] Os estudiosos divergem quanto a se se tratava realmente de "decadência". Maria Luiza Marcílio, por exemplo, afirma que a São Paulo do século XVIII não podia ter estado decadente, pois não havia estado em ascensão.[33] Na verdade, os inventários do século XVII mostram com certeza que, naquela época, não havia ali grande riqueza.[34] Contudo, esses mesmos inventários indicam que os recursos controlados pela elite paulista do século XVII, fosse em terras, mão-de-obra ou poder militar, eram grandes em comparação com os de seus descendentes do século XVIII. Assim, Pedro Taques, o genealogista do século XVIII, parece ter acertado ao descrever seus ancestrais do século XVII em termos candentes como "potentados", reconhecendo com isso, implicitamente, a posterior decadência de São Paulo.[35]

É provável que uma certa diminuição da mão-de-obra tenha contribuído para a decadência da produção agrícola no século XVIII. O êxodo de muitos paulistas, inicialmente com grande número de índios e, depois, com muitos escravos africanos, resultou em escassez de mão-de-obra em São Paulo. O custo elevado dos escravos e os altos preços que alcançavam se vendidos nas minas de ouro teriam inclusive levado os paulistas a considerar o custo de oportunidade de manter os escravos na produção agrícola de São Paulo num período em que os mercados se reduziam.

A mudança da mão-de-obra escrava dos índios para a dos africanos afetou igualmente a riqueza e a produtividade das famílias proprietárias paulistas. Na medida em que as pessoas tinham sido capazes de "administrar" os índios e transmitir essa "administração" a seus descendentes, por herança, testamentos ou dotes, os índios, embora tecnicamente livres, haviam sido um bem valioso. Em 1758, porém, afinal os índios se tornaram totalmente livres.[36]

Para as famílias de São Paulo, a principal diferença entre a escravidão, ou quase-escravidão, dos índios e a dos escravos africanos estava no método de aquisição.

TABELA 5
Posse de índios e de escravos africanos
(séculos XVII e XVIII)

Escravos africanos ou índios por espólio	Espólios séc. XVII		Espólios séc. XVIII	
0	1	(2,2%)	5	(9%)
1-4	2	(4,4%)	15	(27,3%)
5-10	4	(8,8%)	15	(27,3%)
11-20	13	(28,8%)	9	(16,3%)
20 ou mais	25	(55,5%)	11	(20%)
TOTAL DOS ESPÓLIOS	45		55	
Sem informação	3		13	
AMOSTRA	48		68	

Embora no século XVII os índios pudessem ser comprados, a maioria dos paulistas os herdava, recebia-os como dote ou organizava expedições para capturá-los. Ainda que as bandeiras exigissem um certo investimento, o fator mais importante de seu êxito eram a bravura e a organização militar privada de base familiar. Em contraposição, adquirir escravos africanos exigia capital considerável. As regras do jogo haviam mudado. Os índios tinham sido como uma caça livre, um recurso natural que podia ser obtido diretamente pelo uso da força. Os escravos africanos, por outro lado, eram mercadoria que precisava ser comprada, de modo que a família-empresa era obrigada a encontrar maneiras de acumular capital.

Assim, a mão-de-obra controlada pelos proprietários de São Paulo reduziu-se entre meados do século XVII e meados do século XVIII. O número médio de índios ou escravos africanos que cada família da amostra possuía era de 36,5, no século XVII, e somente de 11,6, no século XVIII. Mais da metade dos espólios da amostra do século XVII possuía vinte ou mais índios, enquanto apenas a quinta parte da amostra do século XVIII possuía esse número de escravos (ver Tabela 5). Dez famílias da amostra do século XVII possuíam, cada uma delas, mais de cinqüenta índios (três das quais tinham mais de cem), enquanto apenas uma família da amostra do século XVIII possuía mais de cinqüenta escravos (embora tivesse 98, o que era um um bom número). O número total de escravos também era menor na amostra do século XVIII. Da amostra do século XVII, 45 espólios possuíam um total de 1642 índios, enquanto 55 espólios da amostra do século XVIII tinham somente 638 escravos.[37]

O grande número de índios pertencentes às famílias no século XVII significava que havia sempre muitos deles disponíveis para serem utilizados como carregadores e levar mercadorias para Santos. Em contraposição, no início do século XVIII, os escravos africanos eram muito poucos e preciosos demais para serem usados como carregadores; assim, a serra íngreme que separava São Paulo de Santos tornou-se uma barreira ainda maior do que no século anterior, afetando a possibilidade de comercialização dos produtos agrícolas de São Paulo. Essa situação só iria mudar em 1780, depois que o caminho para Santos foi melhorado para que as mercadorias pudessem ser transportadas em mulas.[38]

A proporção de população livre de São Paulo cresceu no século XVIII, com a incorporação dos índios libertos e a chegada de imigrantes portugueses. Em 1765, os escravos constituíam menos da terça parte da população da cidade.[39] Não fora essa a proporção no século anterior. Durante todo o século XVII, os índios a serviço da elite paulista representavam quatro quintos dos homens armados de São Paulo.[40] Supondo que a proporção na população total fosse a mesma que entre os homens armados, e supondo que homens brancos significasse homens livres e índios significasse homens não-livres, vemos que a proporção entre livres e não-livres passara de um livre para quatro não-livres, no século XVII, para duas pessoas livres por escravo em meados do século XVIII.

A proporção de mais de duas pessoas livres por escravo em meados do século XVIII indica também um aumento de pessoas livres que não possuíam escravos. O censo de 1765 mostra que 47% dos domicílios da cidade de São Paulo declaravam não possuir capital algum, de modo que pelo menos esses não possuíam escravos.[41] Em minha amostra, o número de inventariados que não tinham escravo algum aumentou de 2% da amostra do século XVII para 9% da do século XVIII.

É quase certo que os proprietários sem escravos na São Paulo do século XVIII tiveram de cultivar eles mesmos suas terras, uma vez que os homens livres daquele século raramente se empregavam para trabalhar para outros; esse fato provavelmente resultava, entre outras razões, do fácil acesso à terra. Dos que responderam ao censo de 1765, muitos que declararam ganhar a vida na lavoura não eram donos de terras. Contudo, não eram trabalhadores sem terra mas, em sua grande maioria, posseiros ou arrendatários.[42]

Apesar da decadência da agricultura de São Paulo nos meados do século XVIII, alguns paulistas eram muito prósperos. A riqueza média registrada no censo de 1765 pelos domicílios da cidade de São Paulo foi de 296$154.[43] Como as famílias de minha amostra eram todas de proprietários, minoria da população, seu patrimônio líquido médio era muito mais alto, de 2:016$000.[44]

Evidentemente, os inventários representam a parte mais rica da população de São Paulo. Além disso, porcentagem maior dos espólios na amostra do que dos domicílios na população geral encontra-se nos níveis mais elevados de riqueza. Quase metade das famílias da amostra possuía tantos bens quanto os declarados ao recenseador de 1765 pelos 10,4% mais ricos da população (ver Figura 3). No interior da própria amostra havia maior concentração de riqueza do que no século XVII. A Tabela 6 mostra que mais da metade da riqueza era detida por somente 9% da amostra do século XVIII, contra 12% do século XVII. A metade mais pobre da amostra de proprietários do século XVIII possuía apenas 5% da riqueza total, enquanto a metade mais pobre da amostra do século XVII tinham 7% dos ativos monetários e 18% dos índios.[45]

Em meados do século XVIII, nenhum paulista possuía somente propriedades urbanas, uma vez que praticamente todos da amostra, até mesmo os comerciantes ricos, tinham uma ou mais fazendas, ou sítios. Mais ou menos a metade das famílias possuía tanto propriedades rurais como urbanas, enquanto a outra metade, somente propriedades rurais. As que possuíam casas no centro de São Paulo em geral moravam ali, pelo menos durante parte do ano, em contraposição aos paulistas do século XVII, que só usavam suas casas urbanas quando tinham negócios a tratar na cidade. As famílias que possuíam ao mesmo tempo uma fazenda e uma casa na cidade eram geralmente as mais ricas.[46] Somente duas famílias da amostra tinham exclusivamente imóveis urbanos e ambas as inventariadas eram viúvas, sendo provável que só tenham recebido

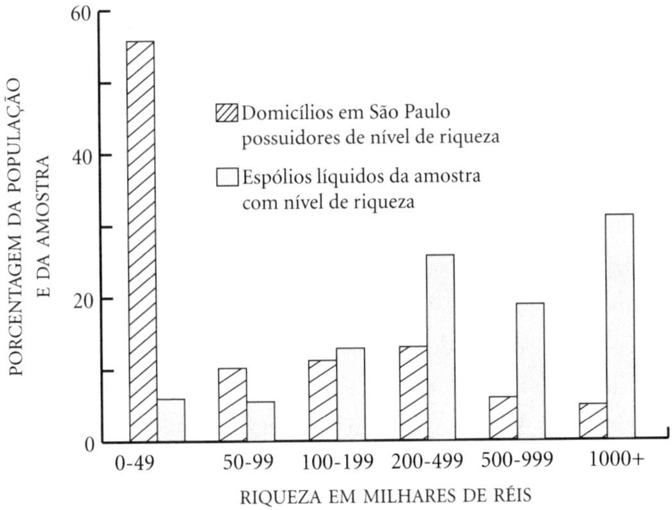

Figura 3. *Porcentagem da população de São Paulo e da amostra com diferentes níveis de riqueza.*

FONTES: Os bens dos chefes de família em São Paulo provêm da Tabela III:3, p. 100, Kuznesof, "Household Composition" (baseada no censo de 1765); os bens dos espólios, 1750-1769, provêm de minha amostra.

TABELA 6

Concentração da riqueza entre os proprietários (século XVIII)

Número de espólios			Soma dos espólios líquidos	
Maiores	5	(9,25%)	40:656$300	(53,39%)
Menores	27	(50%)	4:154$300	(5,45%)
TOTAL	54		76:137$300	

FONTE: Amostra, 68 observações menos catorze sem informação.

as casas da cidade quando os bens foram divididos por ocasião da morte de seus maridos, tendo perdido o título das fazendas que antes possuíam conjuntamente com eles.[47]

Em meados do século XVIII, houve uma mudança visível na fonte principal da riqueza de São Paulo, o que iria afetar a dinâmica da família. Comerciantes atacadistas, chamados negociantes de grosso trato, a maioria deles portugueses, haviam se tornado os habitantes mais ricos.[48] Os negociantes eram chefes de família de 5% dos fogos de São Paulo e declararam ao recenseador de 1765 um capital médio de 2:250$000.[49] O fato de sua riqueza média ser apenas levemente maior do que a riqueza média de minha amostra, da qual constam muitos espólios não pertencentes a comerciantes, pode ser explicado pela tendência de alguns paulistas de declarar ao censo riqueza menor do que a que realmente possuíam. Por exemplo, Maria da Silva Leite, viúva de José da Silva Ferrão, declarou fortuna no valor de apenas 10:000$000 ao recenseador de 1765; contudo, quando seu marido morrera dois anos antes, sua meação fora avaliada em 28:179$000.[50]

Os quatro espólios mais ricos de minha amostra foram de comerciantes, e seus valores líquidos iam de 4:593$000 a 14:632$000. Três desses quatro eram viúvos quando morreram e, portanto, com a morte de suas esposas, haviam perdido o direito, embora talvez não o controle, sobre a metade da propriedade que detinham em comum com elas. Em outras palavras, suas fortunas haviam sido o dobro da quantia mencionada no inventário. Todos esses negociantes de grosso trato tinham ligações com as minas.[51]

A maioria dos comerciantes do Brasil colonial eram imigrantes portugueses.[52] O marquês de Lavradio, vice-rei, afirmou, em 1779, que os negociantes portugueses no Brasil não empregariam homens da terra como caixas ou aprendizes.[53] Desse modo, os jovens portugueses solteiros, fosse qual fosse sua origem, tinham empregos à sua espera quando chegavam. Trabalhavam no Rio de Janeiro por vários anos como caixas de grandes comerciantes. Ali aprendiam os meandros do comércio e mais tarde se estabeleciam por conta própria, ou em sociedade com o ex-patrão ou outro negociante.[54]

Assim, um jovem podia constituir capital por meio do comércio, mesmo que começasse absolutamente sem nada. Essa possibilidade tinha influência sobre o pacto matrimonial, uma vez que um comerciante não precisava casar-se para receber, com o dote da esposa, os bens necessários para estabelecer-se, como haviam feito os portugueses recém-chegados a São Paulo no início do século XVII.

Em vez disso, os jovens funcionários procuravam tornar-se sócios de seus empregadores. Por exemplo, Lourenço Ribeyro Guimarães fez sociedade em São Paulo com o importante comerciante tenente José Rodrigues Pereira; o tenente forneceu todo o capital, enquanto Lourenço administrava a loja. Quando José morreu, em 1769, declarou em seu testamento que Lourenço havia pago integralmente seu capital, tornando-se sócio pleno da loja, com os lucros divididos igualmente entre eles. José Rodrigues Pereira declarou também que tinha um segundo sócio que administrava outra loja, mas que ainda não havia entrado com capital para ela e que, por isso, só tinha direito a uma sexta parte dos lucros.[55] Contudo, o caminho era longo e demorado para acumular capital, como se pode ver no caso de outro dos caixas de José Rodrigues Pereira. Esse homem foi relacionado no censo de 1765 como solteiro, com quarenta anos de idade, e bens avaliados em 150$000, enquanto seu patrão está relacionado como possuidor de bens no valor de 28:000$000.[56] O comerciante com capital certamente levava vantagem, o qual podia ser multiplicado, conquistando os sócios adequados, quer parentes, quer de fora da família.

Uma vez que os negociantes faziam sociedade com pessoas de fora, a família extensa já não constituía a única estrutura para os negócios, como fora no século anterior. Os sócios de fora ampliavam a rede comercial dos parentes, permitindo até a formação de um negócio sem parentes. Com isso, teve início o processo de separação entre as estruturas da família e dos negócios, o que deveria intensificar-se no século XIX.

Porém, os parentes ainda podiam ser úteis a um comerciante, e o casamento proporcionava algum capital pelo dote da esposa, além de uma rede de parentes que, ou eram eles próprios comerciantes, ou tinham recursos para investir no comércio. No século XVIII, os imigrantes comerciantes bem-sucedidos casaram-se, em sua maior parte, dentro de famílias paulistas tradicionais. Eram complementares os interesses dos comerciantes que imigravam e os das famílias locais em que se casavam. Pelo casamento, enquanto os imigrantes conseguiam acesso a recursos e a uma rede de sócios potenciais, as famílias da elite de São Paulo conservavam o controle sobre os recursos da comunidade com a ajuda dos genros que, como comerciantes, tinham grande possibilidade de aumentar sua riqueza.[57]

O próprio tenente José Rodrigues Pereira havia casado numa família de comerciantes, pois sua esposa, Anna de Oliveira, era enteada de um comerciante, Thomé Rabelho Pinto. Thomé possuía um armazém de secos e molhados e ferragens em São Paulo e comerciava escravos e outras mercadorias com Cuiabá.[58] O avô de Anna, Manoel Vellozo, foi outro rico comerciante que possuía amplos negócios em Cuiabá e um genro lá estabelecido.[59] José Rodrigues Pereira também teve um irmão que morreu em Goiás e que provavelmente fora seu sócio nos negócios. Rodrigues Pereira tinha, pois, uma forte rede comercial de sócios, parentes e não parentes, e, como a maioria dos demais negociantes, adquiriu poder local e tornou-se membro da Câmara.[60]

Embora essa nova classe de negociantes trouxesse riqueza para as antigas famílias paulistas, eles eram, no entanto, olhados com desprezo.[61] Por exemplo, uma das netas de Manoel Vellozo, Maria Eufrasia, foi esposa de Pedro Taques de Almeida Paes Leme, o famoso genealogista e historiador.[62] Quando Taques descreveu a genealogia de sua esposa, relacionou os muitos atributos nobres de seu pai português e de seus dois tios maternos sacerdotes, mas deixou de mencionar seu avô materno. Pode-se especular que essa omissão tenha sido cometida exatamente por Manoel Vellozo ser comerciante.

Também é possível que a preocupação de Taques de fazer remontar as linhagens de sua família e de outras famílias tradicionais de São Paulo à nobreza de Portugal viesse de um sentimento de deslocamento, pelo fato de elas não mais exercerem o poder político que tinham no século XVII e de suas fortunas serem pequenas em comparação com as dos comerciantes recentemente chegados. Taques foi relacionado no censo de 1765 com uma considerável riqueza — bens no valor de 3:200$000 —, mas essa quantia ainda não é nada em comparação com os 28:000$000 do primo por afinidade de sua esposa, José Rodrigues Pereira.

Embora o comércio fosse o melhor meio de ganhar dinheiro, a freqüência com que os próprios comerciantes faziam os filhos seguir outras carreiras indica que até mesmo os comerciantes não a consideravam uma ocupação de prestígio.[63] Dos dois filhos de Manoel Vellozo, por exemplo, um tornou-se monge, e o outro, sacerdote, apesar de pelo menos uma de suas três filhas haver se casado com comerciante. E a neta de Manoel e seu marido comerciante José Rodrigues Pereira, o casal mais rico de minha amostra, tiveram um filho que foi padre e outro que se tornou capitão do exército. O terceiro filho estudou em Coimbra, casou-se com uma portuguesa e voltou ao Brasil como desembargador.[64]

MUDANÇAS NAS PRÁTICAS CONTÁBEIS

O crescimento do comércio trouxe mudanças nas práticas contábeis que afetaram a maneira como eram conduzidos os assuntos relativos aos negócios e à família. No início do século XVII, o pagamento e talvez até mesmo a contração de dívidas determinavam-se muitas vezes por considerações mais extra-econômicas do que puramente econômicas. Por exemplo, após a morte de Lourenço de Siqueira, em 1665, seu credor e cunhado Jeronymo Bueno declarou que, embora o espólio ainda não o houvesse pago, desejava que o juiz considerasse a dívida saldada. Explicou sua solicitação declarando que negociaria com os herdeiros e testamenteiros como pessoas de sua família, e se julgasse justo cobraria o dinheiro, o que ainda não havia feito por razões que existiam entre eles.[65] É como se, para ele, a dívida não fosse uma transação estritamente econômica, mas algo da esfera das relações familiares, em que o papel mais importante era desempenhado pela reciprocidade, o dever ou outras considerações não econômicas. Parece também que considerava o apoio oficial a seu direito de ser pago redundante, talvez até mesmo invasivo. Tratava-se de questões de família.

Em outro nível, no século XVII, a palavra de uma pessoa era o quanto bastava para fundamentar um fato. Por exemplo, Suzanna Dias havia dotado suas filhas muito antes de morrer, já muito idosa, contudo a declaração em seu testamento de que os dotes cobriam as legítimas das filhas por parte de pai foi o suficiente para os herdeiros, bem como para os funcionários, e não se exigiu nenhum outro documento para confirmá-lo. A palavra dela foi o bastante. Lendo o testamento de Raphael de Oliveira, um leitor moderno indagaria se ele de fato havia entregado à enteada a legítima materna, conforme afirmou. A declaração dele foi:

> lhe dei com ela em dote de minha fazenda o que pude entendendo-se que se lhe cabia alguma cousa da legítima de sua mãe e minha segunda mulher Catharina Dorta, que devia ser muito pouco ou nada que no tal dote entrasse como entrou e esta foi sempre minha tenção, pelo que lhe não devo nada da tal legítima.[66]

No século XVIII, teria sido necessário comprovar com documentos escritos o que ele declarou.

No século XVII, os registros contábeis também não eram sistemáticos; as dívidas nos inventários freqüentemente não eram relacionadas em termos monetários, mas como quantidades de mercadorias, sem preço a elas associado. Por exemplo, entre as importâncias devidas a Pedro Fernandes está a dívida pelo "que lhe coube ao defunto Pedro Fernandes no sítio de Uanga, a cuja conta diz ter recebido mil e quinhentas telhas". Uma dívida atribuída a seu espólio reza: "Deve a Pedro Leme uma arroba de ferro mais em dinheiro mil oitocentos e oitenta réis".[67] Em parte alguma consta o valor monetário da fazenda Uanga ou da arroba de ferro mencionadas. Em outro inventário, o recebimento de um pagamento reza: "Estou satisfeito de vinte e um alqueires de farinha que Anastacio da Costa os devia a Mathias Dias pelo seu rol que me foi dado em pagamento".[68] Esse recibo também não diz qual a quantia monetária devida. (Ele mostra, sim, de que modo as notas promissórias eram empregadas como pagamento.)

Em contraposição, na São Paulo do século XVIII, as dívidas eram sempre mencionadas em termos monetários, e os comerciantes começaram a usar o sistema de partidas dobradas.[69] Outra alteração dizia respeito à identificação dos credores de um dado espólio e do pagamento que lhes era devido. No século XVII, havia poucas notas promissórias; a palavra do credor ou até mesmo do devedor em seu testamento era o suficiente. Por exemplo, em 1659, Maria Bicudo declarou em seu testamento: "Tenho em poder de meu sobrinho, João Bicudo de Brito, cento e tantos mil réis, ou que ele disser por sua verdade".[70] Domingos Fernandes declarou em seu testamento: "Declaro que, sendo caso que eu deva alguma dívida a alguma pessoa, mormente aos rendeiros dos dízimos, assim os passados como o que é de presente, achando-se provavelmente que devo, mando que se lhe pague".[71] As palavras "Me é a dever o que ele disser por sua verdade, o que ele achar em sua consciência" eram muito comuns nos testamentos do século XVII.[72]

No século XVIII, eram utilizadas práticas contábeis meticulosas e os documentos originais de dotes e de empréstimos eram sempre apresentados, pois nenhum pagamento se fazia sem sua adequada comprovação. Esse cuidado com a exatidão da contabilidade indica uma preocupação diversa pelo dinheiro e pela propriedade, o valor cada vez maior do registro escrito em oposição à palavra falada, e o controle do Estado, mais do que do patriarca, sobre a transmissão de bens. O Estado monitorava a prática em nível local, fazendo com que o magistrado da Coroa desse instruções rigorosas ao juiz dos órfãos sobre o método correto de executar o inventário de um espólio.[73] E cada um dos herdeiros também contribuía para a mudança exigindo que a lei fosse cumprida.

No século XVIII, as famílias patriarcais extensas de São Paulo perderam parte de seu poder para a Coroa, que interveio administrativa e militarmente a fim de restringir aquele poder. Em outro nível, houve a mudança quanto ao modo como as famílias adquiriam poder que alterava a dinâmica dentro da família proprietária. No século XVII, a coesão e a capacidade militar da família extensa trouxeram-lhe riqueza e poder político, fazendo com que as alianças matrimoniais e a aquisição de genros fossem importantes para o clã. Em contraposição, no século XVIII, era a riqueza que trazia o poder militar e político. Os principais meios de adquirir riqueza, a mineração e o comércio, exigiam capacidade empresarial dos indivíduos ainda mais do que ligações familiares, embora estas ajudassem. À medida que os filhos se estabeleciam sozinhos em regiões distantes, eles conseguiam, pela distância, uma independência cada vez maior em relação à família patriarcal. Contudo, o bom casamento das filhas continuou a ser importante como estratégia familiar, pois elas podiam casar-se com comerciantes ricos, cuja integração pelo casamento na elite tradicional era essencial para garantir a continuidade de sua preponderância.

5. Continuidade e mudança na prática do dote

Apesar de o dote continuar a ser importante no início do século XVIII, sua prática se modificara. Em primeiro lugar, havia agora algumas famílias que deixavam que suas filhas fossem para o casamento de mãos abanando, ao contrário da prática do início do século XVII, segundo a qual todas as filhas de proprietários levavam um dote ou sua herança para o casamento. Porém, a maioria das famílias ainda favorecia as filhas mais do que os filhos, dotando-as generosamente, embora fosse muito menor o número de filhas que recebiam dotes de valor superior ao de sua herança futura e, quando isso acontecia, essas manifestações da vontade do patriarca eram cerceadas pela rigorosa interpretação da lei devida à intervenção do Estado e ao empenho dos demais herdeiros.

A FREQÜÊNCIA DO DOTE

A prática do dote ainda era muito disseminada, pois, na primeira metade do século XVIII, a maioria das famílias de proprietá-

TABELA 7

Concessão de dotes em relação à riqueza (século XVIII)

Riqueza	Número de famílias	Concederam dotes	Não concederam dotes
Posse de escravos:			
4 ou mais	39	32 (82%)	7 (18%)
3 ou menos	18	14 (78%)	4 (22%)
Número desconhecido	11	9	2
TOTAL	68 (100%)	55 (81%)	13 (19%)
Espólio líquido:			
Metade mais rica	27	24 (89%)	3 (11%)
Metade mais pobre	27	21 (78%)	6 (22%)
Valor desconhecido	14	10	4
TOTAL	68	55	13

FONTE: Amostra.
NOTA: Todas as porcentagens foram arredondadas.

rios paulistas proviam suas filhas com dotes, numa proporção ligeiramente menor do que no século anterior. Oitenta e um por cento das famílias do século XVIII ainda dotavam suas filhas casadas, enquanto no século XVII 91% das famílias o haviam feito.[1]

Embora proprietários de todas as categorias dotassem suas filhas, era ligeiramente maior a porcentagem de famílias com grandes patrimônios que o faziam do que de famílias com patrimônios menores. Das famílias com quatro ou mais escravos, 82% concediam dotes, enquanto 78% das que tinham menos de quatro escravos o faziam (ver Tabela 7). Numa ordenação dos patrimônios líquidos, encontramos o mesmo padrão: concessão de dotes em 89% das famílias da metade mais rica, mas em apenas 78% da metade inferior. Vê-se que a diferença é pequena, e o fato de mais de três quartas partes das famílias menos ricas concederem dotes indica que essa ainda constituía uma prática comum.

Houve, porém, algumas mudanças significativas dentro do grupo de famílias que não dotavam suas filhas. No início do século XVII, as únicas famílias que não concediam dotes eram as de viúvos ou viúvas, cujas filhas, embora não levassem dotes, iam para o casamento com bens provindos de sua legítima. Seis das treze famílias do século XVIII que não dotaram suas filhas também eram chefiadas por viúvas ou viúvos cujas filhas se casavam simplesmente com sua herança. A novidade é que as outras sete famílias permitiram que suas filhas se casassem de mãos abanando. Com estas se iniciava uma tendência, pois no começo do século XIX a maioria das filhas de proprietários não levava bens para o casamento.

Algumas famílias podem não ter dotado suas filhas por não ter condições de fazê-lo. Seis das sete famílias que fizeram casar suas filhas sem bens tinham patrimônios relativamente pequenos, estando dentro da metade menos rica da amostra. Destas, o mais rico era João Fernandes da Costa, que tinha uma fazenda no bairro de Santana gado e dez escravos, porém seu patrimônio valia menos de 2% do maior patrimônio da amostra.[2] Embora tivesse uma filha casada que não recebera dote, tinha também uma filha solteira com mais de 25 anos que era emancipada. (No período colonial, os filhos adultos solteiros não se tornavam automaticamente emancipados ao atingir os 25 anos, idade da maioridade, tendo que requerer judicialmente a emancipação.) Pode-se especular que um dote poderia ter facilitado seu casamento ou, olhando de outro ângulo, restringido sua independência.

As outras cinco famílias com patrimônios pequenos que não dotaram suas filhas tinham muito menos bens do que João, e a escassez de bens sem dúvida determinou sua decisão de não conceder dotes. O melhor exemplo disso é Miguel Delgado da Cruz, que não possuía escravos. Ele e sua esposa tinham três filhas casadas que não haviam recebido dotes, e uma filha mais velha no "recolhimento", a qual, por caridade, fora recebida sem dote. Embora ele e a esposa possuíssem dois sítios, tinham tão pouca liquidez que, quando ele morreu, não havia dinheiro para pagar as missas ou as poucas dívidas que deixara.[3] Seu exemplo é o mais extremo, mas fortalece a conclusão de que as famílias com patrimônios pequenos provavelmente decidiam não conceder dotes exatamente por estarem passando por dificuldades.

A filha ser ilegítima, especialmente se era mestiça, pode ter sido outra razão para a não-observância da prática do dote. Manoel Garcia, um comerciante casado cujo patrimônio estava na metade mais alta da amostra, tinha dois "filhos naturais", nascidos de uma mulher negra livre quando ele era solteiro; além disso, tinha vários herdeiros legítimos mais novos. Embora tenha reconhecido aqueles filhos naturais em seu testamento, e eles tenham herdado em igualdade de condições com os filhos legítimos, não dotou sua filha natural quando ela se casou.[4] Talvez seu raciocínio fosse o de que a posição dela como herdeira devia ser estímulo suficiente para seu marido, que era apenas um liberto.

Fora da amostra, há um caso semelhante, o do sargento-mor Manoel Soares de Carvalho, que fez fortuna comerciando com as minas em Goiás e Cuiabá. Deixou seu patrimônio aos filhos naturais, cuja mãe era uma mulher negra livre. Ele não dotara suas duas filhas casadas, apesar de ter concedido dotes às filhas naturais mulatas e mestiças de seu falecido irmão. Contudo, em seu testamento, queixou-se de que os maridos de suas sobrinhas haviam esbanjado os dotes delas muito rapidamente, e talvez temesse que o mesmo viesse a acontecer com suas filhas, caso recebessem dotes.[5]

Na amostra, o único outro caso de filha natural casada é o do comerciante Aniceto Fernandes, que concedeu dote a essa filha.[6] Como, porém, não se diz nada sobre sua raça, pode-se presumir que fosse branca, o que talvez seja a razão para que seu pai lhe concedesse um dote quase tão grande quanto o de sua meia-irmã legítima. Em suma, esses casos ilustram que as filhas naturais, mais ainda do que as filhas legítimas, dependiam da boa vontade do pai para receberem um dote, do mesmo modo que, para herdar dele, dependiam de seu reconhecimento.[7]

As demais famílias da amostra que não dotaram suas filhas eram viúvas, ou viúvos, que deixaram suas filhas se casarem simplesmente com sua legítima por parte de pai ou de mãe. Na verdade, com exceção de Manoel Garcia do exemplo acima, as únicas pessoas da metade mais rica da amostra a não conceder dotes foram as viúvas ou viúvos.

Ainda assim, não conceder dotes às filhas em acréscimo à legítima por elas recebida de seu primeiro genitor falecido representava um afastamento da prática costumeira. No sistema de casamento em comunhão de bens, se ambos os genitores estivessem vivos quando do casamento de uma filha, entendia-se que o dote a ela concedido provinha tanto do pai como da mãe.[8] Por isso, havia sido costume, no século XVII, que uma viúva, ou viúvo, desse à filha que se casava após a morte de um dos genitores não só a legítima que lhe cabia, proveniente da metade do patrimônio que pertencera ao cônjuge falecido, mas também um dote proveniente de sua meação.

Na São Paulo do século XVIII, várias viúvas e viúvos ricos de fato concederam dotes em acréscimo à herança de suas filhas. Além dos cinco viúvos e viúvas acima mencionados, dos quais todas as filhas se casaram após a morte de um dos genitores levando para o casamento simplesmente sua herança, houve doze viúvas e viúvos na amostra que dotaram as filhas que se casaram enquanto ambos os genitores ainda viviam, mas que tinham outras filhas que se casaram após a morte de um dos genitores. Destes, sete concederam dote além da legítima para as filhas que se casaram após a morte de um dos genitores, enquanto os demais cinco não agiram desse modo. Assim, de um total de dezoito viúvos ou viúvas que tiveram suas filhas casadas após a morte do cônjuge, sete concederam dotes a essas filhas além de sua herança, enquanto onze não o fizeram. Observamos nesse caso o início de uma tendência, pois no século XIX nenhuma viúva, ou viúvo, concedeu dotes além da legítima.

Evidentemente, viúvas e viúvos começaram a perceber que não era preciso sacrificar-se pelas filhas que se casavam após a morte de um dos genitores, pois, mesmo que não recebessem um dote, elas levavam bens para o casamento, sua legítima. Exemplo disso é o caso da viúva Maria Bueno de Oliveira, cujo patrimônio estava na metade superior da amostra. Suas filhas casaram-se após a morte do pai e, na ocasião em que Maria morreu, ela lhes havia pago a maior parte da legítima por parte de pai que a elas cabia, e ambas haviam recebido de outros parentes doações para seu dote (a mais velha, de sua tia materna, e a mais jovem, do remanescente da terça de seu padrasto).[9] Mesmo não recebendo dote algum proveniente dos bens da mãe, as filhas se casaram com montante considerável de bens, herdando posteriormente a parte que lhes cabia de seu espólio.

A decisão de um genitor viúvo de, por ocasião do casamento de sua filha, dar-lhe simplesmente sua legítima era, na verdade, uma decisão de deixar de cumprir o dever de conceder dotes. Embora as filhas que se casavam apenas com sua herança, por parte de pai ou de mãe, contribuíssem para o sustento de seu casamento, essa contribuição não custava nada ao genitor sobrevivente.

Uma indicação significativa da nova tendência é o caso do rico tenente José Rodrigues Pereira, que não concedeu dote a sua filha em acréscimo a sua legítima por parte de mãe e ao remanescente da terça de sua mãe. Sendo ele um comerciante cujas dívidas montavam a aproximadamente metade de seus ativos, sua decisão de não conceder dote à filha e ao genro significava provavelmente que a primeira preocupação dele era com seus negócios. Contudo, deixou à filha casada todo o remanescente de sua terça, apesar de ter outras filhas ainda solteiras. Esse ato indica que estava compensando o fato de não lhe haver concedido um dote proveniente de sua meação.[10] José Rodrigues Pereira afastara-se claramente da prática costumeira do dote, mesmo que ainda assim favorecesse uma das filhas em relação às demais.[11]

Não obstante, as famílias que não concediam dotes ainda eram exceção na São Paulo do início do século XVIII, e a maioria das que os concediam faziam-no para cada uma de suas filhas casadas. Das 55 famílias da amostra que concederam dotes, 48 dotaram todas as filhas casadas. Como vimos anteriormente, cinco outras dotaram todas as filhas que se casaram durante a vida de ambos os genitores, enquanto, às filhas que se casaram após a morte do primeiro genitor, deixavam que se casassem meramente com sua legítima.

Somente duas famílias da amostra do século XVIII permitiram que algumas filhas se casassem de mãos abanando, enquanto dotaram outras. Um desses casos é uma clara ilustração da ligação entre dote e controle patriarcal do casamento. Trata-se do caso de Manoel Dultra Machado, o Velho, e Mariana Machado, que dotaram apenas quatro de suas cinco filhas casadas. Seus testamentos não explicam por que não teriam dotado sua terceira filha casada, Ignes, e somente no inventário da própria Ignes é que encontramos uma alusão ao que poderia ter levado seus pais a agir daquela forma. Como, em seu inventário, o marido ausente foi mencionado como "Antonio Correa, o qual desta cidade fora degredado por crime para as partes da Costa de Guiné", é provável que os pais dela tenham desaprovado seu casamento e, por essa razão, não a dotaram. Contudo, depois que ele foi sentenciado e ela foi deixada só e sem recursos, eles a abrigaram em sua casa. Mais ainda, seu pai e sua mãe lhe deixaram o remanescente de suas terças.[12]

O TAMANHO DOS DOTES

Embora no século XVIII a maior parte dos paulistas que possuíam bens continuasse a dotar suas filhas, os dotes já não eram

TABELA 8

O dote como porcentagem da legítima (século XVIII)

Tamanho do patrimônio	Média	Mediana
Menos de 4 escravos	163%	123%
De 4 a 9 escravos	131%	85%
10 ou mais escravos	97%	57%
Toda a amostra	147%	102%

FONTE: Amostra. O maior dote concedido por uma família como porcentagem da legítima nos 47 espólios em que seu valor e o número de escravos são conhecidos.

mais tão grandes quanto os concedidos no século anterior. No século XVII, os dotes de cada uma das filhas casadas de uma família eram em geral maiores do que a legítima, mas, como a maioria das filhas casadas abria mão da herança, não dispomos de dados precisos para confirmar isso, salvo em cinco casos em que os dotes vieram à colação e em que conhecemos o valor monetário da legítima. Nesses cinco casos, entre os quais não se encontra necessariamente o maior dote concedido em cada família, o dote médio equivalia a 250% da legítima. No século seguinte, embora os dotes ainda fossem de bom tamanho, em geral as famílias concediam apenas um ou no máximo dois dotes de valor superior ao da legítima. Usando o valor do maior dote concedido por cada família na amostra do século XVIII, verifiquei que o tamanho médio deles era de uma vez e meia a ulterior legítima da filha (ver Tabela 8). Contudo, quanto mais rico o patrimônio, medido pelo número de escravos ou pelos bens possuídos, menor a porcentagem sobre a legítima representada pelo maior dote. E em nenhum dos inventários de minha amostra do século XVIII houve disparidades tais como a que houve entre o dote de Maria Leite, de 80$000, em 1633, e a legítima de seus irmãos de somente 2$098 cada um.

Muitas famílias paulistas do século XVIII concederam o dote mais generoso à filha mais velha. Das famílias da amostra com pelo menos três filhas casadas, 48% concederam o maior dote à filha mais velha, continuando com dotes sucessivamente menores, enquanto 31% fizeram exatamente o oposto, concedendo dotes sucessivamente maiores, o maior deles para a filha mais nova. O restante, 21%, concedeu dotes sem nenhuma ordem especial de grandeza.[13]

Mesmo que as famílias não concedessem dotes equivalentes a todas as filhas, a prática mais comum era manter pequena diferença entre eles. Apenas em dez das 29 famílias com três ou mais filhas casadas um dos dotes concedidos representava mais do que o dobro do tamanho do menor dote concedido.[14] A maioria das famílias concedeu a suas filhas dotes aproximadamente iguais, como fez Maria de Lima de Siqueira.[15] Cada uma de suas seis filhas levou para o casamento bens avaliados entre 1:900$000 e 2:220$000. Essas quantias semelhantes demonstram cuidadoso cálculo por parte dos genitores, especialmente se se considerar que duas das filhas se casaram enquanto pai e mãe eram vivos, enquanto as outras quatro se casaram com a legítima por parte de pai, a parte que lhes cabia do remanescente da terça paterna e um dote concedido pela mãe viúva.

As dez famílias em que houve a maior diferença entre dotes foram, em sua maioria, as que tinham patrimônios menores. Pode-se especular que ou concederam a suas primeiras filhas dotes tão generosos por terem expectativas de uma crescente prosperidade que não se materializou, ou o dote grande foi concedido antes que diminuíssem os bens da família, ou, ainda, uma família em dificuldades optava deliberadamente por conceder um dote de bom tamanho para manter seu status mediante o bom casamento de pelo menos uma das filhas.

Um dos casos de grande diferença entre dotes é o de Manoel Dultra Machado, o Velho, e sua esposa Mariana Machado. Sua filha mais velha recebeu um dote três vezes maior que o da segunda filha e, à medida que os dotes diminuíam de tamanho, a diferença tornou-se maior, de tal modo que o dote da filha mais velha foi de seis vezes e meia o tamanho do dote de sua irmã mais nova.[16] Mesmo sendo cada vez menor o tamanho desses dotes, depois que Manoel Dultra Machado, o Velho, e sua esposa casaram todas as filhas, eles haviam se despojado de quase terça parte de seu patrimônio.

Diogo das Neves Pires é exemplo de alguém cujos bens parecem ter diminuído muito depois de dotar uma de suas três filhas casadas. Diogo pertencia a uma das mais antigas famílias de São Paulo e, contudo, deixou um patrimônio relativamente pequeno.[17] Quando sua primeira esposa morreu, pelo menos dezoito anos antes, sua meação valia 101$820. Quando ele morreu, em 1760, tendo voltado a se casar, o valor líquido de seu patrimônio era aproximadamente o mesmo, 110$100, mas metade dele pertencia a sua nova esposa, de modo que ele deixou apenas 55$050 para os filhos. Se, como parece provável, a segunda esposa de Diogo trouxe um dote ao se casar, os bens dele devem ter definhado. Essa pode ser a razão de ter ele optado por favorecer apenas dois dos seis filhos que teve com a primeira esposa. Um destes era seu único filho homem com a primeira esposa, a quem deu terras no valor de 20$000, herdadas dos pais de sua primeira esposa. Também favoreceu sua segunda filha casada, que recebeu um dote de 54$382, doze vezes a legítima de seus irmãos, que foi de 4$242.[18]

O caso de Diogo das Neves Pires indica que, mesmo quando o patrimônio de uma família estava definhando, ainda se considerava importante a concessão de um dote grande a pelo menos uma das filhas. Outro caso de patrimônio decrescente acompanhado de um dote grande é o de Izabel Dultra e seu marido Estevão de Lima do Prado, também pertencente a antiga família pioneira paulista. Izabel levara um dote de 73$320 para seu primeiro casamento e, no entanto, quando morreu, todo o patrimônio que ela e seu segundo marido possuíam era menor do que essa quantia. Seu dote consistira em um baú, seis colheres de prata, uma cama e roupas de cama, duas éguas, 21 cabeças de gado e uma parcela de terra encravada na propriedade de Dultra Machado, onde a família continuava vivendo quando seu segundo marido morreu, poucos anos depois dela. Ainda possuíam também uma boiada e vários cavalos. Quando os bens do casal foram inventariados em 1748, o pai de Izabel vendeu a propriedade e deduziu dívidas e despesas, de modo que cada herdeiro recebeu uma legítima de apenas 2$370.[19] Contudo, Izabel concedera um grande dote à única filha que teve com o primeiro marido. Além de — como única filha — herdar metade do patrimônio comum de seus genitores quando da morte de seu pai, essa filha recebeu um dote de sua mãe no valor de 21$640, nove vezes a legítima que seus irmãos receberiam quando sua mãe morreu.[20] Os bens dessa família haviam sem dúvida minguado à medida que a morte e o novo casamento dos pais e o casamento de uma filha fracionaram e reagruparam os bens, sem contar que os pequenos criadores de gado estavam sendo prejudicados pelo mercado em queda.[21]

Outro dado que demonstra como continuava sendo essencial a concessão de dotes para os paulistas do século XVIII é a grande porcentagem do patrimônio de que uma família abria mão para dotar as filhas. Na amostra, a espoliação média foi de 41%. Naturalmente, as famílias com muitas filhas casadas tendiam a despojar-se de mais bens do que aquelas com poucas filhas. As famílias com três ou mais filhas casadas despojaram-se de uma média de 48% de seu patrimônio. Bom exemplo de uma espoliação média é a da família de Maria de Lima de Siqueira. Seu marido utilizara 21% de sua meação para os dotes de suas duas filhas mais velhas, e sua viúva despojou-se de um total de 54% de seus bens para suas seis filhas.[22] Evidentemente, dotar as filhas constituía ainda uma obrigação importante.

Essas grandes espoliações de bens em favor dos dotes contribuíam, sem dúvida, para que as filhas se estabelecessem próximo de seus genitores. Elizabeth Kuznesof, em seu estudo sobre os bairros da São Paulo do século XVIII, verificou que as famílias tendiam a morar nas proximidades da parentela mais ampla, o clã. E, dentro dessa tendência geral, a matrilocalidade era a regra; os casais que se formavam moravam mais perto da família da esposa do que da do esposo.[23] A matrilocalidade permitia que o clã da noiva desfrutasse da maior vantagem da aliança levada a cabo com o casamento da filha, ao mesmo tempo que continuava a proteger a filha e seus bens. Sob esse aspecto, a prática do século XVIII era muito parecida com a do século anterior.

Além de conceder a suas filhas dotes relativamente menores, os paulistas do século XVIII parecem ter ajudado toda a sua prole em maior medida do que faziam no século XVII. Quase dobrou a porcentagem de famílias que faziam doações a filhos que não eram padres, passando de 9% no século XVII para 17% no século XVIII. Dobrou a porcentagem de famílias que emprestaram dinheiro aos filhos homens e também aumentou a de famílias que fizeram empréstimos a filhas casadas e seus maridos. E os pais continuaram a permitir que sua prole adulta, especialmente seus filhos homens, usassem seus escravos e suas terras. Inversamente, as filhas casadas e seus maridos emprestavam dinheiro a seus pais mais freqüentemente do que no passado, enquanto os filhos homens o faziam com menos freqüência.[24]

O quadro que se obtém é o de tempos difíceis nos quais os filhos, especialmente os homens, recebiam mais ajuda de seus pais do que cem anos antes, diminuindo assim a vantagem que as filhas outrora possuíam. Provavelmente, as famílias reagiam à situação econômica instável e precária da São Paulo no início do século XVIII. Dinheiro só era ganho nas minas de ouro de Minas Gerais, Goiás e Cuiabá, ou pelos comerciantes que abasteciam aquelas minas. Os filhos precisavam de ajuda para emigrar para as minas e os pais cada vez mais os equipavam com um cavalo e sela, uma espingarda e, se possível, um ou dois escravos.[25] De fato, à medida que os dotes ficavam menores, muitos filhos homens recebiam doações de bens equivalentes aos dotes de suas irmãs. Foi o que se deu com os filhos de Mariana Machado, que receberam, todos eles, aproximadamente o mesmo que suas irmãs haviam recebido, exceto em relação ao dote algo maior da filha mais velha.[26] As filhas já não estavam mais sendo favorecidas o quanto haviam sido no século XVII.

Não só os dotes já não eram mais tão grandes proporcionalmente à legítima quanto haviam sido no século anterior, como também sua composição se alterara. Os pais da noiva já não proporcionavam a maior parte dos meios de produção de que precisavam os recém-casados para dar início a um novo empreendimento. No começo do século XVII, todos os dotes se compunham de meios de produção e índios, embora muitos deles não contivessem os objetos habitualmente considerados parte de um enxoval de noiva. No século XVIII, a situação se inverteu: a maior parte dos dotes continha um enxoval e jóias, enquanto a menor parte deles continha meios de produção. Somente 2% dos dotes do século XVIII incluíram uma casa na cidade, em comparação com 40% no século anterior; 20% incluíram terras, em comparação com 40% no século XVII. Os paulistas também passaram a dar menos dinheiro como parte dos dotes. No século XVII, os dotes continham muito pouco dinheiro vivo, devido à escassez generalizada de moeda sonante, mas computei como dinheiro os carregamentos de farinha depositados em Santos, por exemplo. Em 45% dos dotes do século XVII encontramos esse tipo de mercadoria pronta para a venda, enquanto em apenas 32% dos dotes do século XVIII havia dinheiro, ouro em pó ou barras de ouro. Ferramentas e máquinas foram incluídas somente em 10% dos dotes, em comparação com 35% de cem anos antes. E somente 27% dos dotes do século XVIII continham gado, em comparação com 40% do século XVII. A única coisa que se podia considerar meio de produção, e que eram doados mais freqüentemente do que no passado, eram os cavalos. Contudo, se observarmos cuidadosamente os dotes, até mesmo os cavalos nem sempre eram meios de produção, pois freqüentemente eram cavalos de montaria destinados ao uso da noiva.[27]

O USO DA COLAÇÃO

Pelo fato de a maioria dos dotes não ser relativamente tão grande quanto no século XVII, em geral as filhas casadas não abriam mão da herança, como no século XVII; em vez disso, devolviam seus dotes ao espólio, à colação (ver Tabela 9). Como vimos acima, segundo a legislação portuguesa, o espólio de uma pessoa falecida devia ser dividido somente entre os filhos que não houvessem recebido dote ou doação, a menos que esses filhos dotados quisessem devolver seus dotes ao espólio.

No século XVII, a maioria das filhas casadas e seus maridos não queriam trazer seus dotes à colação e, por isso, abriam mão da herança.[28] Em contraposição, no século XVIII, desistir de herdar passou a ser a exceção em vez da regra, pois em mais de 60% das famílias todas as filhas casadas devolveram seu dote ao espólio, enquan-

TABELA 9
A colação em famílias com filhas dotadas
(séculos XVII e XVIII)

Famílias em que	séc. XVII		séc. XVIII	
Todas as filhas casadas dotadas recusaram-se a herdar	37	(90,2%)	11	(22,4%)
Algumas filhas casadas dotadas se recusaram e outras trouxeram o dote à colação	3	(7,3%)	8	(16,3%)
Todas as filhas casadas dotadas trouxeram o dote à colação	1	(2,4%)	30	(61,2%)
Sem informação	2		6	
Famílias que concederam dotes	43		55	

FONTE: Amostra.

to entre outros 16% havia pelo menos alguma filha que vinha à colação.[29] Isso quer dizer que em apenas 22% das famílias do século XVIII todas as filhas abriram mão da herança, em comparação com 90% do século anterior. Além disso, a prática do século XVIII estabeleceu uma tendência, pois no século XIX não houve caso algum de uma filha que se recusasse a herdar; tal prática desaparecera completamente.

Essa foi uma mudança na prática, pois a legislação não fora alterada. No século XVII, os patriarcas e suas esposas favoreciam algumas ou todas as filhas, concedendo-lhes dotes muito maiores do que a ulterior legítima e essas filhas casadas abriam mão da herança. Apesar de permitir que os herdeiros declinassem da herança, as *Ordenações* limitavam o direito dos patriarcas ou suas esposas de favorecer um dos filhos em relação aos demais, mediante dote ou doação. Se o dote ou doação tivesse sido maior do que a legítima adicionada à terça, mesmo que o herdeiro declinasse da herança, seria obrigado a devolver a diferença aos demais herdeiros.[30] O pressuposto subjacente neste caso é que um genitor tinha o direito de dispor somente de sua terça em favor de um filho. Um genitor não devia favorecer nenhum dos filhos em detrimento de todos os demais.

Os paulistas do século XVIII obedeciam à legislação relativa ao tamanho do dote, enquanto seus antepassados do século XVII em geral não o faziam, ainda que tivessem conhecimento dela.[31] A esse respeito, seus antepassados colocavam o privilégio patriarcal à frente da igualdade entre os herdeiros. Como vimos anteriormente, no século XVII era raro que se exigisse que as filhas devolvessem parte de seus dotes aos irmãos. E mesmo que o dote não houvesse sido pago integralmente, as filhas e seus maridos mantinham sua vantagem, pois a dívida era descontada do espólio bruto antes de se calcular a legítima de seus irmãos e irmãs.

Em contraposição, os paulistas do século XVIII obedeciam escrupulosamente à lei, o que indica que a igualdade de direitos entre todos os herdeiros tornava-se mais importante do que o direito do patriarca de arranjar um casamento. O inventário de Maria Bueno de Araujo ilustra um caso simples em que todos os dotes foram menores do que a legítima e foram devolvidos ao espólio.[32] Ela e seu marido, Antonio Correa Pires, constituíam a família mais rica do bairro relativamente pobre da Penha, e seu primeiro genro, Manoel Dias Bueno, tornou-se capitão-mor do bairro.[33] Quando Maria Bueno de Araujo morreu, tanto as filhas casadas como o filho, que era padre, vieram à colação. O espólio líquido foi dividido em duas partes, metade ficando para o viúvo. Depois de descontar da meação dela a quantia para pagar as missas por sua alma e os custos do inventário (ela morreu sem deixar testamento), o valor da metade de cada dote e do legado feito foi adicionado a seu espólio líquido e o total dividido pelo número de herdeiros, resultando na legítima. Somente metade de cada dote e de cada herança veio à colação, por terem sido concedidos pelos dois genitores.[34] A segunda metade seria descontada quando morresse o pai. Depois de se chegar ao valor da legítima, cada herdeiro recebia aquela quantia menos todo valor trazido à colação.

O caso de Maria de Lima de Siqueira ilustra a prática mais comum no século XVIII quando uma filha casada abria mão da herança.[35] Maria era uma viúva cujas duas filhas mais velhas tinham casado durante a vida do pai e, quando ele morreu, abriram mão da herança, fazendo o mesmo quando da morte da mãe. Cada um de seus dotes valia mais de dois contos (2:000$000). Se as duas filhas mais velhas houvessem trazido seus dotes à colação quando da morte de seus dois genitores, a primeira teria tido que devolver um total de 462$346 e a segunda, 300$364. Compreende-se por que se recusaram, quando se considera que o preço médio de um escravo na amostra era de 68$000 e o preço médio de uma casa na cidade, de 168$000. Por terem recusado, a terça do espólio de sua mãe entrou em cogitação. Começando com o primeiro dote concedido, a legítima foi subtraída do dote e a diferença resultante foi deduzida da terça. Ambos os dotes das filhas mais velhas de Maria ajustavam-se a suas legítimas mais a terça. Nos casos em que o dote era tão grande que a terça não cobria a diferença, a expectativa era de que a filha e seu marido — e até mesmo seus herdeiros, caso filha e genro morressem antes — cobrissem a diferença para seus irmãos.

O PODER PATRIARCAL RESTRINGIDO

A estrita adesão às *Ordenações* na São Paulo do século XVIII representou uma limitação aos direitos dos genitores de dispor de seus bens como lhes aprouvesse. Não podiam mais conceder dotes excessivos. Tinham de considerar o tamanho de sua terça e se ela seria suficiente para cobrir o excesso entre o dote e a legítima. E se concedessem dotes grandes, também sabiam que sua terça se reduziria e não cobriria tantos legados quantos poderiam querer fazer.

As pessoas compreendiam essa conseqüência de devolver ao espólio um dote grande. Quando Manoel Pacheco Gato morreu, em 1715, havia entre seus herdeiros uma filha casada, duas filhas solteiras e cinco filhos solteiros, um dos quais era frade franciscano. Os herdeiros acordaram entre si que seria melhor que a filha casada não viesse à colação. Seus argumentos, que convenceram o juiz, foram de que seu cunhado estava passando por dificuldades (de modo que lhe seria difícil devolver parte do dote) e especialmente que não o obrigar a devolver o dote ao espólio beneficiaria as duas irmãs solteiras que haviam recebido um legado do remanescente da terça do pai (uma vez que o excesso do dote não seria então deduzido da terça).[36] Contudo, isso significava também que a legítima dos irmãos seria menor do que se o dote houvesse sido trazido à colação — isto é, adicionado ao espólio líquido antes da divisão entre os herdeiros. Nesse caso, como no início do século XVII, os irmãos estavam se sacrificando por suas irmãs (tanto a casada como as solteiras), e estava-se dando preferência às intenções do patriarca.

Entre os inventários do século XVIII, há outros exemplos de irmãos sacrificando-se pelas irmãs. Por exemplo, o neto de Manoel João de Oliveira, de Goiás, doou sua parte da legítima vinda do pai à sua irmã, quando esta se casou, de modo que ela recebeu uma parte dobrada. E quando o patrimônio de Ignacio Dinis Caldeyra diminuiu e ele morreu tendo apenas cinco escravos, seus seis herdeiros decidiram privilegiar suas duas jovens irmãs solteiras, dividindo o total do patrimônio entre elas, como dotes, e nada herdando eles próprios.[37] Seu raciocínio foi um raciocínio do século XVII, quando as filhas eram invariavelmente privilegiadas.

Mesmo no século XVII, porém, alguns filhos homens tentaram rebelar-se contra semelhante iniqüidade. Lembremo-nos, por exemplo, do caso de Manoel João Branco, cuja filha mais velha, Anna Leme, recebeu metade de um navio como dote. O marido dela, capitão David Ventura, mudou-se para a Bahia sem ela, apossou-se do navio e continuou seus negócios sem acertar as contas com o sogro. Quando Manoel João morreu, seu único filho, Francisco João Leme, procurou fazer com que o navio fosse avaliado, num vão esforço para igualar sua herança com o dote da irmã. Se tivesse conseguido fazê-la vir à colação, ela lhe teria ficado devendo dinheiro.

Em vez disso, foi dada prioridade aos direitos de sua irmã. Foi paga a ela, pelo menos no papel, a quantia que ainda lhe era devida referente a seu dote, antes mesmo que o espólio fosse dividido para dar à mãe sua meação (ver Apêndice D.II). A quantia que o espólio ainda devia a Anna era de 107$000 e o valor da metade do navio era superior a 200$000, de modo que seu dote ficou valendo pelo menos 307$000 e provavelmente muito mais, sem considerar o usufruto e o valor da outra metade do navio que jamais foi devolvido.[38] Além disso, ela recebeu o remanescente da terça de sua mãe. Sob todos os aspectos, Francisco João havia sido desconsiderado em favor de sua irmã e de seu cunhado. Sua frustração é evidente no permanente litígio que manteve com sua mãe e, depois da morte dela, com sua irmã; ele chegou ao ponto de roubar e matar o gado que lhes pertencia. Significativo, porém, é que Francisco João não agiu enquanto seu pai, o patriarca, ainda vivia, embora tivesse sido de seu pai a decisão de dar um dote tão grande a Anna e a David Ventura. Não se atreveu a desafiar o pai.

Esse grande respeito pelos desejos do patriarca havia se alterado no século XVIII. O fato de que cada vez mais filhas casadas eram obrigadas a devolver seus grandes dotes ao espólio por ocasião da morte de seus genitores reflete a redução do poder do patriarca sobre os filhos, à medida que estes, com a ajuda de advogados e juízes, procuravam fazer cumprir as disposições da lei relativas à igualdade entre os herdeiros. Considerando-se que, no século XVII, as filhas eram privilegiadas em relação aos filhos, e que essa tendência continuava no século XVIII, pode-se encarar a luta legal pela igualdade como uma luta dos irmãos contra as irmãs. E uma vez que o privilégio das filhas baseava-se na opinião do patriarca sobre o que era melhor para a família como um todo, as lutas do século XVIII pela igualdade entre irmãos também podem ser vistas como uma reivindicação em prol dos direitos dos indivíduos — filhos homens — contra o direito do patriarca de decidir o que era melhor para a família.

Já no século XVII, os patriarcas estavam cônscios da possibilidade de que após sua morte seus filhos homens tentariam corrigir a injustiça que consideravam ter sido feita. Essa possibilidade estava por certo na mente de Constantino Coelho Leite quando colheu a concordância de seus filhos homens quanto aos grandes dotes que concedeu às filhas, e fez constar essa informação em seu testamento, documento legal e religioso que tinha de ser respeitado.[39] Pero Nunes, em seu testamento de 1623, lançou sua maldição sobre todo filho que ousasse contestar a posse, por sua filha, das coisas que ele lhe dera no decorrer da vida.[40]

Outra mudança que reflete a redução do controle patriarcal sobre os genros diz respeito à promessa e ao pagamento dos dotes. Embora os pais do século XVII prometessem a todas as suas filhas dotes extremamente grandes, muitas vezes não os saldavam imediatamente.[41] Das famílias da amostra que dotaram suas filhas casadas, 43,6% não haviam pago integralmente o dote por ocasião da morte de um dos genitores. Pode-se supor que essa prática visasse ao controle, pois enquanto o dote não tivesse sido pago o genro dependia do sogro e era de esperar que respeitasse seus desejos. Em contraposição, em meados do século XVIII todos os pais haviam pago o dote total muito antes de morrer (ver Tabela 10).

Obviamente, houve uma mudança no relacionamento entre os pais da noiva e os recém-casados.

No século XVII, o patriarca mantinha o controle atrasando o pagamento, enquanto no século XVIII os dotes eram pagos confor-

TABELA 10
Pagamento, por ocasião da morte do genitor, de dotes prometidos (séculos XVII e XVIII)

Famílias com	séc. XVII	séc. XVIII
Dotes integralmente pagos	22 (56,4%)	54 (100%)
Dotes parcialmente pagos	17 (43,6%)	0
Sem informação	4	1
Famílias que concederam dotes	43	55

FONTE: Amostra.

me o prometido, tornando a situação mais formal e definida e os recém-casados potencialmente mais independentes.

Embora a prática do dote no século XVIII compartilhasse de muitas características da do século anterior, tais como a grande porcentagem de famílias que concediam dotes e a grande parte do patrimônio de cada família despendida nisso, também houve mudanças. As mais importantes foram o aparecimento de algumas famílias que permitiam que suas filhas casassem de mãos abanando e a mudança na prática da colação — da do século XVII, em que raramente se ia à colação, para aquela em que, no século XVIII, raramente se abria mão de uma herança. Os direitos dos filhos homens cresceram em relação ao direito dos patriarcas, ou de seus representantes, de privilegiar as filhas. Uma interpretação mais rigorosa da legislação e o litígio entre os filhos impediam que os patriarcas concedessem dotes do tamanho dos que eram dados no início do século XVII, tão grandes que prejudicavam a herança dos filhos homens. Essas limitações quanto ao tamanho dos dotes restringiam sem dúvida a capacidade do patriarca de escolher um genro, levando assim a mudanças no pacto matrimonial.

6. Mudança no pacto matrimonial

Vários fatores contribuíram para a mudança no pacto matrimonial no século XVIII em São Paulo. Como havia restrições para os pais concederem dotes proporcionalmente tão grandes quanto os concedidos no início do século XVII, esse já não era mais um mercado de comprador para a noiva. Ao mesmo tempo, as novas oportunidades de acumular capital por meio do comércio fortaleceram a posição dos comerciantes como futuros noivos, o que modificou o grupo de pretendentes e gerou um padrão em que os maridos contribuíam mais do que suas esposas para os bens do casal. Alterara-se o pacto matrimonial.

O CASAMENTO — AINDA UMA QUESTÃO DE PROPRIEDADE

Podia-se cogitar que a proporção entre homens e mulheres fosse outra causa da alteração do pacto matrimonial, uma vez que uma das conseqüências da emigração masculina após a descoberta das minas de ouro foi a de que São Paulo se tornou uma cidade em que as mulheres eram em número maior do que os homens. Na população livre da freguesia urbana da Sé havia, em 1765, apenas setenta homens entre as idades de vinte a 39 anos para cem mulheres nessa mesma faixa etária. Porém, o número de homens aumentava nos grupos de mais idade, provavelmente porque muitos deles migravam em seus anos de trabalho na juventude e na maturidade, retornando a São Paulo para passar seus anos de velhice.[1]

Em 1768, o novo governador de São Paulo, d. Luiz Antonio de Souza, mostrou-se preocupado com o pequeno número de casamentos que ocorriam na cidade e declarou que as leis aprovadas pela Coroa para dificultar que as mulheres emigrassem do Brasil para Portugal não haviam alcançado seu objetivo de promover o aumento da população. Em vez disso, escreveu ele, os homens perambulavam por todo o Brasil e milhares de mulheres permaneciam solteiras.[2]

A percepção do governador é em parte confirmada pelos estudos feitos sobre o censo de 1765, que mostram não serem poucas, em São Paulo, as pessoas que jamais haviam se casado e haver muitas famílias chefiadas por mulheres. Maria Luiza Marcílio mostra que, na freguesia da Sé, mais de 16% dos homens e de 10% das mulheres com mais de cinqüenta anos de idade jamais haviam se casado, embora possam ter constituído uniões consensuais.[3] Elizabeth Kuznesof descobriu que, em todo o distrito da cidade de São Paulo, 28% das famílias eram chefiadas por mulheres. Embora entre elas houvesse viúvas e mulheres casadas cujos maridos estavam ausentes, muitas eram mulheres solteiras, pois 6% das mulheres com filhos jamais haviam se casado e não tinham um companheiro homem dentro de casa.[4] Outro dado que confirma a existência de muitas mães solteiras é o de que 29% das crianças batizadas na freguesia da Sé eram ou ilegítimas, ou "expostas", isto é, bebês abandonados.[5] O censo mostra também que 9% de todas as famílias de São Paulo incluíam agregados, adultos, aparentados ou não, que não eram filhos do chefe da família.[6] Algumas dessas pessoas eram homens e mulheres solteiros e, dada a reduzida proporção homens/mulheres em São Paulo, é provável que fossem muito mais mulheres do que homens.

Contudo, as inúmeras mulheres solteiras na São Paulo do século XVIII não eram filhas de proprietários, pois a maioria destas se casava, o que indica que o casamento ainda era uma questão de propriedade. Das 233 filhas da amostra do século XVIII com 25 anos ou mais, somente 29, ou 13%, eram solteiras. E essas mulheres solteiras não necessariamente permaneceriam solteiras pelo resto da vida. Talvez as mulheres estivessem se casando mais tarde, porquanto a proporção de famílias que possuíam filhas solteiras com mais de 25 anos havia passado de apenas 7%, no século XVII, para 26%, no século XVIII.[7] Não obstante, essas mulheres solteiras, em sua maioria, tinham ainda menos de trinta anos, de modo que é provável que a maioria delas viesse finalmente a se casar.

A preocupação do governador Souza centrava-se no fato de que poucas pessoas se casavam na igreja. Referia-se especialmente aos homens imigrantes portugueses que ele julgava não terem inclinação a casar-se e fixar-se, mas sim a tornar-se vadios. Acreditava também que muito poucos se casavam por ser muito difícil e dispendioso completar o processo burocrático exigido pela Igreja para provar que alguém vindo de outra parte do país, ou de além-mar, fosse realmente solteiro ou viúvo e, portanto, pudesse casar-se. Ele acrescentava que somente um bom dote fazia valer a pena um processo tão caro e demorado. Se não havia dote, escreveu ele, não havia casamento, e os homens entravam numa relação de concubinato com a mesma ou com outra mulher, e não havia um crescimento "bom" da população, nem os homens se estabeleciam firmemente na região.[8] Além de desejar que a Igreja afrouxasse as exigências relativas ao casamento, parecia clamar por um sistema que não exigisse dote para o casamento e, quanto a isso, foi um precursor da espécie de pensamento que iria ganhar força no século XIX.

Evidentemente, o governador acreditava que tornar o casamento possível para o maior número de pessoas resolveria muitos dos problemas que encontrou em São Paulo. A seu ver, o casamento reteria mais firmemente os homens do que o concubinato e ajudaria a acabar com os muitos vadios que vagavam pelo país. E, na medida em que os filhos nascem com igual freqüência no concubinato e no casamento, devia estar pensando sobre a qualidade de vida das crianças, quando falou em "bom" crescimento da população como resultado do casamento. Queria dizer crescimento da população legítima, não ilegítima, e aumento do número de crianças criadas por suas famílias, não expostas.

O governador criticava o sistema de casamento, e sua crítica permite ver o sistema com clareza: na São Paulo de meados do século XVIII, o casamento era para os que possuíam bens, não para os pobres.[9] Pelo menos um dos parceiros no casamento devia ter recursos simplesmente para atender às exigências da Igreja, e a Igreja não alterou suas dispendiosas exigências relativas ao casamento até o início do século XIX.[10] A essa altura, a porcentagem de pessoas solteiras e de famílias chefiadas por mulheres em São Paulo havia crescido substancialmente.[11]

Até mesmo os que tinham condições de custear os dotes e o casamento foram afetados pela situação econômica difícil de São Paulo. O genealogista do século XVIII, frei Gaspar da Madre de Deus, sustentou que os paulistas já não conseguiam custear dotes tão grandes como haviam feito no século anterior. Ele escreveu, no século XVII:

> Eles podiam dar em dote às suas filhas muitas terras, índios e pretos, com que vivessem abastadas; por isso, na escolha de maridos para

> elas, mais atendiam ao nascimento, do que ao cabedal daqueles que haviam de ser seus genros; ordinariamente as desposavam com seus patrícios e parentes, ou com estranhos de nobreza conhecida; em chegando da Europa ou de outras capitanias brasílicas algum sujeito desta qualidade, certo tinha um bom casamento, ainda que fosse muito pobre [...] mas depois de se dar execução às leis que proíbem o cativeiro e a administração dos índios, a muitos dos principais obrigou a necessidade a casarem suas filhas com homens ricos que as sustentassem.[12]

Frei Gaspar talvez refletisse bem o sentimento das famílias paulistas. Ao comentar que a riqueza das famílias do século XVII permitia-lhes interessar-se mais pela linhagem de um genro em perspectiva do que por sua fortuna, enquanto os contemporâneos dele tinham de considerar em primeiro lugar a fortuna do genro, estava descrevendo uma mudança significativa no pacto matrimonial. No século XVIII, as opções das famílias eram mais limitadas do que no século anterior. Por não poderem mais proporcionar todos os meios de produção e de mão-de-obra necessários ao sustento do casal, procuravam fazer com que suas filhas se casassem com homens ricos, que eram muitas vezes comerciantes, superiores em fortuna mas inferiores em status. Não há dúvida de que frei Gaspar lamentava que houvesse passado a grandiosa velha época, quando

TABELA 11
Homens e mulheres que se casaram mais de uma vez (do século XVII ao século XIX)

Século	Mulheres falecidas	Casadas mais de uma vez	Homens falecidos	Casados mais de uma vez
XVII	18	7 (39%)	30	5 (17%)
XVIII	32	5 (16%)	36	9 (25%)
XIX	68	7 (10%)	110	27 (25%)

FONTE: Amostra.

havia um mercado de compradores para as famílias com bens que tivessem filhas casadouras.

Um estudo sobre a taxa de novo casamento de viúvas e viúvos confirma essa mudança no mercado matrimonial. O estudo de A. J. R. Russell-Wood, sobre 165 testamentos publicados na São Paulo do século XVII, demonstra a tendência de as mulheres tornarem a se casar mais do que os homens: 16% das testadoras haviam se casado mais de uma vez, enquanto apenas 11% dos homens o haviam feito.[13] A porcentagem de mulheres de minha amostra do século XVII que haviam se casado mais de uma vez era muito mais alta: 39% contra 17% dos homens (ver Tabela 11).[14] A porcentagem mais elevada de novos casamentos para ambos os sexos em minha amostra deve-se, provavelmente, ao fato de ela ser composta, por definição, somente dos pais de filhas casadas, necessariamente pessoas mais velhas e, portanto, com maior chance de haver se casado novamente. Uma das causas da alta taxa de novo casamento das mulheres no século XVII pode ter sido a ocupação militar da maior parte dos maridos paulistas, o que freqüentemente resultava em sua morte prematura e numa viúva jovem e rica.

Em meados do século XVIII, o mercado matrimonial havia mudado, pois as viúvas já não voltavam a casar-se com mais freqüência do que os viúvos. A proporção de homens em minha amostra que se casaram mais de uma vez subiu de 17% para 25%, enquanto a proporção de mulheres que se casaram mais de uma vez caiu verticalmente, de 39%, no século XVII, para 16%, no século XVIII.[15] Esse declínio da proporção de viúvas que se casavam novamente pode ter resultado de vários fatores. Provavelmente havia menos viúvas jovens no século XVIII do que no século anterior, devido à menor mortalidade masculina, uma vez que agora os homens estavam, em muito maior número, envolvidos em ocupações pacíficas. E, na medida em que a emigração masculina de São Paulo para as minas resultava numa escassez de homens e num excedente de mulheres, as jovens solteiras certamente eram bem-sucedidas em sua competição com as viúvas. A tendência de ser cada vez menor o número de viúvas a se casar de novo intensificou-se no século XIX, pois nessa época apenas 10% das mulheres falecidas da amostra haviam se casado mais de uma vez (ver Tabela 11).

Contudo, como por definição todas as viúvas de minha amostra eram possuidoras de bens, eu afirmaria que a taxa decrescente de novos casamentos nesses casos deve-se a um declínio da necessidade masculina de receber bens para casar-se, mudança que ocorreu no pacto matrimonial. As viúvas ricas casavam-se novamente em tão grande número no século XVII exatamente porque os homens de então precisavam receber bens de suas esposas para terem condições de estabelecer-se, criando um mercado comprador para as mulheres que possuíam bens. Assim, no início do século XVII, os bens de uma viúva constituíam um atrativo para que um homem se casasse com ela. Como as viúvas se casavam em menor número na primeira metade do século XVIII, devemos concluir que os bens de uma viúva já não eram atração suficiente. Talvez o homem não só exigisse que sua noiva tivesse bens, mas também que fosse mais nova do que ele e bonita.

CONTRIBUIÇÕES PARA O CASAMENTO

A contribuição econômica dos parceiros no casamento também havia mudado em meados do século XVIII. Como vimos acima, era freqüente que as filhas dos proprietários paulistas do século XVII se casassem com imigrantes portugueses sem vintém, com amigos da família, ou com parentes, que não contribuíam para o casamento com tantos bens quanto suas esposas. Em contraposição, os maridos do século XVIII parecem ter contribuído mais para o casamento do que suas esposas, especialmente no caso de comerciantes que eram ou se tornavam muito mais ricos do que os teria feito somente a contribuição de suas esposas.

Em seu estudo sobre as estratégias da herança familiar em Parnaíba, Alida Metcalf concluiu que as famílias do século XVIII escolhiam uma de suas filhas, ou várias delas, para serem favorecidas, e essas filhas e seus maridos ocupavam o lugar de seus pais na comunidade, enquanto seus irmãos ou emigravam, ou decaíam socialmente. Ela estudou o número de escravos que os filhos de várias famílias de Parnaíba possuíam, primeiro nos registros de dotes e heranças recebidos e, depois, em vários censos sucessivos. Descobriu que as filhas que haviam recebido dotes de bom tamanho apareciam consistentemente, em censos posteriores, com mais escravos do que seus irmãos homens.[16]

Contudo, esse resultado poderia só ter ocorrido porque os filhos homens dessas famílias não tinham tido a capacidade de encontrar esposas com dotes tão grandes quanto os de suas irmãs.

A situação era, pois, o oposto da do século XVII. Os homens do século XVII casavam-se com mulheres que traziam para o casamento mais bens do que eles; assim, mesmo que as filhas fossem favorecidas com dotes generosos, os filhos poderiam superar sua desvantagem casando-se com mulheres com dotes equivalentes. No século XVIII, isso já não ocorria, pois embora os dotes fossem grandes e as filhas ainda fossem favorecidas relativamente aos filhos, as filhas casavam-se com homens de recursos iguais ou superiores.

O favorecimento inicial das filhas pelos genitores resultava em permanente vantagem para elas, o que acarretava um desequilíbrio entre os filhos que provavelmente contribuiu para o crescente litígio que se pode perceber nos inventários do século XVIII. Os filhos do comerciante Thomé Alves de Crasto são um bom exemplo da continuada desigualdade que favorecia as filhas (ver Tabela 12). Thomé morreu com 85 anos, em 1772; por seu inventário sabemos o valor dos dotes de suas filhas e das doações que fizera a seus filhos,

TABELA 12

A riqueza da família de Thomé Alves de Crasto

Informação do inventário[a]		Declarado ao censo Ano	Idade	Capital
Thomé (pai viúvo):				
Espólio líquido (1772)	4:725$000	1767	80	1:200$000[b]
Francisco (filho mais velho): Doação recebida	200$000			
Escravo recebido	50$000			
Dívida com o pai	392$000			
Legítima materna (pelo menos)	1:630$900			
Total recebido	2:272$900	1765	(ausente)	200$000[c]
Esposa (sem filhos vivendo com ela)			40	
José (2º filho):				
Escravo recebido	50$000			
Legítima materna (pelo menos)	1:630$900			
Total recebido	1:680$900	1767	52[d]	2:000$000[e]
Esposa			28	
4 filhos			11 (o mais velho)	
Capitão-mor Manoel de Oliveira Cardoso		1765	54	8:000$000[f]
Esposa, d. Manoela Angélica de Crasto (1ª filha de Thomé) (sem filhos vivendo com eles)			46	
Dote	2:099$600			
Escravo recebido	32$000			
Total recebido	2:131$600			
Alferes Manoel G. da Silva:		1765	43	4:000$000[g]
Esposa, d. Brígida Rosa de Crasto (2ª filha de Thomé)			40	
Dote	2:260$600			
Filha do casal			2	
2 filhos do 1º casamento dela			21 (o mais velho)	

[a] Thomé Alves de Crasto, 1772, AESP, INP, #ord. 549, c. 72.
[b] *DI*, vol. 62, p. 306.
[c] Idem, p. 28. Como o marido estava ausente, sua esposa morava com a mãe.
[d] Pela idade de seu filho mais velho, parece que ele se casou com quarenta anos, talvez imediatamente após a morte de sua mãe.
[e] *DI*, vol. 62, p. 305.
[f] Idem, p. 9. Ver também censo de 1767, p. 257.
[g] Idem, p. 71.

e pelos censos de 1765 e 1767 conhecemos o capital declarado de dois filhos e de duas filhas.[17] As filhas de Thomé Alves de Crasto haviam subido socialmente, enquanto seus filhos, quando muito, haviam se mantido no nível dele.

Contudo, a riqueza de suas filhas não veio de seus dotes, mas sim, na maior parte, de seus maridos. É óbvio que as fortunas de suas filhas e genros não dependiam dos dotes que receberam, os quais representavam, respectivamente, metade e quarta parte do capital declarado deles. E se subdeclararam seu capital ao recenseador, como fez Thomé, seu patrimônio era ainda maior.[18] Além disso, sua filha mais velha se casara com o capitão-mor da cidade de São Paulo, eminente comerciante tido como um dos homens mais ricos da região.[19] A disparidade entre o capital declarado ao censo por suas filhas e por seus filhos indica que estes não haviam encontrado esposas com dotes tão grandes quanto os de suas irmãs.[20]

O caso de três dos filhos de Maria de Lima de Siqueira demonstra, também, o novo pacto matrimonial no qual os homens levavam para o casamento muito mais bens do que a esposa, ou então o adquiriam mediante toda uma vida no comércio (ver Tabela 13).[21] Embora a contribuição de suas duas filhas para o casamento tenha sido maior do que a de seu filho mais velho, a diferença é pequena demais para ser responsável pela diferença de suas fortunas. O capitão Ignacio Soares de Barros, marido da quarta filha de Maria, Martha de Camargo Lima, foi um agricultor importante, que era dono de 81 escravos e tinha uma sociedade para o transporte de cavalos de Curitiba. Ele e sua esposa moravam num sítio herdado da mãe dele e possuíam outras terras herdadas de seu pai. Quando ele morreu, haviam acabado de comprar uma casa no centro de São Paulo.[22] Com os bens que trouxe para o casamento, Martha contribuiu com somente 1:982$194 para os bens do casal que, em 1759, valiam 6:617$194. O restante foram bens que ele havia herdado ou adquirido em decorrência de negócios.

TABELA 13

Comparação entre os espólios de três herdeiros de Maria de Lima de Siqueira

Herdeiro	Quantia recebida dos genitores	Espólio líquido com o cônjuge
Joseph Ortiz de Camargo Lima (f. 1785), filho mais velho:		
Legítima paterna (1742)	884$254	
Legítima materna (1769)	872$092	
Legado de sua mãe a sua esposa	45$000	
TOTAL	1:801$346	2:656$933 (1785)
Licenciado Manoel José da Cunha (f. 1746), marido de Maria de Lima de Camargo, filha mais velha:		
Dote dela (1740)	2:218$640	14:829$388 (1746)
Capitão Ignacio Soares de Barros (f. 1759), marido de Martha de Camargo Lima, 4ª filha:		
Legítima paterna dela (1742)	884$254	
Parte dela no remanescente da terça deixado pelo pai a suas quatro filhas solteiras	605$581	
Dote (concedido apenas pela mãe)	492$340	
TOTAL	1:982$175	6:617$194 (1759)

FONTES: Maria de Lima de Siqueira, 1769, AESP, INP, #ord. 545, c. 68; Joseph Ortiz de Camargo, 1785, AESP, INP, #ord. 689, c.77; licenciado Manoel José da Cunha, 1746, AESP, 1º Of., nº 14 123; e Ignacio Soares de Barros, 1759, AESP, 1º Of., nº 14 328.

O marido da filha mais velha de Maria, Maria de Lima de Camargo, também levou para o casamento significativamente mais bens do que a esposa, sem dúvida por ser comerciante. Morreu seis anos após o casamento, deixando uma fortuna sete vezes maior do que o dote de Maria e mais do que o dobro da fortuna da irmã e do cunhado dela.[23] Como os dotes das irmãs eram mais ou menos do mesmo tamanho, a explicação mais simples para a diferença entre suas riquezas é o montante da contribuição de seus maridos, quer inicialmente, quer com o correr dos anos.

O caso do irmão delas, Joseph Ortiz de Camargo Lima, demonstra que os homens não se casavam mais com mulheres que vinham para o casamento com muito mais bens do que eles. Quando ele morreu, em 1785, seu patrimônio valia somente um pouco mais do que as quantias que havia herdado e era aproximadamente um quarto do tamanho da fortuna de Maria e metade da de Martha (ver Tabela 13).[24] Como a herança que levou consigo para o casamento era quase a mesma quantia que suas irmãs levaram para seus casamentos, a diferença entre os bens dos irmãos deve ter resultado não só das maiores contribuições de seus cunhados, como também do dote menor (ou talvez inexistente) de sua esposa. Assim, embora todos os irmãos herdassem, ou recebessem como dote, montantes aproximadamente equivalentes de bens, do ponto de vista econômico as irmãs casavam-se em nível mais alto e os irmãos em nível mais baixo.

Portanto, a fortuna de uma filha que recebia um dote já não era, como no século XVII, principalmente função de seu dote. Agora, não só seu marido contribuía provavelmente com pelo menos duas vezes o valor de seu dote, como também a profissão e a competência dele eram importantes. Isso era verdade especialmente quanto às esposas de comerciantes, que parecem ter consistentemente experimentado grande ascensão econômica no século XVIII. O melhor exemplo disso é o de Anna de Oliveira, casada com o tenente da milícia José Rodrigues Pereira, próspero comerciante. Seu dote consistiu de um escravo na flor da idade e algumas jóias, duas correntes de ouro e um anel, num total de 198$400. Contudo, muitos anos depois, José Rodrigues Pereira declarou no censo possuir um patrimônio de 28:000$000.[25] Evidentemente, o grande patrimônio do casal não havia sido criado unicamente com base naquele dote.

Porém, Anna havia contribuído para o casamento com algo além disso, que, para um comerciante, era mais importante do que um dote: ela descendia ao mesmo tempo de uma antiga família paulista e de uma família de comerciantes. Seu padrasto, Thomé Rabelho Pinto, era comerciante, e seu avô materno, Manoel Vellozo, um comerciante português que havia se casado numa antiga família paulista, os Maciel.[26] Assim sendo, Anna proporcionou a seu marido comerciante uma rede de parentes comerciantes e o ingresso em uma das famílias paulistas pioneiras.

Que o êxito mercantil de José Rodrigues Pereira teve conseqüências para a história da família pode-se perceber por uma análise do que sucedeu aos filhos que teve com Anna e aos descendentes deles, em comparação com a ausência de registros a respeito das sobrinhas e sobrinhos de Anna. Três dos cinco irmãos dela não tiveram descendentes e, embora Silva Leme mencione os outros dois em sua genealogia, ele não dispõe de informações sobre seus cônjuges ou filhos, de modo que eles simplesmente desaparecem do registro público. Em contraposição, as filhas de José e Anna todas se casaram muito bem, duas delas com portugueses, uma outra com um parente e a quarta com um membro de famosa família paulista. O primeiro filho homem deles tornou-se padre, o segundo, capitão do exército, e o terceiro foi para a Universidade de Coimbra, casou-se com uma portuguesa, tornou-se juiz do Tribunal Superior e desembargador do Paço e, em 1822, foi membro da Assembléia Constitucional do novo Império do Brasil.[27]

Casar uma filha com um comerciante foi, pois, um costume que possibilitou que famílias paulistas aumentassem sua riqueza e, com isso, tivessem êxito na manutenção de seu status, num período em que a riqueza era cada vez mais o fator determinante. No entanto, se analisarmos as profissões escolhidas pelos filhos dos comerciantes, como José Rodrigues Pereira ou Manoel Vellozo, vemos que nenhum deles se tornou comerciante.[28] De modo que, enquanto fazer casar uma filha com um comerciante era um modo aceitável de manter a fortuna da família, evidentemente não o era um filho da família tornar-se comerciante.

Contudo, como em São Paulo nem todos os homens eram comerciantes, as mulheres ricas casavam-se também com pecuaristas e agricultores. Para esses casamentos, o dote ainda era importante, na medida em que freqüentemente compreendia os meios de produção que podiam fazer a diferença entre o fracasso e o êxito do empreendimento familiar.

Todavia, o caso de Izabel Dultra demonstra, como vimos, que o dote de uma mulher nem sempre assegura sua ascensão social. Outro exemplo é o de Catharina de Siqueira, que recebera um dote de 153$000, mas, no momento em que morreu, os bens que tinha em comum com o marido valiam apenas 157$000.[29] A maioria dos casos como esse era de pequenos agricultores que possuíam poucos escravos e cujas filhas se casaram com homens da mesma categoria, numa época em que era difícil fazer dinheiro com a agricultura e a criação de gado em São Paulo.

PROBLEMAS COM O DOTE

Esses exemplos confirmam que havia sempre algum risco na concessão de dotes. Num sistema de comunhão de bens, em que o dote desaparecia no conjunto dos bens que o casal possuía e que eram administrados unicamente pelo marido, um dote podia perder-se, caso o marido fosse inepto, desonesto ou simplesmente sem sorte. Exemplo do risco que se corria em conceder um dote naqueles tempos de incerteza é o de Escolastica Vellozo, que recebeu um dote no valor de 500$000 quando se casou com o primeiro marido. Quando ele foi assaltado e morto no caminho de volta de Cuiabá, os bens remanescentes do casal eram menores do que suas dívidas, de modo que ela perdeu todo o seu dote.[30] Seu pai deve ter achado importante fazê-la casar uma segunda vez, pois concedeu-lhe um segundo dote para viabilizar o casamento.[31]

Outra mulher que perdeu o dote foi Ignes de Siqueira, a filha mais velha de Manoel João de Oliveira. Ela recebeu um dote considerável, que valia quase tanto quanto todo o patrimônio de seus pais, quando morreram anos depois. Quando seu segundo marido se recusou a devolver o dote ao espólio, após a morte dos pais dela, sua desculpa foi que ela não havia trazido nada para o casamento, pois seu dote havia sido vendido em leilão para pagar dívidas do primeiro marido. E ele acrescentou que sua esposa não devia ser obrigada a trazer seu dote à colação:

> [...] a dita sua mulher só se serviu com o dote que seu pai lhe deu três anos porque indo seu primeiro marido para Cuiabá a deixou em seu sítio sem sujeição a ninguém, e o dito pai a foi buscar e a trouxe a sua casa tendo ela dezenove anos e viveu debaixo de pátrio poder sem ser senhora do dote que lhe deu, e só lhe deu o sustento em sua mesa sem lhe dar de vestir [...]e como não foi senhora dos usos e frutos não deve ser obrigada [a vir à colação], só sim atendendo-se aos serviços de catorze ou quinze anos que esteve sujeita do pátrio poder.[32]

Pelo fato de seu dote ter sido tão grande e porque os bens de seus pais provavelmente haviam diminuído, o resultado foi que se esperava que Ignes de Siqueira, que já tinha perdido o dote, ainda pagasse a seus quatro irmãos a quantia de 118$105 (diferença entre seu dote e sua legítima mais a terça). Essa situação é exatamente o oposto do que aconteceu no século XVII à filha de Manoel João Branco; ela recebera um dote muito grande em comparação com a legítima de seus irmãos, mas não se exigiu que o devolvesse ao espólio, nem que reembolsasse seu irmão.[33]

Os exemplos precedentes ilustram alguns pressupostos subjacentes das leis portuguesas de herança e dote, e revelam como essas leis estavam rapidamente deixando de ser aplicadas na São Paulo do século XVIII. A lei tinha uma visão estática dos bens, supondo que eram conservados, mantinham sempre seu valor e eram infalivelmente produtivos. Esperava-se que tanto os bens dos pais como o dote se mantivessem imutáveis por vinte, trinta ou quarenta anos. Assim, somente no momento em que os genitores morriam é que a lei sobre o dote resolvia as desigualdades que surgiam entre filhos e filhas devido à prática do dote. O pressuposto básico era o de um cenário econômico imutável, em que as forças do mercado externo não interferiam.

Um cenário imutável não era por certo o caso da São Paulo do século XVIII, onde o mercado do ouro havia virado tudo de cabeça para baixo. O influxo do ouro, que comprava escravos, terras e mercadorias importadas, desenvolveu a economia de mercado, enquanto a produção agrícola encontrava pouco escoamento e praticamente retrocedia à agricultura de subsistência. Dependendo do modo como fossem usados os bens, os lucros podiam ser elevados ou quase inexistentes. Os escravos, por exemplo, podiam ser muito produtivos nas minas bem-sucedidas ou no transporte de mercadorias, enquanto seu trabalho na agricultura, em São Paulo, mal daria para alimentar a família e produzir um pequeno excedente a ser vendido na cidade para comprar o sal e as roupas, que eram caros.

Nessas condições, a proteção estabelecida na lei para os irmãos das filhas dotadas pode não ter funcionado. Por exemplo, voltemos ao caso de Ignes de Siqueira, cujo primeiro marido foi para Cuiabá. Quando lhe foi ordenado que fizesse a restituição, terá ela realmente reembolsado seus irmãos e irmãs? O mais provável é que ela e seu segundo marido não tivessem condições de fazê-lo. Embora houvesse medidas legais que poderiam ter sido tomadas para fazer com que o pagamento fosse efetuado, teriam seus irmãos e irmãs tomado tais medidas contra ela?

A visão estática da propriedade na legislação portuguesa relativa ao dote e à herança era também evidente nas leis que tornavam possível que um perdulário fosse declarado incompetente. Argumentando que a Coroa tinha a responsabilidade de fiscalizar os proprietários para que usassem sabiamente seus bens no interesse dos futuros herdeiros, a lei permitia que se nomeasse um administrador dos bens de um perdulário.[34] Refletindo sobre essa lei, fica claro que se supunha que todo decréscimo do tamanho ou valor dos bens fosse causado pela inexperiência, inépcia, ou caráter do administrador, e que podia ser corrigido mudando-se o administrador. Era uma lei, como a lei do dote, que não levava em conta as forças do mercado.

Porém, foi o mercado que fez ou destruiu fortunas na São Paulo do século XVIII. Por exemplo, embora o marido de Ignes de Siqueira tenha certamente agido impensadamente quando a deixou para tentar a sorte nas minas de ouro, depois de levantar dinheiro com base em seu dote, ele pode não ter sido um perdulário. Em vez disso, ao ir para o único lugar onde se estava ganhando dinheiro, foi um homem que se mostrou sensível às forças do mercado. Sua falta de êxito provavelmente deveu-se mais a circunstâncias econômicas gerais ou à falta de sorte do que a uma inadequação pessoal.

As *Ordenações* tratavam a propriedade mais como um encargo ou responsabilidade do que como privilégio. Limitavam a liberdade do uso dos bens declarando que os pais deviam conservar e aumentar seu patrimônio em benefício de seus herdeiros. Os pais não podiam dissipar seus bens ou doar mais do que uma terça parte, a terça, quer enquanto vivos, quer em testamento. Esse conceito estava tão impregnado na São Paulo do século XVIII que Thomé Alves de Crasto, em seu testamento, pediu desculpas aos filhos por haver gasto mais do que sua terça em seus últimos anos de vida, decidindo, por isso, nem mesmo especificar as missas que gostaria fossem ditas por sua alma.[35]

No século XVII, essa parte da lei não era observada. Lourenço Castanho Taques, por exemplo, após fazer casar seus filhos e dotar suas filhas, dedicou a maior parte do restante de seus bens à Fundação do Recolhimento de Santa Thereza.[36] Não lhe teria sido possível diminuir propositadamente seu patrimônio em tal medida, se obedecesse à interpretação rigorosa das *Ordenações*.

Assim, a rigorosa interpretação da lei no século XVIII constituía uma limitação do direito de escolha dos pais sobre como dispor de seus bens e uma defesa dos direitos dos herdeiros. O novo rigor, em especial na aplicação da lei do dote, foi uma defesa dos direitos dos filhos homens, porque tradicionalmente as filhas haviam sido privilegiadas.

O favorecimento das filhas com grandes dotes ou legados funcionara bem para reproduzir a classe rica segundo o projeto do patriarca — na medida em que os filhos foram capazes de se casar com mulheres com dotes tão grandes quanto os de suas irmãs. O crescimento do comércio, porém, permitiu que alguns homens acumulassem capital, principalmente por meio de suas habilidades pessoais empreendedoras, dando vantagens aos comerciantes no pacto matrimonial, não só devido à sua riqueza, como também porque não *precisavam* casar-se para receber um dote a fim de estabelecer um empreendimento produtivo. Assim, tinham condições de casar-se com mulheres com dotes relativamente menores. O ingresso de comerciantes no conjunto dos pretendentes às noivas paulistas alterou o mercado matrimonial, de modo que se tornou difícil que outros homens continuassem, como no século XVII, a desposar mulheres com dotes de valor maior do que seus próprios bens. Por isso, os homens que não eram comerciantes perderam status econômico em comparação com o de seus genitores, enquanto o status de suas irmãs aumentou com o casamento. A mudança no pacto matrimonial levou à permanente desigualdade entre irmãos e irmãs, situação que não podia perdurar.

PARTE 3

O século XIX (1800-1869)

7. O crescimento do individualismo

O Brasil sofreu grandes mudanças no início do século XIX. Tornou-se um Império independente, integrado no mercado mundial, com uma Constituição e nova legislação penal e comercial. O conceito de propriedade se alterou à medida que a terra passou a ser primordialmente uma mercadoria. Um maior individualismo levou a um declínio do caráter corporativo da família, ao mesmo tempo que esta, do papel econômico de produtora, passou a desempenhar o papel econômico de consumidora. Essas mudanças refletiram-se nos dados da amostra de inventários, que apresentaram nítidas diferenças em relação aos do período colonial.

UMA AMOSTRA DIFERENTE EM UMA ECONOMIA EM MUDANÇA

Durante o último quartel do século XVIII e a primeira metade do século XIX, a economia da capitania ou (após a independência) província de São Paulo desenvolveu-se consideravelmente. A decadência da agricultura e a primazia do comércio descritas em relação à primeira metade do século XVIII inverteram-se no decorrer da segunda metade do século; a produção das minas de ouro entrou em decadência, levando a uma diminuição no comércio com Minas Gerais, Cuiabá e Goiás, enquanto em São Paulo crescia a produção de açúcar, que era exportado em quantidades cada vez maiores pelo porto de Santos.[1] A exportação acelerou-se na década de 1770 com a melhoria da estrada que escalava a serra íngreme e escarpada que separa Santos do planalto de São Paulo.[2] No início do século XIX, o algodão foi novamente cultivado e exportado de São Paulo, seguido, no nordeste da província, pelas primeiras fazendas de café que, a partir dali, espalharam-se também por toda a região noroeste.

Assim, a base para a preeminência econômica de São Paulo no Brasil já havia se estabelecido no último quartel do século XIX.[3] Uma rede de estradas rudimentares cruzava de lado a lado a capitania, expandindo-se, após a independência, à medida que o café ia sendo plantado mais para o norte e o oeste. Comboios de mulas transportavam açúcar, algodão e café até Santos. Mas a importância econômica da cidade de São Paulo iria tornar-se predominante somente depois da construção da primeira estrada de ferro ligando o porto de Santos a São Paulo, em 1864 — ou seja, no final do período que será examinado neste capítulo.[4] Muito embora o maior crescimento demográfico e comercial de São Paulo fosse ter lugar na última terça parte do século XIX, sua população cresceu de algo próximo a 20 mil habitantes, em 1765, para 30 mil, em 1872.[5]

Após a independência, em 1822, a cidade de São Paulo sofreu muitas mudanças. As funções do governo da cidade expandiram-se, quando ela se tornou a capital legislativa da província. Além disso, com a fundação da Faculdade de Direito, prosperou a vida intelectual e os estudantes tornaram-se um componente importante da população. Foram criados teatros e um serviço de correios e, depois que a família real se mudou para o Brasil, em 1808, a Coroa permitiu a imprensa no Brasil, o que levou à publicação de jornais e revistas em São Paulo, bem como em outras partes do país. O governo constituiu uma Guarda Nacional e aumentou o exército, prosseguindo na profissionalização das Forças Armadas.

O crescimento de uma vigorosa economia de mercado alterou as características dos proprietários estudados em nossa amostra. Os pequenos proprietários são a maioria, demonstrando, por um lado, maior concentração de riqueza e, por outro, tornando-a uma amostra menos elitista. Na amostra do século XVIII, as famílias que não possuíam escravos constituíam apenas 9% e as que possuíam menos de quatro escravos, 33%; na amostra do século XIX, 38% não possuíam escravos e 65% possuíam menos de quatro escravos (ver Tabela 14).[6]

A diminuição do número de donos de escravos na amostra do século XIX corresponde às tendências da população total. Nas áreas urbanas da cidade de São Paulo, a porcentagem de famílias sem escravos aumentou de 47%, em 1778, para 54%, em 1836, enquanto nos bairros rurais o aumento foi ainda maior, de 52% para 72%. Não só diminuiu o número de donos de escravos, mas também a porcentagem de escravos na população total da cidade, de 35% para 28%.[7] É provável que o posterior declínio do número real de escravos na cidade de São Paulo, de 6872, em 1854, para 3828, em 1874, tenha resultado da proibição, em 1850, do tráfico de escravos, o que os tornou muito mais caros.[8]

Pode ser também que a amostra do século XIX tenha se tornado menos elitista em conseqüência de uma alteração das exigências legais. No século XVIII, somente espólios que incluíssem herdeiros menores de idade eram obrigados a passar por um inventário judicial; quando os herdeiros eram todos adultos, era legalmente possível haver uma partilha amigável da herança sem intervenção ofi-

TABELA 14
Posse de escravos (séculos XVIII e XIX)

Número de escravos	Número e porcentagem de inventários	
	séc. XVIII	séc. XIX
20 ou mais	11 (20%)	11 (6,4%)
10-19	10 (18,2%)	19 (11,0%)
4-9	16 (29,1%)	31 (17,9%)
1/2-3	13 (23,6%)	47 (27,1%)
0	5 (9,1%)	65 (37,6%)
TOTAL	55 (100%)	173 (100%)
Número desconhecido de escravos	13	5
AMOSTRA	68	178

NOTA: A posse de metade de um escravo ocorre quando um escravo pertence conjuntamente a duas pessoas, ou famílias.

cial. Os proprietários sem herdeiros menores de idade que se furtaram a fazer um inventário judicial devido à grande despesa implicada não fazem, pois, parte da amostra. Em contraposição, no século XIX, o crescente interesse do Estado em tributar legados e heranças levou à exigência de que todos os inventários fossem feitos judicialmente. Resultado disso é que todos os proprietários, e não só aqueles com herdeiros menores de idade, estão representados na amostra dos inventários do século XIX.[9]

O caráter menos elitista da amostra do século XIX revela-se também quando se observa a alfabetização, pois já nem todos os proprietários homens eram alfabetizados. Na amostra do século XVII, praticamente todos os homens — mas nenhuma das mulheres — sabiam assinar o nome.[10] No século XVIII, todos os homens da amostra sabiam ler e escrever, e assim também as filhas (e ocasionalmente as esposas) das famílias mais ricas. Em contraposição, na amostra do século XIX, muitos dos proprietários do sexo masculino eram tão analfabetos quanto suas esposas e irmãs; em mais de um terço das famílias havia algum membro masculino que era analfabeto (ver Tabela 15). Não obstante, isso representava uma taxa de analfabetismo muito menor do que na população geral, pois, no censo de 1872 na cidade de São Paulo, 68% dos homens e 83% das mulheres eram analfabetos.[11]

O aumento da proporção de homens analfabetos na amostra parece corresponder ao aumento da proporção dos pequenos proprietários de terra, o que demonstra que a classe é a variável que definia o nível de alfabetização. Os proprietários analfabetos eram em geral dos bairros rurais, e sua falta de estudo estava, sem dúvida, ligada à distância da escola e à necessidade de trabalhar na fazenda.

TABELA 15

Alfabetização em famílias proprietárias (século XIX)

	Amostra			
Quem assina na família	Terça parte mais pobre	Terça parte do meio	Terça parte mais rica	TOTAL
Todos os homens e mulheres	9 (25%)	10 (24%)	29 (66%)	48 (40%)
Todos os homens, algumas mulheres	3 (8%)	6 (15%)	3 (6%)	12 (10%)
Apenas os homens	6 (17%)	6 (15%)	5 (12%)	17 (14%)
Apenas alguns homens	9 (25%)	15 (36%)	6 (14%)	30 (25%)
Ninguém	9 (25%)	4 (10%)	1 (2%)	14 (11%)
TOTAL	36 (100%)	41 (100%)	44 (100%)	121 (100%)

NOTA: Em somente 121 dos 178 inventários havia informação sobre a alfabetização de todos os membros adultos da família: 36 na terça parte mais pobre da amostra, 41 na terça parte do meio e 44 na terça parte mais rica. Todas as porcentagens foram arredondadas.

Por exemplo, embora o lavrador alemão imigrante Cristiano Gotfriet soubesse escrever, nenhum de seus filhos ou filhas sabia.[12] E o filho de José Pereira jamais aprendeu porque, depois da morte do pai, ele foi o único filho que sobrou para tomar conta da mãe e para trabalhar na fazenda.[13] Um relatório de 1858 diz que somente um de cada dez meninos em idade escolar estava matriculado na escola na província de São Paulo.[14]

Contudo, a correlação entre alfabetização e riqueza na amostra está longe de ser perfeita. O mais surpreendente é a proporção relativamente grande (25%) de famílias da terça parte mais pobre da amostra nas quais todos os membros, tanto homens como mulheres, sabiam escrever, enquanto em sete das 44 famílias mais ricas pelo menos alguns dos homens e todas as mulheres eram analfabetos. Essas anomalias indicam a existência de processos de mobilidade social ascendente e descendente.

UM NOVO CONCEITO DE PROPRIEDADE

A diferença entre as amostras dos séculos XVIII e XIX também pode ser explicada por mudanças na evolução da própria propriedade privada. Pelo fato de um inventário registrar a posse de bens, uma mudança no tipo de propriedade mais valorizada pode resultar em mudança do tipo de pessoas cujos bens são registrados. Uma das modificações mais simples diz respeito à terra e às roupas. Como, no século XVII, a terra era gratuita e acessível a todos, enquanto as roupas que conferiam status podiam custar mais do que uma casa, a terra não era importante nos inventários, mas as roupas eram sempre incluídas. É, pois, possível que pessoas que possuíssem terras, mas não possuíssem roupas caras nem sequer tivessem tido um inventário redigido e, conseqüentemente, não aparecessem na amostra. Em contraposição, no século XIX, as roupas desapareceram completamente dos inventários, enquanto terras e outras propriedades imobiliárias passaram a ser o componente mais importante deles.

Além disso, a terra estava se transformando de valor de uso para valor de troca; tornou-se plenamente uma mercadoria. Os direitos de propriedade sobre a terra tornaram-se mais rígidos e exclusivos no século XIX, à medida que decrescia a disponibilidade de terras e crescia seu valor. No século XVII, a terra era livremente legada e recebida em doação e as famílias só uma vez ou outra cuidavam de sua titulação; embora os títulos fossem apresentados por ocasião do inventário, não se atribuía valor monetário algum à terra. Contudo, as benfeitorias feitas sobre a terra, quer a família possuísse ou não o respectivo título, eram consideradas bens e devidamente avaliadas.

No século XVIII, ainda eram feitas doações de sesmarias, mas a maior parte das terras, e toda a terra na amostra, foi adquirida por compra e venda, herança ou dote. Diferentemente dos muitos proprietários do século XVII, muito poucos proprietários declararam as benfeitorias feitas nas terras sem que tivessem um título referente à própria terra.[15] Além disso, como já vimos, metade dos habitantes de São Paulo no século XVIII não possuía escravos nem terras e trabalhava e morava em terras que não lhe pertenciam. Porém, não eram trabalhadores sem terra, mas sim agricultores posseiros ou arrendatários, cujos bens provavelmente não eram suficientes para justificar um inventário judicial.[16]

Ocorreu também uma mudança quanto à importância relativa dos escravos e da terra. Na São Paulo do século XVII, o costume, ainda que não a lei, fez dos índios um bem importante, de tal modo que o inventário era feito ainda que índios fossem os únicos bens existentes. Em meados do século XVIII, os índios já não eram considerados parte dos bens, mas os escravos africanos sim, e o seriam até 1888, quando a lei aboliu o direito de propriedade sobre pessoas. O decréscimo do número de proprietários de escravos em meados do século XIX assinala provavelmente um decréscimo da importância relativa dos escravos em comparação com a terra. A propriedade imobiliária tornava-se certamente uma parte muito mais importante dos bens dos paulistas: terras e casas representavam na média 50% do espólio bruto na amostra do século XIX, contra apenas 19% no século XVIII.

Em meados do século XIX, não só a legislação relativa à propriedade da terra havia sido alterada, como também uma economia de mercado mais vigorosa havia feito aumentar o valor monetário da terra. A concessão de sesmarias havia cessado com a independência, mas ainda havia um processo legal pelo qual os posseiros podiam obter títulos das terras sobre as quais houvessem trabalhado e morado. Porém, depois de aprovada a Lei de Terras, em 1850, a terra pública podia ser adquirida legalmente somente por compra. Completava-se desse modo a transformação da terra em mercadoria.[17]

O processo pelo qual a terra se transformou em mercadoria deu-se paralelamente a uma mudança no próprio conceito de propriedade privada. Não só a sesmaria colonial era adquirida por doação e não por compra, como também, no início do século XVIII, não era permitido aliená-la sem permissão da Coroa.[18] A sesmaria era, ainda, uma propriedade condicional, doada com a condição de que fosse cultivada ou explorada.[19] Uma lei de 1798, reiterando regulamentações anteriores, especificava que "as sesmarias devem perder-se logo que se não ponham em cultura, e se devem transmitir a mãos mais hábeis e que tenham cabedal".[20]

Assim, os conceitos que prevaleceram durante todo o período colonial eram de que a propriedade acarretava não somente privilégios como igualmente responsabilidades e que o árbitro final era a Coroa. Como já vimos, a Coroa julgava que um de seus deveres era vigiar para que "ninguém use mal do que tem" e, portanto, tinha o poder de negar direitos a pessoas classificadas como perdulárias — ou seja, os que gastavam seu capital irresponsavelmente e, por isso, não cumpriam sua responsabilidade para com a propriedade e suas famílias.[21]

Contudo, após a independência, a terra deixou de ser patrimônio da realeza e tornou-se propriedade privada, e a propriedade não era mais um dever, mas somente um privilégio, o que incluía o direito de alguém tomar decisões imprudentes a respeito dos próprios bens. Não só as novas leis de 1821 e a Constituição Imperial de 1824 aboliram todos os privilégios pessoais e garantiram a liberdade individual contra o poder do Estado, como protegeram a propriedade privada contra o poder do Estado.[22] A partir de então, apenas em casos especiais o Estado podia expropriar a propriedade privada.[23] O Estado, do mesmo modo, não podia mais limitar os direitos dos perdulários porque, como escreveu Cândido Mendes de Almeida, jurista brasileiro do século XIX, a antiga lei sobre perdulários "contraria o princípio da Constituição, de que o cidadão goza do direito de propriedade, em toda sua plenitude, tendo portanto o uso e o abuso de propriedade, somente limitado quando importar prejuízo de terceiros".[24] Para que as relações de mercado funcionassem, as pessoas tinham de ter condições de cometer erros.

CONCENTRAÇÃO DA RIQUEZA

A preponderância de pequenos proprietários em nossa amostra do século XIX pode indicar, também, que o privilégio de ter propriedade privada vinha sendo conseguido cada vez por um número maior de famílias. A maioria delas era provavelmente de descendentes daqueles relacionados nos censos de meados do século XVIII como pessoas que trabalhavam a terra mas não eram seus donos, pois a maioria delas havia nascido na freguesia em que viviam ou em uma freguesia próxima.[25] Nos anos intermediários haviam adquirido a terra em que trabalhavam. João Soares de Camargo, por exemplo, adquiriu sua terra mediante a prova de que ela estava em sua posse e era cultivada desde 1838.[26] Alguns dos pequenos proprietários da amostra eram imigrantes alemães.[27] Outros pequenos proprietários podem ter decaído socialmente, sendo descendentes de famílias mais prósperas cujas propriedades foram sendo sucessivamente subdivididas por intermédio da herança.

Acresce que a preponderância dos pequenos proprietários na amostra é reflexo do fato de que, apesar da crescente concentração de terras na província de São Paulo, os bairros rurais da cidade não sofreram concentração.[28]

TABELA 16
Comparação entre o tamanho dos espólios
(do século XVII ao século XIX)

Século	Maior espólio bruto	Menor espólio bruto	Proporção
XVII	1:190$500	6$800	175:1
XVIII	26:196$200	43$700	668:1
XIX	231:245$500	142$000	1628:1

FONTE: Amostra. Havia espólios maiores fora da amostra; por exemplo, no século XVII, João Baruel, com 4:358$600 (proporção 641:1) e, no século XIX, o barão de Limeira, com 2766:874$000 (proporção 19 485:1).

As culturas mais rendosas eram feitas em outras partes da província. Embora, no século XVIII, o açúcar tenha sido cultivado no distrito da cidade de São Paulo, as grandes fazendas que exportavam açúcar por volta do final do século e na primeira metade do século XIX foram formadas em novas regiões agrícolas onde ainda havia mata.[29] Nem mesmo o café era muito cultivado nos bairros rurais de São Paulo, pois, em 1836, havia somente três plantações de café nessa área.[30]

Muitos dos pequenos e alguns dos grandes proprietários de nossa amostra criavam mulas e trabalhavam com comboios de mulas, principal forma de transporte comercial da província até a inauguração das ferrovias na década de 1860. Quarenta e oito inventários da amostra (34%) possuíam mulas e, em 34 deles, a ocupação principal era a criação de mulas e a condução de comboios de mulas.[31] Setenta e oito por cento da amostra possuíam cavalos, mulas ou gado.[32] Cinqüenta e nove por cento das famílias da amostra plantavam feijão, mandioca ou milho para subsistência e para vender nas áreas urbanas.[33]

Muito embora a concentração de terras não ocorresse na cidade de São Paulo e arredores, riqueza oriunda das mais variadas fontes tornou-se muito mais concentrada em meados do século XIX do que havia sido no período colonial. No século XVII, os 10% superiores da amostra possuíam 43% da riqueza total da amostra; no século XVIII, possuíam 53%; e no século XIX, 60%.

As maiores possibilidades de acumulação no século XIX evidenciam-se também no aumento da razão entre o espólio bruto do maior e do menor proprietário de cada amostra. Essa razão passou de 175:1, no século XVII, para 668:1, no século XVIII, e para 1628:1, no século XIX, o que significa ter decuplicado (ver Tabela 16).

Além disso, alteraram-se os métodos de acumulação. A produção agrícola para exportação foi a máquina que impulsionou a acumulação no início do século XIX, e eram os grandes agricultores, não os comerciantes, as pessoas mais ricas. Muito embora o número de comerciantes em São Paulo tivesse crescido, em 1836, haviam desaparecido os comerciantes extremamente ricos que dominaram a elite de meados do século XVIII, e os comerciantes tendiam, agora, a ser menos ricos do que os grandes agricultores e os profissionais liberais.[34] Não obstante, muitas das grandes fortunas de agricultores, tais como a da família Prado, haviam sido fundadas por comerciantes.[35]

Havia também uma nova categoria de proprietários que, na época, eram chamados de "capitalistas". Tratava-se de indivíduos cuja renda advinha principalmente de instrumentos financeiros tais como ações e debêntures e do empréstimo de dinheiro a juros, ainda que muitos deles também possuíssem fazendas.[36] Por exemplo, o barão de Antonina foi catalogado no almanaque como capitalista e, embora possuísse inúmeras propriedades (casas, terras e fazendas), mais de 50% de seu espólio líquido consistia em ações.[37]

A composição da amostra do século XIX é muito mais variada do que a do século anterior. O contingente rural consiste em muitos proprietários rurais pequenos e de alguns médios e grandes dentro do distrito de São Paulo, mais alguns agricultores ricos que viviam a maior parte do ano no centro de São Paulo e talvez possuíssem uma chácara num bairro rural, mas cujas fazendas mais importantes encontravam-se em alguma outra parte da província.[38] Comerciantes, grandes e pequenos, profissionais liberais e algumas famílias estritamente urbanas completam esse quadro.

Desenvolvera-se um mercado de aluguel urbano de imóveis. Algumas das famílias urbanas da amostra moravam em casa alugada e outras possuíam várias casas para alugar ou, ainda, uma série de quartos, adjacentes a suas casas, que também eram alugados.[39] Essa prática diferenciava nitidamente a primeira metade do século XIX do início do século XVIII. Nos séculos XVII e XVIII também havia casas que eram postas para alugar, mas algumas delas permaneciam desocupadas por longos períodos. No período colonial, a maioria das pessoas possuía casa própria e eram poucos os que tinham uma renda regular em dinheiro que lhes permitisse alugar uma casa. Em meados do século XIX, porém, já não havia mais terrenos sobre os quais construir e a possibilidade de empregos remunerados ou de pequenos negócios havia aumentado, de modo que cresceu o número de pessoas sem casa própria mas com capacidade de pagar aluguel. Não só os proprietários urbanos como também os que moravam na zona rural atendiam a essa procura, por exemplo pondo para alugar uma pequena casa em sua propriedade à beira da estrada para servir de armazém e de alojamento para o fiel do armazém.[40]

Um dos desenvolvimentos mais surpreendentes é o aparecimento, na amostra, de famílias urbanas possuidoras de poucos bens, que talvez morassem em casa alugada no centro de São Paulo, e que no entanto exibiam status de elite por sua educação, móveis e relações que mantinham; representavam o começo de uma classe média.

As famílias dessa incipiente classe média sustentavam-se, geralmente, graças à renda do pai proveniente de sua profissão liberal ou de sua carreira no exército. Bom exemplo é o de José Gomes Segurado e sua esposa, dona Anna Benedicta de Azevedo Segurado, que não possuíam imóvel algum, mas tinham filhos ilustres. Um deles foi tenente do exército e um outro filho e um genro ostentavam ambos o título de doutor. O inventário conjunto do casal só foi executado quando a viúva faleceu, treze anos depois do marido (um modo de reduzir as custas judiciais). Na época, ela possuía somente três escravas domésticas e a renda de um montepio, 25$000 por mês até sua morte, que provavelmente lhe foi deixado pelo marido. Apesar de seus relativamente poucos bens, o status da família era elevado devido às profissões dos filhos e do genro; os móveis também eram de excelente qualidade, e as filhas possuíam uma bela caligrafia, o que indicava haverem sido bem-educadas.[41]

Outro exemplo desse novo tipo de família é a do dr. João Thomaz de Mello, médico homeopata que morava e tinha seu consultório na rua Direita.[42] Quando ele morreu, em 1859, os bens do casal consistiam somente em grande quantidade de móveis de muito valor, um cavalo e sete escravos. Tinham mais dívidas do que bens e, contudo, seu padrão de vida era tão elevado que, quando ele morreu, sua esposa não teve o menor remorso de gastar 62$000 para viajar do Rio de Janeiro para o funeral em São Paulo, mais 87$000 em roupas de luto. Não há dúvida de que a família vivia da renda da profissão do médico, além da renda obtida com o aluguel de seus escravos. (Um dos escravos era canteiro, e eles deviam conseguir boa paga por suas habilidades.) Provavelmente, a família continuou a viver bem após a morte do pai, pois o genro era advogado com um cargo importante na corte no Rio de Janeiro e o juiz permitiu que a viúva conservasse todos os bens, mediante o compromisso de saldar todas as dívidas.[43]

A característica importante das famílias acima mencionadas é que constituíam unidades de consumo e não de produção. O marido produzia, uma vez que prestava serviços, mas produzia como indivíduo; a família, *como unidade*, somente consumia. E o status e o nível de consumo não se baseavam na propriedade dos meios de produção, ou capital, mas no exercício de uma profissão, capital humano. Quanto a essa característica, essas famílias eram verdadeiramente "modernas". Diferiam nitidamente das famílias dos séculos XVII e XVIII, bem como daquelas dos pequenos proprietários da zona rural de São Paulo de meados do século XIX, que eram primordialmente unidades de produção.

Contudo, por possuírem tão poucos bens, o futuro dos filhos dessas famílias dependia inteiramente de sua capacidade como profissionais (com a ajuda de relações), enquanto o futuro das filhas solteiras dependia da generosidade de seus irmãos, ou de encontrar um marido que as sustentasse. O casamento não podia ser um arranjo de propriedade nessas famílias de profissionais, porque elas possuíam poucos bens, ou nenhum. É dentro desse contexto que o impulso para a educação e a alfabetização femininas pode ser compreendido como um substituto do dote.

Se as famílias dos profissionais liberais eram principalmente unidades de consumo, o que eram as famílias dos ricos fazendeiros? Minha conclusão foi que, embora eles *fossem donos* de unidades de produção, pouco a pouco as famílias propriamente perdiam sua função como unidades de produção. Em vez de viver a maior parte do tempo em suas fazendas, como os paulistas haviam feito no passado, a maioria vivia agora grande parte do ano em São Paulo.[44] Esse tipo de residência, e o fato de acumularem bens em muitas partes diferentes da província, tornava difícil que os homens da família fizessem parte da unidade produtiva, ainda que somente como administradores, enquanto os outros membros da família, particularmente as mulheres e as crianças, tornavam-se somente consumidores.

MUDANÇAS LEGAIS

Dentre as mudanças legais que tiveram lugar nos primeiros anos após a independência, houve duas que enfraqueceram o caráter corporativo da família brasileira e fortaleceram o individualismo. A primeira foi a afirmação da igualdade de todos os indivíduos perante a lei. No Código Penal de 1831, esse princípio legal tomou a forma de uma declaração de que todas as pessoas eram individualmente responsáveis por crimes que cometessem.[45] Já não se considerava que a família — pai ou mãe, cônjuge, filhos ou netos — fosse responsável pelo crime cometido por um de seus membros, como acontecia no século XVII. O indivíduo estava sozinho perante a lei.

Outra mudança legal que diminuiu o poder da família patriarcal em favor do indivíduo foi o rebaixamento da idade de maioridade para 21 anos, acompanhada da emancipação automática.[46] A idade da maioridade fora de 25 anos durante o período colonial, mas essa maioridade não significava que, ao atingir aquela idade, um filho, e muito menos uma filha, estivesse automaticamente emancipado. Para que a emancipação ocorresse, um homem, ou mulher, tinha de se casar, ou passar por um processo judicial formal que lhe concedesse aquele status.

No período colonial, os homens solteiros continuavam, pois, sob a autoridade do pai idade adulta adentro. Por exemplo, quando Manoel Pacheco Gato morreu, em 1715, tinha quatro filhos homens, solteiros, de idades entre dezesseis e 33 anos que ainda não eram emancipados; em seu testamento, ele declarou que dois deles haviam ido para o sertão com a obrigação de devolver todo o lucro ao pai deles, pois ainda eram filhos-família.[47] Após a morte do pai, os quatro passaram pelo processo legal de emancipação, com o consentimento de seu tutor e de sua mãe. (Sua mãe foi cautelosa ao observar, contudo, que continuava a esperar que eles cumprissem sua responsabilidade para com a família, e especialmente "que esperava [...] que [cada um deles] ajudaria a casar suas irmãs como filho seu que era e irmão de suas filhas".)[48]

No período colonial, os filhos solteiros, fosse qual fosse sua idade, não eram, portanto, legalmente, agentes livres e independentes (embora a distância pudesse dar a independência *de facto*). Os filhos solteiros eram apenas os operários ou, no máximo, os executivos da família como grupo corporativo de produção. Uma obra portuguesa do século XVII afirmava que os filhos-família eram como prisioneiros.[49] Posturas de Parnaíba, do início do século XIX, estabeleciam multa para quem jogasse com um escravo ou com um filho-família, aparentemente considerando equivalente sua falta de liberdade.[50] A questão, porém, provavelmente era que nem os escravos nem os filhos-família eram agentes livres e, portanto, não podiam ser tomados como responsáveis por suas dívidas de jogo, e que os donos de escravos e pais não queriam assumir essas dívidas.

O ganho obtido mediante o trabalho dos filhos-família ia todo para a família. Naturalmente, a própria herança dos filhos provinha daquele ganho, de modo que, ainda que trabalhassem para a família, estavam também trabalhando pelo próprio futuro. Contudo, era permitido pela legislação portuguesa que os filhos que trabalhavam para outras pessoas conservassem consigo seus salários.[51] Não obstante, os filhos de proprietários não costumavam trabalhavar para outras pessoas, e era pelo casamento — isto é, estabelecendo uma nova família produtiva — que um homem do período colonial se tornava automaticamente independente do ponto de vista legal e econômico, apesar da expectativa de que ainda colaborasse para o bem comum da família.[52]

Para tornar-se independente do controle do pai ou da mãe viúva, as filhas também tinham de casar-se ou solicitar judicialmente a emancipação. No século XVII, uma mulher que nunca se casasse (e havia muito poucas delas entre os proprietários paulistas) geralmente permanecia sob o controle do pai ou da mãe viúva até que ambos os genitores morressem; mas, em meados do século XVIII, algumas mulheres solteiras solicitaram emancipação após os 25 anos, do mesmo modo que faziam muitos de seus irmãos. Por exemplo, quando a viúva Suzanna Rodrigues de Arzão morreu, em 1754, sua filha mais nova, Agueda Paes, já estava emancipada e havia muitos anos administrava os próprios bens.[53] E quatro anos após a morte de Caetano Soares Vianna, em 1757, suas filhas solteiras Mariana, então com quarenta anos de idade, e Maria, com 27, tiveram concedidas suas emancipações, depois da declaração de testemunhas de que ambas eram extremamente capazes de administrar os próprios bens.[54]

Muito embora uma mulher não se tornasse plenamente emancipada ao se casar, pois passava do controle do pai para o do marido, ela possuía um status mais elevado, mais poder e responsabilidade do que suas irmãs solteiras. (Claro, os homens casados no período colonial também possuíam status mais elevado, mais poder e responsabilidade do que seus irmãos solteiros.) Entretanto, os genitores de uma mulher perdiam o controle sobre ela. Ela adquiria direito sobre os bens que possuía juntamente com o marido, tornando-se a dona da própria casa e de inúmeros índios ou escravos. As palavras de autoridade com que as mulheres proprietárias da colônia (quase todas casadas ou viúvas) ditavam seus testamentos indicam até que ponto sua posição como donas e senhoras de extensas propriedades fortaleciam seu sentimento do próprio valor. Por exemplo, Maria de Lima de Siqueira declarou orgulhosamente em seu testamento que, após a morte de seu marido, havia sustentado todos os filhos com grande honra, proporcionando-lhes roupas, pajens e cavalos que sua condição nobre exigia e que, para essas despesas, utilizou seus próprios bens e não a herança que a eles cabia por parte de pai. Se algum dos herdeiros fizesse objeções às disposições de seu testamento, continuava ela, que primeiro devolvessem o que ela havia gasto com eles.[55]

Assim, o enfraquecimento da família patriarcal iniciada no século XVIII atingiu não só o patriarca, mas também sua representante, sua esposa e viúva. Como vimos anteriormente, uma mulher casada na São Paulo colonial desempenhava muitas vezes importante papel como representante do marido nos negócios comerciais ou como administradora dos bens do casal. E as viúvas não só se tornavam a chefe legal da família, controlando todos os seus bens, como ainda muitas delas, especialmente no século XVII, controlavam também seus filhos não emancipados, filhos-família, inclusive os filhos homens adultos.[56]

Ao estabelecer a emancipação automática por ocasião da maioridade, a legislação do século XIX libertou tanto os filhos como os pais. Por um lado, isso significava a liberdade legal do jovem adulto de administrar a própria pessoa e seus bens independentemente da autoridade dos pais. Por outro, como os pais eram legalmente responsáveis pelo reembolso de dinheiro emprestado ou por crédito concedido a filhos e filhas que ainda fossem filhos-família, a emancipação automática dos filhos aos 21 anos livrava os pais da responsabilidade financeira pelas dívidas de seus filhos adultos, permitindo que concedessem aos filhos plena independência. Essa independência era muito importante quando os filhos tinham negócios próprios. Segundo as *Ordenações*, um pai era *sempre* responsável por um empréstimo feito com seu consentimento a um filho que fosse comerciante, se ainda fosse filho-família, mesmo que maior de idade.[57] Evidentemente, a antiga lei baseava-se no conceito de uma família corporativa negociante. Após a lei de emancipação automática, seria necessária uma sociedade formal entre pai e filho para que o pai, como dono da empresa ou sócio principal, voltasse a ser responsável pelas dívidas de negócio do filho. Muito embora pais e filhos adultos pudessem continuar e, de fato, continuassem a trabalhar juntos em parcerias formais ou informais, o controle patriarcal como tal se perdera. Foi substituído pelo controle baseado em contrato ou em posições hierárquicas diferentes dentro de uma organização burocrática.

Os proprietários do início do século XIX viviam num mundo diferente daquele de seus antecessores coloniais. A maior parte dos inventários da amostra era de pequenos proprietários de terra, o que a tornou uma amostra menos elitista, mas com maior concentração de riqueza, à medida que o desenvolvimento de poderosas culturas agrícolas de exportação aumentava as vias para a acumulação de capital. A terra se tornara plenamente uma mercadoria, e o conceito de propriedade privada passara de direito condicional num regime absolutista a direito incondicional protegido do poder do Estado. Desenvolveu-se um novo estrato médio, a classe média, cujos status econômico e social relativamente elevados provinham mais de uma profissão liberal, capital humano, do que da propriedade de terras ou escravos. A família de classe média era um novo tipo de família, uma unidade de consumo e não uma unidade de produção. E o enfraquecimento *de facto* do poder dos pais sobre seus filhos adultos ocorrido no século XVIII foi legalizado no século XIX, quando o indivíduo (e não mais a família) tornou-se o único responsável pelos crimes que cometesse e os filhos e filhas foram emancipados automaticamente aos 21 anos de idade. Assim, o individualismo cresceu e contribuiu para o relaxamento do caráter corporativo e patriarcal da família.

8. A separação entre negócios e família

Paralelamente ao crescimento do individualismo, que enfraqueceu a estrutura corporativa da família extensa, outra mudança importante ocorrida no Brasil do início do século XIX iria afetar a natureza do casamento. Os negócios e as funções econômicas separavam-se gradativamente dos assuntos da família. No decorrer do período, as sociedades feitas com pessoas de fora da família passaram a predominar cada vez mais e começaram a ser introduzidos mecanismos para distinguir entre os procedimentos comerciais e as contas da família. Simultaneamente, havia maior especialização dos credores e uma cobrança mais eficiente de dívidas. Parece claro que essa sucessão de fatos e as mudanças anteriores descritas relativamente à São Paulo do século XVIII faziam parte do processo que ocorria no mundo ocidental, no qual a esfera da economia se tornava distinta de outros aspectos da vida social, tais como a Igreja e a família, e começava a ser criada uma plena economia de mercado.[1]

O processo de distinção entre família e negócios é evidente nos próprios inventários. Quando, como sempre ocorria no século XVII, a família como unidade produtiva vendia sua produção, o chefe de família tornava-se credor do comprador e tais créditos eram relacionados nos inventários do marido ou da esposa. Quando, como começou a se tornar cada vez mais comum no início do século XIX, o vendedor era uma sociedade ou companhia, e não a família, ainda que a companhia fosse de propriedade exclusiva da pessoa falecida, a credora era a companhia. Nem seus créditos nem seus débitos apareciam nos inventários do casal. Em vez disso, seu título de propriedade era simplesmente relacionado, como mais um bem equivalente à quantia investida na companhia.

Na amostra do século XVIII, as sociedades formais eram exceção enquanto, nos inventários de meados do século XIX, havia um número cada vez maior de sociedades formais coexistindo com situações de negócios em que a família funcionava informalmente como uma companhia, como nos séculos anteriores, às vezes dentro do mesmo inventário. Contudo, nas amostras de ambos os séculos, as sociedades formais só existiam nos inventários mais ricos: nos 22% superiores, no século XVIII, e, no século XIX, nos 25% superiores.

No período colonial, quando a família constituía, ela mesma, a estrutura do negócio, os trâmites dos negócios eram gravemente perturbados pelo processo do inventário, quando morria o patriarca ou sua esposa. Como família e negócios eram uma coisa só, aplicava-se a legislação de família quando o dono morria. Como os cônjuges eram co-proprietários da empresa familiar, a legislação referente à herança familiar exigia que, quando da morte de um deles, fosse feito um inventário de todos os bens, entre eles os bens pertencentes ao negócio, tais como as mercadorias numa loja, e que se realizasse a divisão entre os herdeiros. Os herdeiros dos negociantes do século XVIII queixavam-se freqüentemente das perdas que sofriam por terem de suspender os negócios enquanto se completava um inventário.[2] Passar por todo esse complicado processo, no qual cada peça de roupa era medida e avaliada, pode ter protegido os direitos dos herdeiros de uma esposa falecida, por exemplo, mas prejudicava o negócio do viúvo.[3] Assim, a lei da herança familiar representava um obstáculo para a eficiência dos negócios.

Contudo, somente no século XIX é que começaram a ser introduzidos no Brasil mecanismos formais para permitir e facilitar a separação das contabilidades comercial e familiar. Quando um inventário incluía os débitos e créditos comerciais de uma empresa familiar que houvesse crescido consideravelmente, passava a ser aconselhável separar as contabilidades comercial e familiar no inventário, como explicou Marciano Pires de Oliveira quando morreu sua esposa, em 1859. Ele disse ao juiz dos órfãos que nem as dívidas ativas nem as passivas de seu negócio de mulas eram líquidas nem podiam ser facilmente apuradas, em parte porque seu sócio, que era também seu sobrinho, tinha participação de um terço tanto nas dívidas como nos lucros, além de ser, ele próprio, devedor do negócio. Oliveira acrescentou que, para apurar o balanço exato, seria necessário liquidar a sociedade e acertar todas as contas com outros negociantes.[4] Sugeriu, pois, que fossem inventariados, avaliados e divididos entre os herdeiros todos os bens móveis e imóveis da família, mas que a divisão dos ativos, créditos e débitos de seu negócio fosse deixada para uma data futura. O juiz insistiu, porém, que ele devia marcar uma data para a liquidação da sociedade. Do ponto de vista comercial, essa decisão podia ter conseqüências drásticas.

Além disso, o juiz dos órfãos provavelmente não devia ter feito aquela exigência pois, de acordo com o novo Código Comercial promulgado em 1850, uma sociedade já não precisava ser liquidada quando da morte da esposa de um dos sócios, como antes ocorria de acordo com as *Ordenações*.[5] Quando morria o próprio sócio, o Código Comercial permitia que a sociedade prosseguisse mediante um novo contrato com os herdeiros do sócio.[6] Casos como o acima mencionado, em que o juiz dos órfãos protegia os interesses dos herdeiros menores de idade à custa do viúvo ou do próprio negócio, devem ter sido o que inspirou o dispositivo do Código Comercial de 1850, que estipulava que somente o juiz de comércio, e jamais o juiz dos órfãos, tinha jurisdição sobre a liquidação de uma sociedade.[7] A indicação de juízes diferentes para os direitos familiar e comercial era, por si só, parte do processo de separação entre empresa comercial e família. O caso de Marciano Pires de Oliveira ilustra bem a contradição entre os direitos dos membros da família como co-proprietários ou herdeiros de uma empresa e o direito da empresa de existir e funcionar separadamente da família e não ser quebrada por mortes ou outros eventos dentro da família.

O Código Comercial de 1850 e as leis posteriores contribuíram para a separação entre família e negócios em termos de responsabilidade financeira por dívidas. Em sociedades em comandita, a responsabilidade do sócio comanditário limitava-se à quantia que houvesse investido.[8] A lei de 1862 permitiu a criação de companhias de responsabilidade limitada e de sociedades anônimas, que limitavam a responsabilidade da família ou do indivíduo pelas dívidas de tais companhias. Essa lei protegia a família dos reveses que uma companhia pudesse sofrer.[9] Ainda mais importante do ponto de vista de nossa análise é que *nenhuma* companhia ou sociedade constituída era responsável por *fosse qual fosse* a dívida privada de seus sócios.[10] Essas leis livraram os negócios de toda e qualquer responsabilidade pela família.

À medida que mais sociedades foram se formando, os homens passaram gradativamente de um compromisso primordial com a família patriarcal extensa, ou clã, a um compromisso primordial consigo próprios e com sua família nuclear. Exemplo dessa mudança de mentalidade pode ser visto na dissolução, em 1882, da sociedade de Alfredo Ellis com seu tio e sogro, coronel Chiquinho da Cunha Bueno. Alfredo Ellis rompeu a sociedade porque o coronel Chiquinho permitiu que seus dois filhos mais novos utilizassem gratuitamente os escravos pertencentes à sociedade.[11] Por um lado, o coronel agia com a velha mentalidade: sua propriedade era familiar e o uso dos escravos feito pelos filhos só aumentaria a prosperidade da família; paralelamente, como patriarca, podia permitir que seus filhos usassem sua propriedade como bem entendesse. Por outro lado, Alfredo Ellis, com a nova mentalidade, provavelmente influenciado por um pai inglês e uma educação nos Estados Unidos, distinguia claramente entre os bens exclusivos do sogro e os da sociedade. Ao insistir em que seus cunhados não tinham direito de se utilizarem dos escravos da sociedade sem pagar por seus serviços, estava defendendo seus direitos individuais e os direitos da própria sociedade contra as velhas pretensões dos laços de família e contra o direito do patriarca de fazer como lhe aprouvesse. Em vez de agir como se a propriedade de cada indivíduo pertencesse a toda a família — como haviam feito os paulistas no passado —, Alfredo, pelo menos no trato dos negócios, não colaborava com seus cunhados (que não eram seus sócios), mas, ao contrário, competia com eles. Como também não se submetia ao poder patriarcal do sogro, como faria se houvesse nascido nos séculos XVII ou XVIII. Além do mais, a própria sociedade foi o mecanismo que permitiu que aquilo que, no passado, teria sido considerado insubordinação se tornasse basicamente uma questão de diferenças entre sócios.

Assim, uma sociedade servia para definir e limitar as relações de negócios entre parentes, que, no período colonial, teria sido automática, vitalícia e algo imprecisa. Por exemplo, quando Bento José Martins da Cunha morreu, em 1858, ele e a esposa possuíam várias casas em São Paulo e Campinas, dois escravos e um pomar na freguesia de Santa Efigênia, e Bento era sócio numa selaria com seu sobrinho e genro, Cândido José Martins da Cunha.[12] O contrato entre Bento e Cândido especificava que ambos os sócios trabalhariam em tempo integral para a sociedade, que ela teria a duração de apenas dez anos e que não seria dissolvida caso um dos dois morresse. Apesar de Bento ter entrado com dois terços do capital, os lucros deviam ser divididos igualmente entre os dois sócios. Pode-se dizer que Bento estava protegendo o futuro da filha ao contribuir tanto para a sociedade com o genro. Os eventos após a morte de Bento mostram que é possível outra interpretação. A sociedade ainda tinha oito anos pela frente e a esposa de Bento requereu que ela fosse adjudicada à sua meação para que assim pudesse receber uma renda da sociedade até a data de sua dissolução. Esse resultado pode ter sido exatamente o que Bento tinha em mente, ou seja, que Cândido continuasse a trabalhar em benefício de sua sogra até que a sociedade expirasse. Outra razão para suspeitar desse motivo é que o filho mais velho do casal, que tinha dezenove anos quando da morte do pai, estava estudando direito e provavelmente não poderia fazer muita coisa para ajudar no sustento da família até formar-se advogado. A formalidade e os limites desse arranjo contrapõem-se à prática do tempo da colônia; no passado, o genro teria automaticamente continuado a trabalhar a vida toda em benefício da família extensa e esperaria que seu cunhado mais jovem fizesse o mesmo.

A novidade era a própria sociedade formal. Os proprietários ricos da São Paulo de meados do século XIX eram donos de muitos bens em sociedade formal, ainda que a sociedade fosse somente com membros da família, tais como irmãos, irmãs, ou parentes por afinidade. Por exemplo, quando Luis Bernardo Pinto Ferraz morreu, em 1856, ele e a esposa eram donos exclusivos de uma plantação de chá na estrada para Santo Amaro, mas possuíam, também, uma quarta parte de uma plantação em Porto Feliz, em sociedade formal com a sogra de Luis Bernardo e com sua cunhada (irmã de sua esposa e, ao mesmo tempo, viúva de seu irmão) e metade de uma plantação em Araraquara, em sociedade com os herdeiros de outro irmão seu.[13] Mais um exemplo é a sociedade civil que Fernando Pacheco Jordão constituiu, em 1836, com vários de seus irmãos, para gerir a propriedade que haviam herdado do pai.[14]

Essas sociedades já não aconteciam automaticamente pelo nascimento ou pelo casamento, como ocorria no período colonial. Os homens continuavam a nascer e a casar-se em famílias que podiam fornecer capital, ligações ou possíveis sociedades em negócios, porém, se isso realmente se concretizava ou não, já não dependia do relacionamento familiar por si só, mas sim de decisões individuais e de contratos voluntários. O estudo de Joseph Sweigart sobre os comissários de café no Rio de Janeiro do século XIX descreve muitos exemplos de sociedades familiares. Um exame cuidadoso desses exemplos oferece um quadro nítido de como os membros das famílias dissolviam as sociedades com parentes e constituíam outras com os mesmos, ou com outros parentes, ou, às vezes, com não parentes, mudando desse modo, muitas vezes durante a vida, suas relações de negócios com membros da família.[15]

Em contraposição, os pequenos proprietários na São Paulo do início do século XIX tendiam a manter propriedade em comum com outros membros da família sem uma sociedade formal, funcionando mais como haviam feito as famílias no período colonial. Por exemplo, o filho mais velho de Antonio Bento de Andrade, que era tutor de seus irmãos e irmãs menores de idade, relatou que ele e seus irmãos viviam e trabalhavam juntos em grande harmonia na fazenda da família, que não dava lucro algum mas o suficiente para sua manutenção.[16] Eram muito comuns os casos em que os herdeiros eram donos de parcelas de uma terra que não era dividida; quando um deles morria, não tinham como saber qual parte da terra, que vinha sendo cultivada por todos, pertencia ao falecido.[17]

A introdução de sociedades anônimas, ações e apólices e de sociedades de responsabilidade limitada tornara ainda mais distintas as esferas da família e da empresa, permitindo a fácil transmissão da propriedade de negócios, quer por alienação, quer por herança, sem afetar o andamento dos negócios. Ações e apólices permitiam a separação mais definitiva entre família e negócios. Em contraposição à posse de uma fazenda, por exemplo, a posse de ações e apólices não demandava trabalho algum do membro da família; não era preciso nenhuma aptidão pessoal de administrador para que o lucro viesse. É significativo, pois, que os bens de muitas viúvas ricas da São Paulo do século XIX estivessem sob a forma de ações e apólices. Por exemplo, mais de 40% do patrimônio de d. Anna Maria de Souza Queiros, no valor de 82 contos, consistiam em apólices (12 contos), ações (12 contos) e dinheiro a juros no banco (9 contos).[18]

A possibilidade de converter propriedades em ações e apólices, ou em dinheiro no banco, libertou as viúvas da necessidade de assumir a administração da propriedade produtiva que controlavam ou de depender de parentes homens para isso, como ocorrera freqüentemente no período colonial. Assim, o caráter corporativo da família enfraqueceu-se também de outro modo: as viúvas tinham, agora, condições de ser muito mais independentes de seus filhos, irmãos ou pais, muito embora, em vez disso, pudessem passar a depender de estranhos (agentes financeiros). Mas, é claro, esta última forma de dependência era uma relação de mercado, o que a tornava diferente da anterior, que era um relacionamento familiar. A conversão em ações e apólices das propriedades imobiliárias ou de outros bens da viúva, cuja administração era complicada, livrava também filhos, irmãos e pais do ônus de trabalhar para conservar os bens que não lhes pertenciam, promovendo assim um maior individualismo.

DEVEDORES E CREDORES

Outro sinal da crescente separação entre família e negócios é a diminuição do papel da família e do indivíduo como credores. No Brasil colonial, quando família e negócios ainda eram uma coisa só, as famílias eram com freqüência quase igualmente credoras e devedoras. Isso contrasta marcadamente com a situação nos países industriais do século XX, em que a maioria dos credores são empresas, exceto quanto a relativamente poucos indivíduos que trabalham por conta própria ou os raros casos em que um indivíduo que vende uma casa aceita a hipoteca. Por outro lado, como consumidores, os indivíduos ou famílias são geralmente devedores.

No século XVII, débitos pendentes eram parte importante da maioria dos inventários, consistindo em geral em legítimas, dotes, dízimos e empréstimos tomados do juízo dos órfãos, ou de mercadorias compradas e não pagas.[19] Essas dívidas freqüentemente deixavam de ser pagas por longo tempo. Num dos casos, terras haviam sido compradas mas ainda não estavam pagas 23 anos mais tarde; em outro, o aluguel correspondente a dez anos de ocupação de uma casa foi negociado e pago somente após a morte de seu proprietário.[20] Às vezes, os dotes levavam anos para serem pagos, e o pagamento ou o não-pagamento de dívidas eram influenciados por fatores não econômicos, particularmente por laços de família.

Os inventários do século XVII também mostram a existência de muitos credores. Cinqüenta e três por cento dos inventários da amostra eram credores, a maior proporção de credores dos três séculos (ver Figura 4). Ordenando os inventários segundo seu tamanho, vemos que a terça parte mais rica apresentava a maior proporção de credores, embora os credores se distribuíssem de maneira bastante regular por toda a amostra, uma vez que 50% da terça parte mais pobre também era de credores (ver Figura 5).

Visto que a maioria dos créditos nos inventários do século XVII provinham da venda de mercadorias, pode-se explicar a ampla distribuição de credores como resultado de uma economia em que as famílias, como empresas produtivas, vendiam mercadorias mas não eram pagas no ato e, de modo semelhante, elas próprias postergavam o pagamento quando compravam. As famílias cujos inventários não eram credores provavelmente produziam sobretudo para subsistência, ou quase nunca vendiam mercadorias excedentes.

A distribuição de devedores no século XVII corrobora as conclusões acima. Oitenta e quatro por cento dos terços inferior e médio da amostra de inventários tinham dívidas pendentes, mas da terça parte mais rica *todos* os inventários tinham dívidas.[21] O fato de os inventários mais ricos serem todos devedores indica não só que eles tinham crédito e que, sendo as famílias mais poderosas, provavelmente podiam atrasar o pagamento o quanto quisessem, como também que eram os mais envolvidos na produção e distribuição de mercadorias, tomando empréstimos e negociando constantemente, enquanto a falta crônica de moeda sonante e fatores não econômicos levavam a um endividamento mútuo infindável.

Em meados do século XVIII, havia menos credores do que no século XVII, o que atesta o desenvolvimento da especialização econômica (ver Figura 4). E os credores eram claramente predominantes nos níveis superiores de riqueza, pois chegavam a 89% na terça parte mais rica da amostra, e apenas a 22% na terça parte mais pobre (ver Figura 5). Esses dados refletem o cenário econômico do século XVIII, no qual os inventários mais ricos eram os de comer-

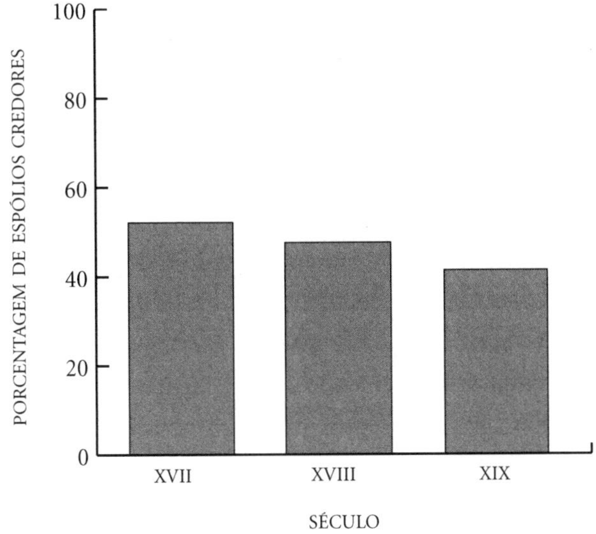

Figura 4. *Porcentagem de espólios credores (do século XVII ao século XIX).*
FONTE: Amostra.

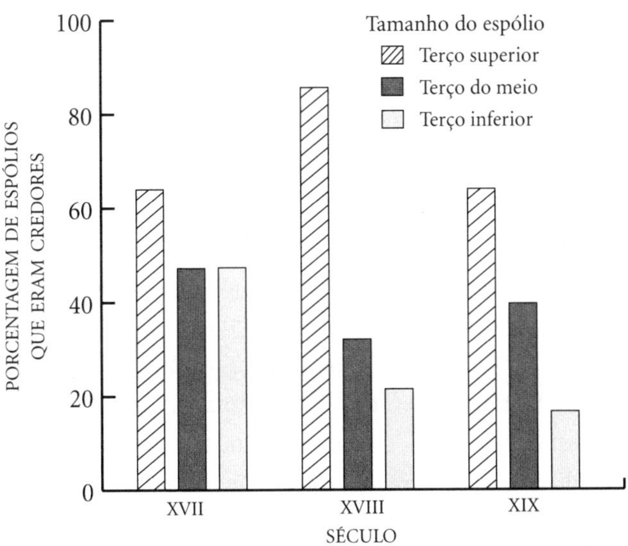

Figura 5. *Espólios credores, segundo o tamanho do patrimônio (do século XVII ao XIX).*
FONTE: Amostra.

ciantes, que eram os que mais provavelmente faziam empréstimos e ampliavam o crédito, enquanto os mais pobres eram agricultores de subsistência que não vendiam ou vendiam poucas mercadorias e raramente, portanto, eram credores.[22]

Grande porcentagem dos inventários dos comerciantes do século XVIII era formada pelos créditos, pois estes constituíam de 20% a 78% dos espólios brutos das quatro pessoas mais ricas da amostra, todas elas comerciantes. Em 1769, por exemplo, mais de três quartas partes do inventário de José Rodrigues Pereira consistiam em notas promissórias em seu favor, e elas provinham de toda parte do Brasil. Não obstante, ele deixou uma rede de sócios no Rio de Janeiro, em Santos, em Minas Gerais e no Mato Grosso que podiam cobrar dívidas, embora, em muitos casos, eles próprios fossem devedores dele. Apesar de sua grande rede de cobradores, muitas das dívidas em favor de José Rodrigues Pereira já haviam sido relacionadas no inventário de sua esposa, quando ela morrera oito ou nove anos antes, o que indica que as dívidas se arrastavam por longos períodos.[23]

Considerando-se que parte tão grande de seus patrimônios era constituída por créditos, os comerciantes do século XVIII deixavam a seus filhos uma herança incerta, pois o valor da maior parte do inventário ficava por ser arrecadado, tarefa que podia mostrar-se difícil, especialmente se os devedores viviam em Cuiabá ou em Goiás. As mercadorias levadas para lá por via fluvial eram, em geral, vendidas a crédito e, num dos casos, para se conseguir cobrar a dívida foram necessários 27 anos.[24] Outras vezes, as dívidas jamais eram recebidas. Por exemplo, quando Maria de Lima de Siqueira morreu, quase uma quarta parte de seu espólio era de créditos que foram declarados empréstimos incobráveis, uma vez que não haviam sido pagos desde a morte de seu marido, mais de 25 anos antes. (Esses empréstimos incobráveis foram divididos igualmente entre os herdeiros, de modo que cada herdeiro recebeu uma fração de cada um, distribuindo-se a perda igualmente entre eles.)[25]

A cobrança bem-sucedida de dívidas para com um espólio dependia em grande parte da existência de parentes homens capazes, dispostos a dedicar seus esforços a essa tarefa. Genros ou filhos adultos seriam as pessoas naturalmente indicadas para esse trabalho, pois se tratava de seu interesse pessoal, mas muitas vezes os herdeiros eram crianças pequenas. Nesses casos, nos séculos XVII e XVIII, eram os pais, os irmãos ou os cunhados que trabalhavam por longas horas, meses ou anos para cobrar dívidas para outros, suas filhas e seus netos, irmãs, sobrinhos e sobrinhas. Um exemplo do final do século XVII dessa preocupação permanente com a família extensa e seus negócios é o capitão Antonio Rodrigues de Arzão e de Bartholomeu Bueno de Siqueira, que eram casados com duas irmãs. Depois de descobrir ouro em Minas Gerais, em 1696, Antonio morreu, deixando o mapa de sua descoberta com Bartholomeu, que seguiu o mapa e fundou a cidade de Ouro Preto. Então, ele comandou não só sua propriedade em Minas Gerais, como também a da viúva de Antonio, sua cunhada.[26] Caso semelhante ocorreu uns cem anos mais tarde, quando o segundo Antonio Prado morreu, em 1793, depois de um casamento que durou apenas sete anos, de modo que não havia genros ou filhos adultos para fazer o trabalho; os três irmãos dele trabalharam durante vários anos para cobrar as quantias que lhe eram devidas.[27] Ao trabalhar para sua cunhada e filhos e não apenas para si próprios e suas famílias nucleares, esses homens demonstraram que a ética da família colonial persistia e que os homens ainda se dispunham a trabalhar para o bem da família extensa. Essa manifestação da família corporativa iria mudar no século XIX com o posterior crescimento do individualismo.

Embora os comerciantes do século XVIII corressem grandes riscos com a ampliação do crédito, também obtinham grandes lucros, virtualmente tornando-se banqueiros.[28] Porém, o aumento na prolongação do crédito no século XVIII e a dificuldade em cobrar as dívidas levaram a um aumento acentuado da porcentagem média do espólio bruto representada por créditos (ver Figura 6). Em meados do século XIX não só os credores haviam diminuído um pouco, como também a porcentagem média do espólio bruto representada por créditos caiu violentamente, de 34% para 15% (ver Figura 6).

O declínio dos créditos nos inventários do século XIX provavelmente se deveu à cobrança mais eficiente dos débitos e ao desenvolvimento gradativo de um melhor sistema de garantia do débito. Nos séculos XVII e XVIII, um devedor, em São Paulo, garantia os empréstimos com sua pessoa e todas as suas posses e, além disso, oferecia um fiador que se comprometia a pagar a dívida em caso de falta de pagamento. Para cobrar uma dívida, quando tanto o devedor como

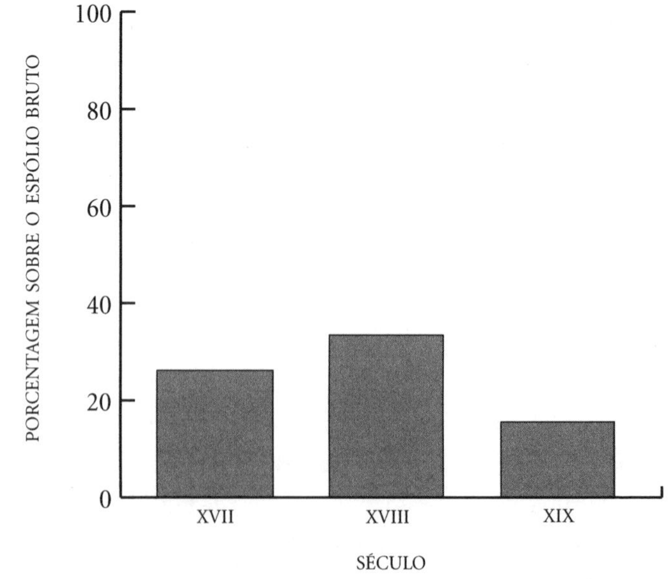

Figura 6. *Créditos como porcentagem do espólio bruto; média dos espólios credores (do século XVII ao século XIX).*
FONTE: Amostra.

o fiador faltavam ao pagamento, o credor precisava passar por longo e custoso processo judicial de embargo, pelo qual todas as propriedades do devedor eram penhoradas e, se não fossem suficientes para saldar a dívida, o próprio devedor podia ser preso.[29] O problema era que tanto o devedor como o fiador comprometiam sua pessoa e todos os seus bens presentes e futuros em cada dívida assumida ou fiança oferecida.[30] Como as pessoas, em sua maioria, tinham várias dívidas e podiam ser fiadoras de dívidas de vários amigos ou parentes, é de se imaginar que podiam dever ou afiançar quantias maiores do que todos os seus bens.

A legislação também não protegia adequadamente os credores. Se uma mesma propriedade houvesse sido usada em garantia de várias dívidas, as *Ordenações* determinavam que o primeiro credor a ser pago seria o primeiro a entrar com um processo, e não o primeiro credor que tivesse tido a dívida garantida por aquela propriedade, como se dá atualmente.[31]

No decorrer do século XIX, a legislação foi sendo gradativamente modificada para proteger o credor. Registros locais de hipotecas, instituídos em 1843 e implementados em 1846, permitiram a inscrição de cada uma das hipotecas. Contudo, não havia ainda um sistema pelo qual um ou vários penhores sobre determinada propriedade tivessem precedência. A situação continuou caótica até 1864-65, quando o governo imperial aprovou uma lei sobre hipotecas com proteção mais efetiva dos credores mediante a instituição de um sistema de registros de hipoteca que permitia a priorização e o registro cruzado de hipotecas. Com uma hipoteca registrada que dava prioridade a uma dívida específica, quando o devedor deixasse de pagar, o credor podia tomar a propriedade hipotecada sem um processo judicial prolongado.[32]

Somente na década que se seguiu à nova legislação sobre hipotecas é que os bancos hipotecários começaram a se tornar comuns, mas os bancos não substituíram imediatamente os indivíduos na oferta de crédito. A proporção de credores individuais na amostra ainda era significativa: 42% (ver Figura 4).[33] Os inventários de algumas das pessoas mais ricas da amostra continham muitos empréstimos feitos para terceiros a juros, mostrando que elas estavam agindo como banqueiros privados. Muito embora menos pessoas atuassem como banqueiros do que no século XVIII, os que o faziam lidavam com quantias de tal monta que é evidente que os empréstimos representavam parte substancial de seus negócios. Por exemplo, embora Antonio de Paiva Azevedo possuísse treze casas e dois armazéns de secos e molhados no centro de São Paulo, além de uma fazenda de cana-de-açúcar e outra em que criava gado e mulas, em Mogi-Mirim, a maior parte de seu espólio, de mais de 440 contos, consistia em letras de crédito e notas promissórias no valor de 340 contos.[34] E o comendador José Manoel de França era quase exclusivamente banqueiro. Quando morreu, em 1853, seu espólio bruto consistia em oito casas no centro de São Paulo, que ele alugava, uma pequena chácara em Santa Efigênia, e mais de 295 contos de créditos cobráveis a juros (67% de seu espólio), mais 15 contos de empréstimos incobráveis e 93 contos em dinheiro (moedas e barras de ouro).[35] Nesse meio tempo, a São Paulo de meados do século XIX começava gradativamente a ter bancos comerciais que iriam, mais tarde, suplantar por inteiro os emprestadores individuais.[36]

Muitos dos créditos encontrados nos inventários do século XIX não eram empréstimos, mas dívidas de negócios. Num pequeno espólio que contivesse uma mercearia, por exemplo, os créditos podiam ser as dívidas dos clientes da mercearia. Quando Alexandre Antonio dos Reis morreu, em 1867, deixou mais de 2 contos em dívidas cobráveis, originárias de sua mercearia.[37] No caso de muitas famílias que criavam mulas e conduziam comboios de mulas, os créditos originavam-se da venda de gado ou mulas, ou do aluguel de mulas, ou de comboios de mulas, ou do transporte de cargas. Usavam-se notas promissórias para pagamento, de modo que não raro elas passavam por muitas mãos. Por exemplo, quando o jovem Antonio Prado conduzia comboios de mulas de São Paulo para Goiás e Bahia, no início do século XIX, freqüentemente recebia pagamentos com créditos que já tinham vários anos.[38]

A história da família possuidora de bens no Brasil, do século XVII a meados do XIX, não é, pois, uma história de mudança do título legal de propriedade de seus membros, o qual continuou a ser o mesmo, mas de mudança no relacionamento das famílias e dos membros das famílias com a produção e com o comércio. A família do século XVII era um grupo produtivo em que as relações familiares constituíam por si sós a estrutura do negócio, conduzido sob a direção e o controle do patriarca ou de seu representante. Como as sociedades, com parentes ou com estranhos, tornaram-se mais comuns no início do século XIX, elas estruturaram os procedimentos dos negócios, de modo que dois homens, embora pudessem ser parentes, não necessariamente faziam negócios um com o outro como filho com pai, ou como genro com sogro, mas sim como sócios cujos deveres e responsabilidades se estabeleciam em contratos e não por consideração à hierarquia familiar.

Como a família deixou de ser a estrutura para os negócios, o casamento mudou. Embora ainda pudesse ser e freqüentemente fosse utilizado para melhorar as perspectivas dos negócios de um homem ou de uma família, pela ampliação da rede de relações, ou por dar a um homem acesso ao crédito, o casamento por si só já não definia os procedimentos de negócios entre parentes afins, como fazia no período colonial. E com o crescimento das profissões liberais e das possibilidades de se fazer sociedade com não parentes, o casamento já não era mais a principal via para um homem se estabelecer; tornara-se uma opção pessoal. Assim, não só a família, mas também o casamento se tornou privado.

O indivíduo masculino passara a ser o intermediário entre a família e os negócios. Muito embora as famílias da elite continuassem a ser donas dos meios de produção, a administração das sociedades e companhias foi separada da administração da família, ainda que ambas pudessem ser controladas por uma mesma pessoa. Com o desenvolvimento das ações e das apólices, os indivíduos podiam até mesmo possuir e obter lucro com os meios de produção sem ser responsáveis por sua administração. Essas mudanças iriam transformar o casamento e diminuir a importância do dote, ao mesmo tempo que privatizavam o papel da esposa que, no período colonial, havia sido uma parceira ativa dos negócios da família.

9. A decadência do dote

À medida que o individualismo crescia e os negócios e a família se separavam, a prática do dote ia se tornando menos freqüente. O estudo da amostra dos inventários da São Paulo do século XIX demonstra que a maioria das filhas se casava de mãos abanando e que as poucas famílias que ainda dotavam suas filhas concediam-lhes dotes relativamente menores e se despojavam de parte menos significativa de seus bens em favor dos dotes. Além disso, o conteúdo dos dotes se alterou, refletindo a transformação da família, de uma unidade principalmente de produção para uma unidade principalmente de consumo.

MENOS E MENORES DOTES

A mudança mais surpreendente na amostra é o pequeno número de famílias que dotaram suas filhas. Contra 91% no século XVII e 80% no século XVIII, somente 27% das famílias da amostra do século XIX concederam dotes a suas filhas. A fim de saber se a tendência ao decréscimo na prática do dote também era verdade em relação às famílias mais ricas, examinei os espólios que, em cada século, possuíam quatro ou mais índios ou escravos africanos. No século XVII, 93% dessas famílias concederam dotes; no século XVIII, 81% o fizeram; mas no século XIX, apenas 38% das famílias donas de quatro ou mais escravos dotaram suas filhas.

TABELA 17

A prática do dote segundo o número de escravos (do século XVII ao século XIX)

Prática do dote	Século XVII		Século XVIII		Século XIX	
TODAS AS FAMÍLIAS						
Concederam dotes	43	(91%)	55	(81%)	47	(27%)
Não concederam dotes	4	(9%)	13	(19%)	130	(73%)
TOTAL	47	(100%)	68	(100%)	177	(100%)
Sem informação	1				1	
AMOSTRA	48		68		178	
FAMÍLIAS COM QUATRO OU MAIS ESCRAVOS						
Concederam dotes	39	(93%)	30	(81%)	23	(38%)
Não concederam dotes	3	(7%)	7	(19%)	38	(62%)
TOTAL	42	(100%)	37	(100%)	61	(100%)

FONTE: Amostra.
NOTA: Todas as porcentagens foram arredondadas.

TABELA 18

A prática do dote segundo o tamanho do espólio (século XIX)

Espólios segundo a riqueza	Concederam dotes		Não concederam dotes		TOTAL
Quarta parte mais pobre	6,5	(15%)	37	(85%)	43,5
Quarta parte seguinte	9,5	(22%)	34	(78%)	43,5
Quarta parte seguinte	9	(21%)	34,5	(79%)	43,5
Quarta parte mais rica	22	(51%)	21,5	(49%)	43,5
Sem informação			4		4
TOTAL	47	(27%)	131	(73%)	178

FONTE: Amostra.
NOTA: As porcentagens foram arredondadas.

Muito embora esse declínio na prática do dote não fosse tão pronunciado nas famílias abastadas quanto na amostra total, ainda assim era marcante (ver Tabela 17). Fica também demonstrado que era mais provável que as famílias mais ricas concedessem dotes, quando ordenamos os espólios da amostra pelo tamanho (ver Tabela 18). Enquanto apenas 15% da quarta parte menos rica da amostra dotou suas filhas, 51% da quarta parte mais rica o fez. Mesmo que as famílias mais ricas tendessem a conceder dotes com mais freqüência do que as que dispunham de menos recursos, é significativo que, mesmo entre a quarta parte mais rica da amostra, quase metade das famílias não dotou as filhas.

Esses dados mostram que, em contraposição aos séculos anteriores, a maioria dos proprietários paulistas do século XIX não concedia mais dotes. A maioria das famílias da amostra, 73%, não dotou suas filhas, contra apenas 19% que se furtaram a esse dever no século XVIII e 9%, no século XVII (ver Figura 7).

É tentador concluir que as famílias que não concederam dotes no século XIX eram na maioria as de viúvas ou viúvos, cujas filhas se casavam apenas com sua legítima, como ocorria usualmente no período colonial. Porém, não foi o que ocorreu aqui: das 22 famílias da quarta parte mais rica da amostra que não concederam dotes, somente sete, ou um terço, eram de viúvas ou viúvos, cujas filhas se casavam apenas com sua legítima. Mais ainda, a recusa em dotar as filhas já não era mais a exceção para os que enviuvaram, como fora no século XVIII. Em meados do século XIX, a prática aceita era que genitores viúvos *não* concedessem dotes às filhas que se casavam após haver herdado de um deles. Em toda a amostra, houve apenas um caso de uma viúva que concedeu dote a uma filha além de sua legítima.[1] O hábito de conceder dote havia praticamente desaparecido entre os viúvos ou viúvas.

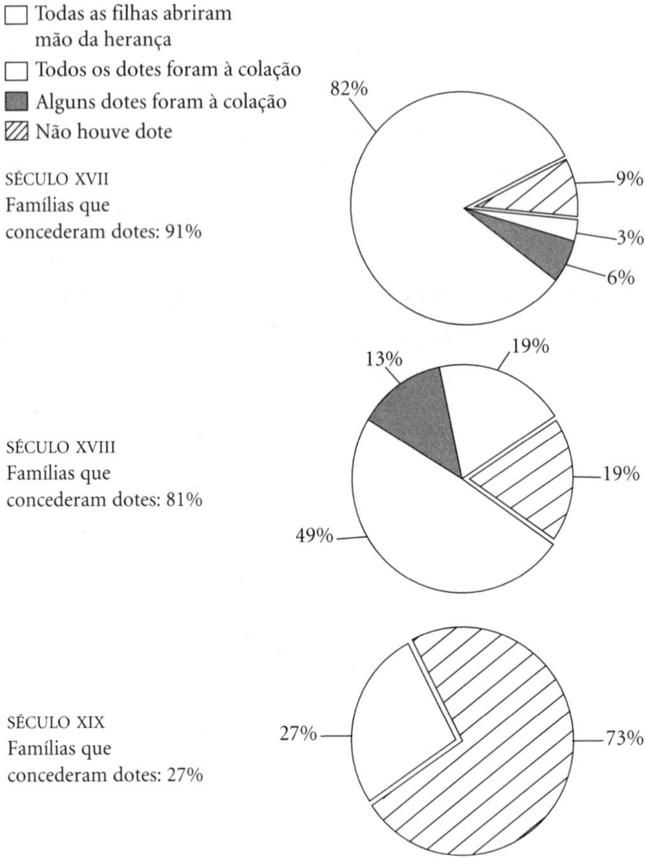

Figura 7. *Porcentagem de genitores que dotaram filhas e de dotes trazidos à colação.*
FONTE: Amostra. Todas as porcentagens foram arredondadas.

Esse hábito estava também desaparecendo entre as famílias mais ricas com os dois genitores vivos. Nas quinze famílias restantes da quarta parte mais rica da amostra que não dotaram suas filhas, ambos os genitores estavam vivos quando suas filhas se casaram e, no entanto, deixou-se que elas fossem para o casamento sem bem algum.

O fato de muitos genitores deixarem que suas filhas se casassem de mãos abanando indica que o hábito do dote já não era considerado um dever indeclinável, mesmo nos estratos mais ricos. Indica também que nem todos os noivos exigiam dotes. Conceder ou não um dote tornava-se uma questão de opção.

Mesmo entre as famílias que ainda dotavam suas filhas, algumas tendências confirmam a observação de que o dote já não era encarado como dever. Na amostra do século XIX, houve um aumento da proporção das famílias que dotaram algumas filhas, deixando que outras se casassem de mãos abanando. Das famílias do século XVIII que dotaram suas filhas, 87% haviam concedido dotes a cada uma de suas filhas casadas.[2] E das sete famílias que dotaram apenas algumas das filhas, somente duas deixaram que as demais filhas se casassem de mãos abanando. Os outros cinco inventários eram de viúvas ou viúvos, dos quais algumas filhas se casaram e receberam dotes enquanto ambos os genitores viviam, enquanto as outras se casaram após a morte do primeiro dos genitores e levaram sua legítima para o casamento. No século XIX, em contraposição, somente 63% das famílias que dotaram suas filhas concederam dotes a cada uma das filhas casadas.[3] E 70% dessas famílias possuíam apenas uma filha casada. Assim, houve somente nove famílias em toda a amostra de 178 inventários do século XIX que dotaram todas as suas várias filhas casadas.[4]

Os proprietários do século XIX simplesmente concediam menos dotes. Das dezessete famílias que não dotaram cada uma das filhas casadas, a maioria deixou que algumas delas se casassem de mãos abanando, uma vez que somente sete delas eram famílias de viúvas ou viúvos, cujas filhas se casaram com sua legítima. As outras dez famílias (mais de um quinto das 47 famílias da amostra que concederam dotes) dotaram algumas filhas e não outras. Essas famílias também engrossaram as fileiras das que já não viam o dote como dever, mas sim como opção.

Outra indicação do declínio da prática do dote é que a maioria das famílias que ainda dotavam as filhas o faziam em valores pro-

TABELA 19

Porcentagem do maior dote da família sobre a legítima (século XIX)

Espólios por riqueza	Famílias que concederam dotes	Maior dote como porcentagem da legítima
Quarta parte mais pobre	7	159%
Quarta parte seguinte	9	51
Quarta parte seguinte	9	25
Quarta parte mais rica	21	36
TOTAL	46	56
Sem informação	1	
AMOSTRA	47	

NOTA: O maior dote concedido em cada família foi utilizado para este cálculo. Houve cinco dotes que foram de valor maior do que a legítima, de 1,7 a 7,5 vezes.

porcionalmente muito menores em relação à legítima da filha do que os concedidos por seus antepassados no período colonial. No século XVIII, a porcentagem média da legítima representada pelo dote mais valioso concedido numa família foi de 147%, enquanto, no século XIX, foi de apenas 56%.[5] E, do mesmo modo que no século XVIII, os dotes proporcionalmente maiores em relação à legítima foram os concedidos por pequenos proprietários. Muito embora, no século XIX, os pequenos proprietários tenham dotado suas filhas em menor número do que as famílias ricas, os que o fizeram concederam dotes relativamente maiores (ver Tabela 19).

O declínio do tamanho dos dotes das famílias mais ricas é exemplificado pelos dotes relativamente pequenos concedidos pelo casal mais rico da amostra, o capitão Manoel José de Moraes e sua esposa. Os bens desse casal valiam mais de 231 contos e, quando a esposa morreu, a legítima para cada herdeiro foi de mais de 20 contos. Contudo, o maior dote recebido por suas filhas foi de pouco mais de 3 contos, do qual apenas metade foi à colação. Esse dote representava, pois, apenas 8% da legítima da filha.[6]

Para nosso estudo sobre a mudança na prática do dote, o valor relativo de cada dote é, portanto, um dado mais importante do que seu valor absoluto. O maior dote encontrado nos inventários do século XIX foi o de mais de 40 contos concedido pelo barão de Limeira. Estaríamos errados se concluíssemos que a prática do dote era vigorosa nos níveis superiores de riqueza pelo fato de o barão conceder um dote que era maior do que o total do espólio de 161 dos 178 inventários da amostra. Na verdade, porém, metade daquele dote representava menos de 20% da legítima da filha do barão, e ele e sua esposa despojaram-se de apenas 5% de seus bens para conceder a todas as suas quatro filhas dotes aproximadamente equivalentes.[7]

É bem evidente que as famílias do século XIX que continuaram a praticar o dote despojavam-se, para isso, de parcelas menores de seus patrimônios do que haviam feito as famílias do período colonial. No século XVIII, as famílias haviam se despojado, na média, de 42% de seu patrimônio para dotar as filhas e, em nove dessas famílias, o valor total concedido em dotes foi maior do que o espólio líquido remanescente dos genitores. Em compensação, no século XIX, o despojamento médio foi de apenas 7% e o maior despojamento total isolado tinha valor equivalente à metade do espólio líquido dos genitores. Eles já não faziam mais sacrifícios para dotar as filhas.[8]

O tamanho relativamente menor dos dotes é corroborado pela verificação de que, no século XIX, todos os dotes foram à colação (ver Figura 7).[9] As filhas casadas dotadas já não se valiam da opção legal de recusar-se a herdar, uma vez que seus dotes nunca eram suficientemente generosos para lhes permitir pensar que não precisavam herdar alguma coisa a mais. E como o dote quase nunca era tão grande quanto a legítima, foram muito poucos os casos do século XIX em que foi necessário utilizar a terça para equalizar as heranças entre os herdeiros.

Essa completa inversão da prática, que passou do costume do século XVII de raramente ir à colação para o do século XIX de nunca abrir mão da herança, demonstra — tanto quanto a alta porcentagem de famílias proprietárias que não dotaram suas filhas — a decadência do dote e aponta para seu ulterior desaparecimento (ver Figura 7).

Uma vez que o fundamento tradicional para o dote era a ajuda no sustento da nova família, não conceder dotes ou conceder dotes menores, proporcionalmente à herança da filha, significava que as famílias aceitavam a redução do papel das esposas no sustento do casal. A assimetria entre marido e esposa nas classes proprietárias passava a ser mais pronunciada.

A COMPOSIÇÃO DOS DOTES

Não só o montante da ajuda proporcionada pelos dotes diminuiu do século XVII para o século XIX, como também se alterou o modo pelo qual proporcionavam essa ajuda. No século XVII, os dotes consistiam principalmente em meios de produção, enquanto em meados do século XIX, em meios de consumo. Tanto os meios de produção como os de consumo proporcionam ajuda, mas introduzir meios de produção numa família pressupõe que ela seja uma unidade produtiva, enquanto os meios de consumo podem ser utilizados tanto por unidades de produção como pelas que simplesmente consomem. Desse modo, alterações no conteúdo dos dotes refletem a transformação da função da família, que, de unidade de produção, passa a ser unidade de consumo.

Os dotes paulistas continham tanto meios de produção como meios de consumo.[10] Conhecendo as atividades produtivas e comerciais dos paulistas, podemos presumir que as terras agrícolas, as ferramentas, a maquinaria, o gado e as mulas eram empregados como meios de produção. Uma casa, um enxoval de noiva e jóias eram meios de consumo, porque geralmente eram usados, embora pudessem igualmente ser vendidos para se conseguir dinheiro, e muitas vezes o eram. Nesses casos, o dinheiro podia ser empregado para comprar meios de produção (o dinheiro é, então, capital), ou outros meios de consumo. Por outro lado, os cavalos eram meios de consumo, quando proporcionavam transporte para os membros da família, mas eram meios de produção quando utilizados por aquelas mesmas pessoas para fiscalizar os trabalhadores agrícolas, ou acompanhar comboios de mulas, por exemplo. Escravos, o item mais importante nos dotes paulistas no decorrer dos três séculos de nosso estudo, podem também ser classificados ou como meio de produção ou, quando prestam serviços domésticos a seus donos, como facilitadores do consumo destes.[11]

Iniciemos nossa análise da composição dos dotes com um item que tem sido tradicionalmente encarado como um de seus componentes mais usuais, o enxoval da noiva. Os artigos que compõem um enxoval — vestuário, roupa de cama e mesa, prataria e móveis — eram sem dúvida utilizados pela própria família; eram meios de consumo; dependendo de seu valor relativo, podiam também tornar-se meios de consumo conspícuo. No século XVII, roupas extremamente caras e prataria serviam certamente para aumentar o status dos recém-casados.

Contudo, artigos caros de um enxoval podiam ser vendidos para a obtenção de dinheiro quando necessário, de modo que serviam também como reserva financeira para o casal ou para a viúva.[12] Por exemplo, no começo do século XIX, o visconde de Rio Claro deu início ao negócio que daria origem a uma enorme fortuna com o dinheiro proveniente da venda de um piano que sua esposa trouxera no dote.[13] Nesse caso, o genro converteu em capital o que fora doado como meio de consumo. Pode-se, pois, concluir, de maneira razoável, que, ao incluir no dote um enxoval de grande valor, os genitores pensavam tanto em sua utilidade como em seu valor como promotor de status e em seu possível valor de troca.

Mais de três quartas partes dos dotes das amostras dos séculos XVII e XVIII continham enxovais, mas estes praticamente desapareceram dos dotes do século XIX (ver Figura 8). No século XVII, os itens mais caros de um enxoval eram as roupas para ocasiões formais e a prataria, em geral colheres e copos. Alguns lençóis, fronhas, toalhas de banho, toalhas de mesa e talvez alguns pratos de estanho completavam o enxoval do século XVIII. No século XVIII, as roupas pessoais haviam se tornado muito menos importantes nos dotes, tendo desaparecido de muitos deles, provavelmente como reflexo do fato de elas já não serem tão caras.

O enxoval dos grandes dotes do século XVIII consistia geralmente em roupa de cama, mesa e banho; uma cama com o respectivo colchão, dossel e cortinas; às vezes, peças de tecido; talvez um baú com peças de porcelana (importadas da Índia); e sempre colheres de prata e, às vezes, garfos de prata.[14] No século XIX, móveis constituíam o item principal do enxoval dos poucos dotes em que ainda existia.

O fato de o enxoval, com artigos indispensáveis para montar uma casa, ter praticamente desaparecido dos dotes paulistas do século XIX não significa que, ao se casarem, as filhas não recebessem mais tais objetos de seus pais. Ao contrário, minha conclusão é que ele passou a ser considerado equivalente a outras despesas envolvidas na criação dos filhos, tais como as relativas à educação de um filho, as quais não mais provinham da fortuna da família (gastos de capital), mas antes dos desembolsos diários (despesas operacionais). Objetos que antes haviam sido considerados um presente importante quando dados a uma filha (e por isso deviam ser descontados de sua herança) eram agora considerados parte da ajuda de todo dia que é dever de todos os pais para com os filhos. O enxo-

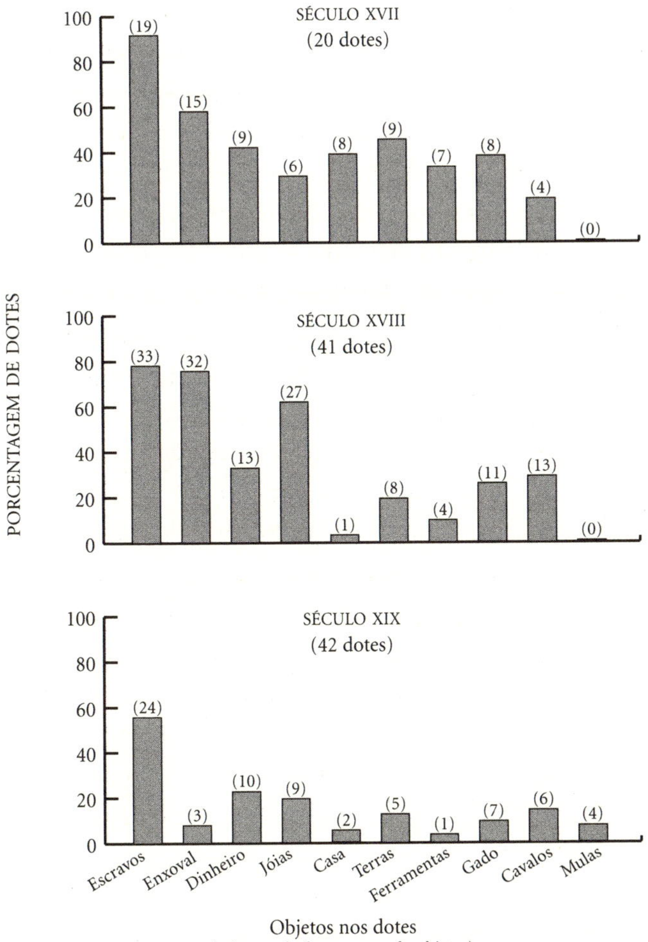

Figura 8. *A composição dos dotes: porcentagem de dotes que continham cada objeto (do século XVII ao século XIX).*
FONTE: *IT*, AESP, INP, AMJ, 2º Of. da F. No século XVII, "Escravos" inclui índios, e "Dinheiro" inclui mercadorias a serem vendidas. "Enxoval" inclui roupas, roupas de cama e mesa, prataria e móveis. "Ferramentas" inclui ferramentas agrícolas, maquinaria, canoas e alambiques.

val, portanto, não era mais parte do dote. (É provável que muito mais famílias dessem enxovais em vez de dotes, entre elas famílias que não possuíam bens.)

Porém, uma vez que o desaparecimento do enxoval nos dotes não se deu da noite para o dia, em alguns inventários do século XIX o enxoval vinha à colação, ou os demais herdeiros tentavam fazer com que viesse.[15] Ainda no final do século XVIII, houve um caso de litígio, no inventário de Ignacio Correa de Lemos, sobre se um enxoval fazia parte de um dote. Seu genro, capitão Manoel Correa de Lemos, foi bem-sucedido com a argumentação de que o enxoval de sua esposa, que consistia principalmente em roupas, não fazia parte de seu dote, uma vez que suas duas irmãs solteiras possuíam roupas do mesmo valor e a elas não se estava pedindo que as trouxessem à colação.[16] Esse caso ilustra com muita clareza que a questão era se a despesa com o enxoval fazia parte da fortuna dos pais (e, então, deveria vir à colação), ou somente de suas despesas operacionais (e, assim, seria considerado parte dos alimentos, que é dever dos pais para com seus filhos).

As jóias eram outro componente tradicional dos dotes paulistas. Exemplo máximo de consumo conspícuo e também de riqueza móvel, as jóias cumpriam uma dupla função, ao mesmo tempo promovendo o status do casal e proporcionando uma reserva financeira. Menos da terça parte dos dotes do século XVII continham jóias, enquanto, no século XVIII, elas faziam parte de dois terços dos dotes. A descoberta do ouro e a permanente ligação que os paulistas mantinham com as minas ajudam a explicar por que as jóias se tornaram um item muito mais importante nos dotes do século XVIII do que nos séculos anterior e subseqüente. No século XIX, menos de uma quarta parte dos dotes continham jóias (ver Figura 8).

A diferença mais marcante entre os dotes dos séculos XVII e XVIII foi a importância dos meios de produção nos dotes do século XVII e seu declínio no século XVIII, declínio que iria acentuar-se no século XIX (ver Figura 8).[17]

Ao mesmo tempo, a porcentagem de dotes que incluíam um enxoval aumentou ligeiramente no século XVIII, os que possuíam

TABELA 20

Número e sexo de escravos doados nos dotes (séculos XVIII e XIX)

Dotes	Escravos: Mulheres	Homens	Adultos	Crianças de ambos os sexos	Total de dotes
Século XVIII:					
Com um escravo	8 (72%)	3 (28%)	11 (100%)	0	11
Mais de um escravo	30 (62%)	18 (38%)	48 (100%)	9	19
TOTAL DE ESCRAVOS	38 (64%)	21 (36%)	59 (100%)	9	30
Século XIX:					
Com um escravo	14 (100%)	0	14 (100%)	0	14
Mais de um escravo	12 (75%)	4 (25%)	16 (100%)	3	8
TOTAL DE ESCRAVOS	26 (87%)	4 (13%)	30 (100%)	3	22

FONTE: Só foram utilizados os dotes em que o sexo do escravo adulto era especificado (para o século XVIII, 38 de 41 dotes em que os componentes são conhecidos; para o século XIX, 26 de 42). Os casos do século XIX em que o único escravo incluído no dote era um bebê do sexo feminino foram excluídos.

jóias duplicou e o número de cavalos (às vezes para uso da própria filha) também aumentou. Assim, enquanto os meios de produção eram cada vez menos doados nos dotes, crescia a doação de meios de consumo. Uma exceção eram as casas, pois elas foram o único meio de consumo que declinou como componente dos dotes em meados do século XVIII. Os paulistas do século XVII empregavam seus inúmeros índios na construção de casas, o que tornava fácil incluí-las nos dotes; mas em meados do século XVIII, as casas se tornaram mais caras numa época em que os dotes ficavam menores.

A tendência que teve início no século XVIII no sentido de, nos dotes, se incluírem escravas em vez de escravos prosseguiu no século XIX e pode ser encarada como uma mudança na utilização dos escravos — da produção para o serviço pessoal, portanto, consumo (ver Tabela 20). Naturalmente, o sexo dos escravos não determina necessariamente se eram usados para o trabalho produtivo ou para a prestação de serviços pessoais. No século XVII, tanto os índios como as índias trabalhavam na agricultura e, mesmo entre os índios destinados à "casa", havia trabalhadores produtivos, uma vez que a tecelagem (feita por índios e índias) era em geral realizada dentro de casa, e os tecidos, entre eles os tecidos para velas de barcos, eram mercadoria importante na São Paulo do século XVII. Nos séculos XVIII e XIX, não só os escravos, mas também as escravas, trabalhavam no campo. Assim, saber o sexo dos escravos não nos diz se trabalhavam em atividades produtivas ou não. Não obstante, muito embora os escravos homens pudessem desempenhar serviços pessoais, e muitas vezes o faziam, parece mais provável que fossem utilizados em trabalhos produtivos, especialmente quando eles eram poucos. Por outro lado, as escravas podiam ser utilizadas em ambas as situações, dependendo das necessidades familiares, com a vantagem adicional de que podiam ter filhos, consideração importante depois que o tráfico de escravos foi abolido em 1850.[18]

Além disso, incluir no dote uma escrava significava dar à filha uma serviçal que mais provavelmente ela, e não o marido, iria controlar. Desse modo, dar à filha uma escrava era análogo a lhe dar jóias. A venda de jóias ou escravas domésticas, para convertê-las em capital, ou o aluguel de escravas, para proporcionar uma renda, exigiam a cooperação da esposa, uma vez que elas se destinavam a seu uso pessoal. Escravas, enxoval e jóias eram, pois, componentes do dote que diziam mais respeito à noiva do que ao noivo, embora este se beneficiasse dos serviços das escravas e do uso do enxoval, e se servisse das três coisas como símbolos de consumo conspícuo.

Esse padrão de mudança na composição dos dotes, de meios de produção para meios de consumo, indica um decréscimo do poder de decisão da família da noiva a respeito das atividades produtivas do noivo. No século XVII, o sogro de um jovem e, às vezes, até mesmo seus cunhados tinham autoridade direta sobre ele, e os componentes do dote de sua esposa determinavam qual a produção que ele iria administrar. Se fizesse parte do dote uma plantação de cana-de-açúcar e um alambique, ele provavelmente fabricaria aguardente. Se no dote houvesse uma plantação de trigo e um moinho, provavelmente venderia farinha. O dote no século XVII não só proporcionava ao casal a maioria das coisas de que precisava para montar um estabelecimento produtivo, como também determinava onde iriam morar (quando nele se incluía uma casa ou terras) e o que iriam produzir.

Os dotes paulistas do século XVII eram, pois, ao mesmo tempo promotores e limitadores para o noivo. No século XVIII, os dotes passaram a ser menos promotores, por serem comparativamente menores, e menos limitadores, por incluírem menor número de meios de produção específicos. Essa mudança na composição dos dotes teve lugar no decorrer do período em que houve uma ligeira diminuição do poder patriarcal sobre os filhos adultos, o que sem dúvida alguma correspondeu a um poder significativamente menor dos sogros sobre os genros. Essa tendência intensificou-se no século XIX.

Do ponto de vista do noivo, o dinheiro era o único componente do dote que não trazia consigo restrição alguma. O dinheiro (ou, no século XVII, mercadorias a serem vendidas) era completamente promotor, sem ser limitador. O dinheiro recebido no dote era certamente utilizado para comprar meios de produção e mão-de-obra durante os séculos XVII e XVIII. No século XIX, se o dinheiro recebido como parte do dote servia para comprar meios de produção ou era usado para manter o padrão de vida durante os primeiros anos do casamento, é algo a ser estudado.

A porcentagem de dotes que continham mercadorias a serem vendidas ou dinheiro decresceu muito no decorrer dos três séculos, de 45% no século XVII, para 32% no XVIII e 24% no XIX (ver Figura 8). O quadro é, contudo, diferente, quando se consideram somente os dotes que continham dinheiro. No século XIX, tais dotes incluíam porcentagem de dinheiro maior do que antes. No século XVIII, a parte do dote representada por dinheiro era de 37%; no XIX,

TABELA 21

Componentes dos dotes segundo o tamanho (século XIX)

Dotes segundo o tamanho	Número de dotes com cada um dos componentes						
	Escravos	Jóias	Dinheiro	Casa	Terras	Ferramentas	Animais
Menores (13)	1	3			1	1	8
Médios (14)	10	2		1	1		
Maiores (13)	13	3	10	1	1		

FONTE: Quarenta dotes cujos componentes são conhecidos.

subira para 56%.[19] Assim, embora menos dotes do século XIX contivessem dinheiro, nos casos em que ele era parte do dote, constituía um componente importante.

Na verdade, uma das características marcantes da amostra de dotes do século XIX é que seus componentes variavam segundo o tamanho do dote (ver Tabela 21). Os dotes menores eram os únicos a incluir gado, cavalos, mulas e ferramentas. Eram bastante semelhantes aos dotes do século XVII, compostos predominantemente de meios de produção que o noivo iria utilizar. Dotes desse tipo eram concedidos pelas famílias de pequenos proprietários que, como vimos no capítulo anterior, eram ainda unidades produtivas sem sociedades formais, e também muito semelhantes às famílias do período colonial. No entanto, ao mesmo tempo, os pequenos proprietários eram os que davam menos dotes, o que indica que, embora constituíssem o grupo mais tradicional, a economia de mercado impunha restrições à sua capacidade de despojar-se de bens.

O componente principal dos dotes de tamanho médio era uma escrava doméstica, o que representa uma mudança em direção a um dote exclusivamente para a noiva, e reflete o desejo dos pais de garantir que suas filhas não tivessem que fazer o serviço da casa (ver Tabela 21). Dar apenas uma escrava indica também que os pais dos estratos médios deixavam que o noivo proporcionasse o sustento principal do casal.

Todos os dotes maiores também incluíam escravos, mas o componente principal da maioria deles era o dinheiro. Assim, os dotes maiores incluíam tanto escravos, para o uso da noiva, como dinheiro para o noivo, que ele poderia usar para investir em seus negócios ou para ajudar a pagar as despesas iniciais do casal. Os dotes maiores eram tradicionais no sentido de que, devido ao direito legal e costumeiro do marido de administrar os bens do casal, a decisão de como usar o maior componente do dote, ou seja, o dinheiro, provavelmente era tomada só pelo noivo. Contudo, o dinheiro era o elemento recebido pelo noivo que lhe permitia a maior liberdade individual de uso. Era o componente que o livrava do controle do sogro. Assim, os dotes maiores, apesar de sua conformidade com a tradição, foram os principais veículos do individualismo e do distanciamento entre as gerações.

As alterações que aconteceram entre 1600 e 1870 no conteúdo dos dotes paulistas lançam luz sobre as mudanças que ocorriam na família e em suas relações com a propriedade. A mudança havida, de dar principalmente bens de produção a dar principalmente bens de consumo, acompanhou a mudança de família como *a* unidade de produção e a separação entre família e produção. Esse processo de separação não havia ainda se completado em meados do século XIX; as famílias de pequenos proprietários ainda constituíam unidades de produção, enquanto os grandes fazendeiros, embora possuíssem empresas produtivas, geralmente recebiam delas renda suficiente para escapar à necessidade de cuidar pessoalmente de sua administração. Assim, as famílias dos fazendeiros funcionavam como unidades de consumo. Ao mesmo tempo, um número cada vez maior de proprietários não possuía empresa produtiva alguma, vivendo de honorários profissionais, ou da renda de ações e apólices, ou de aluguéis. As famílias destes últimos eram definitivamente unidades de consumo.

Os genitores do século XIX não só concediam menor número de dotes às filhas, como também menos doações aos filhos. A porcentagem de famílias que fizeram doações a filhos homens caiu de um máximo de 17%, no século XVIII, para um mínimo de 8%, no século XIX (ver Tabela 22). Havia, pois, menos doações de bens *pre-mortem* a filhos adultos de ambos os sexos no século XIX do que no período colonial. Isso mostra a grande mudança ocorrida naquilo que os genitores consideravam ser sua responsabilidade para com os filhos e, provavelmente, está ligado às oportunidades crescentes que tinham os jovens das classes proprietárias de começar a própria vida sem antes possuir bens, dedicando-se a profissões liberais, ao exército ou à burocracia estatal.

Os pais continuavam, porém, a ajudar os filhos adultos de outras maneiras, tais como o empréstimo de dinheiro ou de terras e escravos. Esse procedimento tinha para os pais a vantagem de que, diferentemente dos dotes, essas contribuições eram inteiramente voluntárias e podiam ser temporárias; o reembolso podia ser exigido antes da morte. Ao oferecer um número maior de empréstimos, estariam os genitores compensando as filhas e os genros pela perda dos dotes?

A Tabela 22 mostra que a porcentagem de famílias que faziam empréstimos a filhas casadas não aumentou no século XIX. Além disso, as famílias que faziam empréstimos a filhas casadas e seus maridos eram até em menor número do que as que concediam dotes. Contudo, a porcentagem de famílias que faziam empréstimos a filhos homens aumentou ligeiramente, de 23%, no século XVIII, para 26%. O fato de empréstimos serem feitos a filhos com mais freqüência do que a filhas casadas pode significar que, no século XIX, os genitores se sentiam menos responsáveis pelas filhas casadas do que pelos filhos (o que o decréscimo dos dotes também indica).

TABELA 22

Assistência material aos filhos (do século XVII ao século XIX)

Assistência	Número e porcentagem séc. XVII	séc. XVIII	séc. XIX
Dotes	43 (91%)	55 (81%)	47 (27%)
Doações a filhos homens	3 (9%)	10 (17%)	12 (8%)
Empréstimos a filhas casadas	4 (9%)	11 (16%)	28 (16%)
Empréstimos a filhos homens	4 (11%)	14 (23%)	38 (26%)
Dívidas com filhas casadas	2 (5%)	7 (11%)	12 (7%)
Dívidas com filhos homens	4 (11%)	4 (7%)	10 (7%)
Uso de terras/escravos por filhas casadas	4 (8%)	7 (10%)	48 (27%)
Uso de terras/escravos por filhos homens	7 (20%)	12 (20%)	40 (27%)

FONTES: Relativas a dados sobre filhas casadas: amostra. Dados sobre filhos homens: número de casos como porcentagem das famílias estudadas em que havia filhos casados, ou filhos que haviam atingido a maioridade (35 no século XVII, 61 no XVIII, 147 no XIX). Todas as porcentagens foram arredondadas.

NOTA: Os dados relativos a "Uso de terras/escravos" são baixos demais, pois essa é a única das informações acima que não se exigia num inventário, de modo que sua inclusão é fortuita, tais como casos que declaravam que um herdeiro tinha em seu poder um escravo que pertencia ao espólio, ou outros que declaravam que determinado herdeiro recebeu a terra sobre a qual tinha construído sua casa, o que implicava usufruto. Sem dúvida houve casos não registrados.

Certamente os cunhados já não sentiam tanta solidariedade quanto no período colonial. Por exemplo, houve um extenso litígio entre Antonio Barboza Machado e seu cunhado, Izaias Antonio de Godoy, a respeito de quem receberia determinado bem e, em sua defesa, o advogado de Antonio disse que Izaias, afinal de contas, "é por assim dizer um estranho se não casasse na casa".[20] Um cunhado jamais teria sido descrito desse modo no período colonial! Assim, os parentes via casamento não eram tão importantes no século XIX quanto nos séculos anteriores e a família extensa tornava-se menos coesa. De grande interesse é que tanto Antonio como Izaias trabalhavam e moravam nas terras de seus respectivos sogros, o que indica que a matrilocalidade ainda prevalecia em São Paulo. E o fato de ambos morarem em terras de seus sogros pode também significar que os genitores que já não concediam dotes a suas filhas permitiam-lhes, em vez disso, que se instalassem em suas terras.

Na verdade, muitas famílias deixavam seus filhos construírem uma casa em terras dos pais, ou cultivar o solo, sem receberem os títulos correspondentes (ver Tabela 22). Exemplo desse costume encontra-se no inventário de Maria Francisca do Rosario, de Santo Amaro, no qual o viúvo relacionou seus bens imóveis nos seguintes termos: uma fazenda nas vizinhanças de Tupara, com uma casa, 330$000; um pequeno lote unido à fazenda, onde mora o herdeiro (filho), Antonio Floriano de Andrade, 25$000; um pequeno lote com uma pequena casa, onde mora o co-herdeiro (genro), Antonio de Souza, 40$000; um lote no bairro chamado Santa Rita, onde mora o co-herdeiro (genro), José Pires de Albuquerque, 100$000. A seguir, o viúvo declarou que não havia concedido dotes nem feito doações a nenhum de seus filhos, indicando que encarava a permissão para os filhos se instalarem em suas terras como substituto dos dotes e doações.[21]

O costume de permitir que as filhas e seus maridos usassem as terras, ou vez por outra os escravos, cresceu no século XIX. A porcentagem de genitores que deram esse tipo de permissão quase triplicou do século XVIII para o XIX (ver Tabela 22). E quatro quintos dos genitores que permitiram que suas filhas casadas usassem suas terras não lhes haviam concedido dotes. Evidentemente, permitir que as filhas casadas se instalassem em terras da família na verdade as compensava por não haverem sido dotadas. Não só a maioria das famílias que permitiam que as filhas usassem sua terra não lhes haviam concedido dotes, como também dois terços delas eram de pequenos proprietários, famílias que não possuíam mais do que dois escravos. Assim, exatamente as famílias que concediam menos dotes eram as que permitiam que suas filhas se instalassem em terras da família. Contudo, permitiam também que seus filhos homens usassem as terras e aproximadamente na mesma proporção. Desse modo, os pequenos proprietários rurais mostravam uma tendência a equalizar o tratamento de filhos e filhas; praticamente não concediam dotes e permitiam que tanto filhos como filhas usassem a terra.

Embora pareça ter havido uma tendência generalizada no sentido de equalizar o tratamento de filhos e filhas em termos de dotes e doações e do uso da terra, no nível da educação os pais gastavam muito mais com os filhos do que com as filhas. No século XVIII, alguns gastos com educação foram considerados adiantamento da legítima. Por exemplo, o comerciante Caetano Soares Vianna declarou em testamento que seu filho, o reverendo padre Francisco Manoel Caetano, lhe devia 618$000, os quais ele havia despendido para instalá-lo no mosteiro carmelita, o que incluía o dinheiro gasto em seus estudos de filosofia e suas vestes e outras obrigações prescritas pela religião. Ou seja: para não prejudicar os demais herdeiros, Caetano Soares Vianna declarou que toda a quantia havia sido dada a seu filho como adiantamento da legítima.[22] Contudo, as *Ordenações* estabeleciam que o dinheiro destinado à educação não devia ser devolvido ao espólio, a não ser que fosse excessivo, permitindo assim que os genitores decidissem se esse tipo de despesa devia ou não ir à colação.[23]

A maior parte dos paulistas do século XIX não teve despesas com educação devolvidas ao espólio, de forma que os gastos com os filhos, que eram os que mais cresciam, gastos com a educação dos filhos homens, não apareceram em inventários. O único caso da amostra em que despesas com educação vieram à colação foi o do filho de Bento José Martins da Cunha, que estudava na Faculdade de Direito quando o pai morreu. O filho recebera recentemente a quantia de 413$404 para livros para seu curso, e sua mãe viúva fez com que essa importância fosse descontada da legítima dele de 702$890, o que mostra quão dispendiosa era a educação.[24] Ainda assim, a educação era extremamente importante no século XIX, porque uma profissão liberal era praticamente uma exigência para os homens da elite e servia como via de ascensão social para os da classe média. O testamento de José Mathias Ferreira de Abreu também ilustra o quanto estava ficando dispendiosa a educação dos filhos, pois ele declarou que queria deixar o remanescente de sua terça para suas duas filhas "em atenção ao muito que tenho despendido com a educação de meus filhos, e nada com as minhas filhas".[25]

As despesas com a educação dos filhos homens inverteram a vantagem que as filhas haviam tido no período colonial. Contudo, o favorecimento das filhas pelo dote provinha de desembolsos de capital que podiam ser equalizados pelo processo da colação quando os pais morressem. Embora os pais do século XIX tratassem filhos e filhas do mesmo modo no tocante aos desembolsos de capital, favoreciam vigorosamente os filhos em relação às filhas com as despesas de educação. Pelo fato de essas despesas não serem mais computadas como adiantamento da legítima dos filhos, elas podiam alterar o tamanho do espólio e, assim, diminuir a legítima das filhas.

Em meados do século XIX, era visível que o dote estava se extinguindo. Em sua maioria, os proprietários já não dotavam as filhas por ocasião do casamento e a minoria deles que o fazia com freqüência concedia dotes a apenas uma ou duas das filhas, os quais eram relativamente menores do que os do período colonial e em favor dos quais os genitores se despojavam apenas de pequena parte de seu patrimônio. A composição dos dotes também se alterou, de sobretudo meios de produção para sobretudo meios de consumo. O grande número de proprietários até mesmo ricos que deixaram que suas filhas se casassem de mãos abanando indica que o dote já não era de importância vital para o pacto matrimonial.

10. Novo pacto matrimonial

Em meados do século XIX, o pacto matrimonial havia se alterado. Como a noiva não trazia para o casamento dote algum, ou apenas um pequeno dote, o sustento dos recém-casados passou a depender cada vez mais da contribuição do marido, quer em bens, quer por seu emprego, fortalecendo-se desse modo sua posição de negociador. Ao mesmo tempo, o casamento passou a ser encarado muito menos como uma questão de bens e muito mais como um vínculo pessoal entre indivíduos, tendo no amor seu motivo preponderante. Como os bens já não constituíam o *sine qua non* do casamento, os jovens do Brasil passaram a poder, com maior freqüência, escolher seus cônjuges. No decorrer desse processo, diminuiu a autoridade dos pais sobre os filhos adultos, enquanto o poder do marido sobre a esposa pode ter aumentado.

Parece que mudanças desse tipo já vinham ocorrendo na Europa no século XVIII, pois os Estados ibéricos aprovaram várias novas leis que refletiam sua preocupação com a independência dos jovens na escolha de seus parceiros para o casamento. As *Ordenações*, publicadas em 1603, permitiam que os pais renegassem e deserdassem a filha que se casasse sem seu consentimento. Em suas leis de 1772 e 1775, o governo português estendeu a antiga regra aos filhos homens, de modo que a partir de então eles também poderiam ser deserdados se se casassem sem o consentimento dos pais.[1] O mesmo fez a Real Pragmática Espanhola de 1776, acrescentando que a medida era necessária para impedir casamentos desiguais, o que era sinal de que eles estavam ocorrendo.[2]

A lei portuguesa de 1775 foi promulgada após muita controvérsia pública sobre o assunto, pois havia muito tempo a Igreja defendia o direito dos jovens de escolher livremente seus cônjuges, mesmo enquanto ainda sujeitos ao pátrio poder. O princípio da Igreja relativo ao casamento e ao noivado foi rejeitado em Portugal num tratado de 1773, o qual protestava a respeito da desvantagem para o Estado dos contratos de casamentos celebrados sem o consentimento dos pais e atacava a Igreja por instruir os jovens a desobedecer aos pais a respeito do casamento, "um dos atos mais importantes da vida civil". Entretanto, em Lisboa, a própria Igreja era ambígua em sua defesa da liberdade no casamento; os vigários das paróquias foram instruídos a assegurar-se do consentimento dos pais antes de fazer correr os proclamas de casamento.[3]

Uma das preocupações principais da lei de 1775 era evitar a "aliciação, sedução e corrupção dos filhos-família de ambos os sexos", o que levava a casamentos desiguais sem o consentimento dos pais, parentes, ou tutores aos quais, "entre todas as nações civilizadas, [...] [compete] regularem os efeitos civis daqueles contratos".[4] O texto da lei censurava os inúmeros casos em que herdeiras, ou mulheres portadoras de grandes dotes, haviam sido seduzidas para forçar seu casamento, ou casos em que um jovem era convidado a ir a uma casa em que havia uma filha casadoura, depois do que a família se queixava de que ele a havia comprometido, forçando-o com isso a casar-se com ela.

A ocorrência de tais estratagemas, que visavam a forçar casamentos desiguais, e a conseqüente preocupação do Estado em impedi-los, fortalecendo o poder do *pater familia* com a lei de 1775, levam-nos à conclusão de que os jovens de Portugal no século XVIII estavam se comportando de um modo novo. Novos padrões de sociabilidade permitiam que se encontrassem e se apaixonassem. A conseqüência, como assinalou um estudioso, foi que a nobreza portuguesa, "que mandava casar as filhas sem elas saberem com quem, teve de contar daí por diante com um elemento novo. A menina fidalga, a frança do Paço, seqüestrada, galanteada, perseguida, pôde amar e escolher".[5]

Além disso, o que demonstram as leis portuguesas de 1772 e 1775 e a Real Pragmática Espanhola é que o Estado estava especialmente preocupado com o casamento desigual dos filhos, não das filhas. Contudo, por que subitamente o Estado havia de se preocupar com os filhos que se casassem com mulheres socialmente inferiores? As *Ordenações* só haviam se preocupado com as filhas que se casassem sem o consentimento dos pais, não com os filhos. E mais ainda, as *Ordenações* não permitiam que os genitores deserdassem uma filha que, embora casando sem seu consentimento, cuidasse de se casar com um homem de posição social superior.[6] Em contraposição, no Assento de 1772, os filhos homens deviam ser deserdados se se casassem sem permissão dos pais, quer se casassem com pessoas de seu nível, quer não.[7]

Essa nova preocupação com os filhos homens indica que eles, e não as filhas, é que estavam inovando ao não obedecer à vontade de seus genitores quanto ao casamento. É interessante observar que isso acontecia no período em que estava em vigor uma lei portuguesa promulgada em 1761. Essa lei proibia o dote e a herança feminina à nobreza e aos muito ricos, que eram exatamente os que faziam parte da corte, sendo, pois, seus atos os mais evidentes para o Estado.[8] Assim, é provável que os homens de famílias aristocráticas, que não mais receberiam um dote, nem teriam a expectativa de uma herança das mulheres de seu nível, tenham se sentido livres para casar por amor, e muitos o faziam com mulheres de nível inferior ao seu. Suas famílias, que antes haviam confiado no interesse pessoal do filho em aceitar um casamento arranjado ou, pelo menos, em fazer um casamento não desigual, protestavam agora contra a sedução de seus filhos por famílias menos ricas com filhas casadouras (*ergo* a preocupação da lei de 1775 a respeito da sedução de filhos de *ambos* os sexos).

A MUDANÇA NO BRASIL

Também no Brasil havia tendências semelhantes, tanto a restrição estatal ao direito dos menores de idade de escolher seus parceiros de casamento como a crescente independência desses mesmos jovens, homens e mulheres. O Brasil obedecia às leis de 1775 e, posteriormente, incorporou-as ao Código Penal do Império, de 1831, o qual tornou ilegal que os padres celebrassem casamentos de menores de idade sem o consentimento dos pais.[9] Como a maioridade havia sido rebaixada de 25 para 21 anos, a restrição a respeito do casamento de menores sem o consentimento dos pais aplicava-se, provavelmente, mais às mulheres do que aos homens, que mais raramente se casavam antes de atingir os 21 anos. Rebaixar a maioridade talvez não tenha sido suficiente para fazer com que os genitores parassem no mesmo instante de arranjar os casamentos dos homens e das mulheres.[10] Contudo, até mesmo os menores eram agora indagados em nível judicial se estavam casando de livre e espontânea vontade, algo que, antes, só a Igreja perguntava.[11]

De sua parte, as famílias mudaram de estratégia. Em vez de arranjar o casamento de um homem e de uma mulher que nunca haviam se encontrado, como era comum ser feito no período colonial, as famílias planejavam freqüentes reuniões dos jovens que esperavam que se casassem, deixando o resultado por conta do processo natural do amor e da atração sexual.[12]

Essa estratégia foi empregada, em 1827, por Antonio Prado, o futuro barão de Iguape, para casar sua meia-irmã, Maria Marcolina, com Rodrigo Antonio Monteiro de Barros. Rodrigo, com 22 ou 23 anos, acabara de diplomar-se na Universidade de Coimbra, quando se mudou para São Paulo trazendo uma carta de apresentação de seu pai a Antonio Prado, na qual pedia que apresentasse o filho às melhores famílias paulistas. De acordo com a tradição familiar, Antonio Prado convidou o jovem a ficar em sua casa e praticamente ali o manteve refém, embora Rodrigo sonhasse com as delícias de Coimbra e do Rio de Janeiro. A seguir, Antonio apresentou Rodrigo a Maria Marcolina, de 23 anos de idade e "bonita, de boas maneiras, inteligente e educada". No ano seguinte, Rodrigo e Maria Marcolina estavam casados, para alegria de ambas as famílias (o que indica uma certa conivência do pai de Rodrigo), e atribuiu-se a Antonio o mérito do feliz resultado.[13]

O dote não estava em questão nesse pacto matrimonial. Embora, ao se casar, Maria Marcolina tenha sem dúvida recebido um dote, como todas as mulheres Prado no início do século XIX, esse fato não é mencionado na história da família, o que indica que o dote de Maria Marcolina não exerceu a menor influência sobre a decisão de Rodrigo. Ao contrário, a tradição menciona como fator principal as qualidades pessoais dela, mesmo que no passado o status e a riqueza de sua família tenham influído no resultado.

No entanto, a tradição conserva um quadro muito claro de qual foi a contribuição de Rodrigo Monteiro de Barros para o pacto. Além de pertencer a uma das famílias mais importantes e mais ricas do Império, ele era advogado, e a família Prado tinha poucos advogados. Assim, Rodrigo deveria representar politicamente a família.[14] O casamento de Rodrigo e Maria Marcolina seguiu, pois, o costume tradicional, segundo o qual a família da noiva se beneficiava com a incorporação do noivo à família. O que houve de diferente foi o incentivo que lhe foi dado. Contudo, a substituição generalizada do dote pelo amor como incentivo ao casamento não ocorreu em São Paulo da noite para o dia, pois, como já vimos, algumas famílias continuaram a conceder dotes no decorrer do século XIX.

Do mesmo modo, a vantagem material da obtenção imediata de bens por ocasião do casamento não iria deixar de ser uma consideração importante para um homem decidir casar-se. Alfredo Ellis, que estudamos anteriormente como exemplo do pensamento moderno quanto à separação entre negócios e família, agiu muito tradicionalmente ao se casar. Em 1874, casou-se com uma prima, pouco depois de a mãe dela morrer deixando-lhe uma fortuna de 30 contos. Muito embora Alfredo Ellis fosse então médico, tendo exercido a profissão junto com o pai durante quatro anos, e dele herdado a clínica quando de sua morte, ao casar-se desistiu da profissão médica, transferindo a clínica a seu irmão, e investiu a fortuna de sua noiva numa nova plantação de café em sociedade com o sogro.[15] Incorporou-se, assim, à família e à tradição de sua esposa e de seu tio materno, abandonando as de seu pai, seguindo o velho costume paulista, porém, de uma maneira nova, por meio de uma sociedade. Além disso, do ponto de vista de seu tio, o casamento da filha garantiu um colaborador ativo para a expansão de seus negócios de café, ainda que tal colaboração se baseasse num contrato e não exclusivamente em laços de parentesco, como teria ocorrido no período colonial.

MENOR NÚMERO DE CASAMENTOS ARRANJADOS

Embora a mudança se desse gradativamente, uma análise das informações sobre filhas solteiras nos inventários indica que, no século XIX, os genitores já não arranjavam os casamentos de suas filhas tão freqüentemente quanto o faziam nos séculos anteriores. Podemos supor que a família haveria de querer que todas as filhas se casassem e que, ao controlar as decisões matrimoniais, determinasse que as filhas mais velhas se casassem antes das mais novas. O aumento do número de famílias com filhas solteiras mais velhas do que suas irmãs casadas aponta, pois, para um decréscimo da capacidade familiar de controlar os casamentos de suas filhas.

A amostra do século XVII não apresenta filhas solteiras mais velhas do que suas irmãs casadas. Apenas duas famílias da amostra possuíam filhas solteiras com mais de 25 anos, a maioridade, e nos dois casos ambas eram as mais novas das irmãs. O fato de suas irmãs terem se casado primeiro confirma o papel da família para arranjar o casamento. Não obstante, é possível que houvesse filhas que exerciam o direito de vetar um casamento proposto e que alguns genitores consultassem suas filhas sobre a escolha do marido. Quando Gaspar Cubas, o Velho, declarou em testamento que não queria que ninguém forçasse sua filha mais nova a se casar, mostrou não ser estranho que um genitor levasse em conta a vontade da filha.[16] Por outro lado, o fato de ele ter tido de incluir no testamento esse tipo de exigência indica que forçar as filhas a se casar era algo costumeiro.

No século XVIII, parece que a maioria dos pais ainda arranjava o casamento das filhas; em oito das treze famílias da amostra que possuíam filhas solteiras com mais de 25 anos, as que estavam solteiras eram as mais novas (ver Tabela 23). Não obstante, nas outras cinco famílias, as filhas solteiras eram mais velhas do que suas irmãs casadas, mostrando que não haviam se casado na ordem do nascimento. Se supusermos que a concessão de um dote ajudava os pais a controlar o casamento de suas filhas, parece significativo verificar que em três dessas cinco famílias não se havia concedido dote para nenhuma das filhas casadas. (Essas cinco famílias pertenciam todas à metade menos rica da amostra.)

Esse quadro alterou-se consideravelmente no século XIX; era evidente que era cada vez maior o número de famílias que não controlavam os casamentos de suas filhas. Em mais da metade das famílias com filhas solteiras de 21 anos ou mais, as filhas solteiras eram mais velhas do que suas irmãs casadas (ver Tabela 23). Portanto, em pelo menos 20% de toda a amostra, as filhas não se casavam na ordem de seu nascimento. A porcentagem das famílias cujas filhas não se casavam na ordem era provavelmente muito mais elevada, uma vez que não temos como saber em que ordem as filhas se casaram nas famílias em que, por ocasião do inventário, todas já estavam casadas.

Em todos esses casos, parece que a família não conseguia impor sua vontade. Por exemplo, a filha mais nova de Candida Maria Miquelina de Oliveira era a única de suas seis filhas que estava casada à época em que se processou o inventário. Mesmo que essa filha houvesse recebido um dote, este não terá sido por certo o elemento decisivo naquele casamento; caso contrário, os pais teriam favorecido a filha mais velha, que já tinha 32 anos de idade. Ora, após a morte de Candida Maria, sua terceira filha casou-se imediatamente, o que indica que, embora a família não tenha arranjado esse casamento (pois ela tinha duas irmãs solteiras mais velhas), o dinheiro, sob a forma de herança, continuava a ser elemento importante para a possibilidade de casamento.[17] Na verdade,

TABELA 23

Ordem de casamento das filhas (séculos XVIII e XIX)

Famílias	séc. XVIII	séc. XIX
Em que somente as filhas mais novas não eram casadas	8 (62%)	29 (45%)
Com filhas solteiras que eram mais velhas do que suas irmãs casadas	5 (38%)	35 (55%)
Total com filhas solteiras com mais de 25 anos no séc. XVIII, e com mais de 21 anos no séc. XIX	13 (100%)	64 (100%)
Em que todas as filhas adultas eram casadas	48	110
Em que não se conhecem as idades das filhas	7	4
AMOSTRA	68	178

TABELA 24

Famílias em que os herdeiros se casaram imediatamente depois de herdar (do século XVII ao século XIX)

Famílias	séc. XVII	séc. XVIII	séc. XIX
Em que herdeiros solteiros se casaram imediatamente	2 (5%)	5 (11%)	20 (15%)
Outras famílias com herdeiros adultos solteiros	35 (95%)	39 (89%)	112 (85%)
Total com herdeiros adultos solteiros	37 (100%)	44 (100%)	132 (100%)
Somente com herdeiros adultos casados	5	14	42
Sem informação	6	10	2
AMOSTRA	48	68	178

alguns herdeiros, tanto mulheres como homens, casavam-se imediatamente após herdar, e a porcentagem de famílias em que isso ocorria subiu ligeiramente de 11% na amostra do século XVIII para 15% na do século XIX (ver Tabela 24). Portanto, a propriedade muitas vezes ainda fazia parte do pacto matrimonial.

Paralelamente ao crescimento do amor como incentivo para o casamento e à diminuição do controle dos genitores sobre os casamentos de seus filhos, houve também transformações da *mentalité* no que diz respeito ao papel adequado do marido no casamento. Essas mudanças podem ser estudadas nas petições de licença para casar feitas por menores de idade. Depois que o Código Penal de 1831 tornou ilegal os padres casarem menores de idade sem o consentimento dos respectivos pais, os filhos cujo pai houvesse morrido eram obrigados a solicitar licença para casar a um juiz, em geral o juiz dos órfãos, e apresentá-la ao padre antes das bodas.[18] Estudando as petições, as preocupações dos juízes e as razões dadas pela mãe ou pelos tutores ao aprovarem um casamento, podemos detectar algumas tendências interessantes no século XIX.

Para compreender melhor essas tendências, devemos primeiro retornar ao costume dos séculos anteriores. No período colonial, os casamentos eram em geral arranjados, tanto para os filhos como para as filhas. No século XVII, por exemplo, José de Góis e Morais fez com que seu filho viesse de Portugal para casar-se com determinada moça "pelo haver contratado assim com os pais desta".[19] Angela de Campos declarou, em testamento, que seus pais "me casaram com Diogo Guilhermo".[20] E quando Pedro Taques, historiador do século XVIII, relata a vida de Ignacio Dias da Silva, do século XVII, conta-nos que "seus pais o casaram com aquela discreta eleição de sua nobreza com d. Anna Maria do Amaral Gurgel".[21] As freqüentes frases aprovadoras de Taques ao descrever esses arranjos do século anterior mostram que ele ainda os considerava o procedimento normal.

Não obstante, a amostra do século XVIII apresenta alguns sinais de rebelião, pois houve filhos que recusaram casamentos arranjados e outros que se casaram sem o consentimento de seus pais. Em 1752, Caetano Soares Vianna, por exemplo, estava muito contrariado porque seu filho havia se casado sem sua permissão com uma mulher que não era do mesmo nível social dele.[22] E no extenso litígio havido no inventário de Francisco de Godoy Preto, a afirmação de um dos genros de que sua esposa fora a primeira filha dotada foi contraditada com as seguintes palavras: "Eles não foram absolutamente dotados, pois sua esposa se casou contra a vontade do pai".[23] Quer isso fosse verdadeiro ou não, mostra que era sabido acontecer que uma filha se casasse sem o consentimento do pai. Ignes Dultra, que estudamos anteriormente, não dotada por seus pais enquanto todas as suas irmãs o foram, deve ter se casado sem a aprovação deles. Esses e outros casos demonstram não só que alguns filhos não seguiam os planos dos pais, como também que a Igreja casava de bom grado pessoas que não tinham o consentimento dos pais. O Código Penal de 1831 impediu a Igreja de fazê-lo, numa tentativa de conter o número crescente de casamentos realizados sem a aprovação dos genitores.[24]

Os inventários continham freqüentemente os processos mediante os quais o juiz decidia se o casamento de um herdeiro menor de idade proposto (no século XVIII) ou já efetuado estava correto. O juízo de órfãos estava envolvido porque o casamento significava emancipação imediata para o homem menor de idade e a posse imediata de sua herança, caso houvesse perdido pelo menos um dos pais, ou a herança de sua noiva, se ela houvesse perdido um dos genitores. Nos casos de menores de idade que ainda tivessem o pai vivo, o juiz dos órfãos tinha um envolvimento mínimo, apenas para testemunhar e registrar a transferência da herança ao filho ou genro casado. Porém, quando o filho ou filha menor de idade tivesse perdido ambos os genitores ou o pai, mesmo sendo a mãe a tutora dos filhos, era preciso demonstrar ao juiz dos órfãos que o casamento era um bom casamento, antes que ele destinasse os bens ao jovem casal.

No século XVIII, os juízes preocupavam-se especialmente com a igualdade social entre os parceiros no casamento. Essa preocupação vinha de uma tradição portuguesa; tratados eruditos sobre o casamento de séculos anteriores, do mesmo modo que inúmeros ditos populares, defendiam a igualdade social. Um dito do século XVII era: "Se queres bem casar, casa com teu igual". Um padre português do mesmo século dizia: "O casamento é jugo, e para levarem suavemente o jugo, buscam-se bois parelhos".[25] Um livro do século XVII, escrito por Francisco Manoel de Mello, para aconselhar um amigo que ia casar-se, descrevia o casamento ideal como aquele em que os cônjuges eram iguais no sangue, nos bens e na idade; a igualdade de sangue era importante para a satisfação dos pais dos cônjuges, a igualdade de bens era importante para a satisfação de seus filhos e a igualdade de idade era importante para a satisfação deles próprios.[26]

Essa pletora de fontes que, em Portugal do início do século XVII, recomendavam a igualdade social entre os cônjuges muito provavelmente indica uma luta contra uma desigualdade social em que a esposa era superior. Isso parece evidente no tratado de Francisco de Mello, pois, na mesma página em que aparece o conselho acima mencionado, ele diz ser perigoso para o homem casar-se com uma mulher "maior no ser, no saber e no ter". A superioridade das esposas sentida pelos maridos provavelmente surgiu devido ao sistema do dote.

A prática do dote pode ter contribuído também para que os homens se casassem com mulheres mais velhas do que eles. No Brasil colonial, em que muitas mulheres se casavam muito jovens, e freqüentemente com homens bem mais velhos, é surpreendente quantos casamentos se realizaram entre homens mais novos e mulheres mais velhas. No século XVIII, em Guaratinguetá, cidade da capitania de São Paulo, chegou a 14% o número de casamentos entre mulheres mais velhas e homens mais novos, sendo que, em dois desses casos, as esposas eram mais de vinte anos mais velhas.[27] Um estudo sobre o censo de 1765, na cidade de São Paulo, também descobriu que, em 7% dos casamentos, a esposa era mais velha do que o marido.[28] É possível que, no século XVIII, ainda houvesse um número maior de casos nos quais a esposa fosse mais velha do que o marido, ou nos quais houvesse uma diferença de idade menor do que a declarada entre um marido mais velho e uma esposa mais nova, pois descobri vários casos em que a idade da esposa, segundo o censo de 1765, não corresponde a informações coligidas nos inventários, ou mesmo à idade do filho mais velho, o que indica que, por vezes, as esposas declaravam ao recenseador serem mais jovens do que realmente eram.

Naturalmente, quando os juízes paulistas do século XVIII indagavam se havia igualdade entre uma possível noiva, ou possível noivo, e o menor de idade que estava solicitando permissão para casar-se, não estavam preocupados com a igualdade de idade entre os possíveis cônjuges, mas sim com a igualdade de status e de bens.[29] Contudo, para o pagamento da legítima do menor de idade, o que se requeria era o testemunho de que o noivo tinha capacidade de administrar os bens. Por exemplo, quando Roza Ortiz de Camargo entrou com a petição para casar-se com José Franco do Prado, perguntou-se inicialmente a seus tutores se havia igualdade entre José e Roza; a resposta foi que sim, pois ele era filho de uma boa família, embora seus bens estivessem ainda em poder do pai, porque era um filho-família. Com essa informação, o juiz concedeu a licença necessária para Roza casar-se, ainda que, ao vir receber a herança de Roza, José tenha tido de apresentar três testemunhas de que tinha capacidade para administrar os bens.[30]

A preocupação, no século XVIII, com a capacidade do noivo de administrar os bens retrata o papel do marido no casamento como administrador e indica que um dos objetivos do próprio casamento naquele século era a administração e o desenvolvimento dos bens. As pessoas estavam bem cônscias desse aspecto do casamento. Um homem escreveu que sua esposa, que fora viúva, casou-se com ele porque precisava de alguém que administrasse seus bens. E quando Policarpio Joaquim de Oliveira se casou, aos dezesseis anos, sua mãe viúva não fez objeções à escolha da noiva, mas julgou que ele era jovem demais para livrar-se de sua tutela e administrar a própria legítima.[31] Portanto, sua oposição não estava centrada no aspecto pessoal (privado) do casamento, mas sim nas funções públicas que ele assumiria ao casar-se.

A preocupação com a igualdade social entre os cônjuges e com a capacidade do marido de administrar os bens expressava-se em todas as petições do século XVIII. Em algumas delas, havia também outra preocupação: a de que a filha órfã precisava de proteção. Assim, o argumento para que Anna de Lima se casasse com um homem de ascendência desconhecida foi o de que se tratava de um bom casamento, porque ela era "pobre e desamparada". Quando sua irmã requereu licença para casar-se com um homem cujos pais eram igualmente desconhecidos, foi usado o mesmo argumento: que ele a protegeria por ser um bom homem, "conhecido tratador da vida e é muito capaz de reger casa, e tem seu princípio".[32] O fato de essas moças, de impecável linhagem, terem de casar-se com homens de ascendência desconhecida, por possuírem poucos bens, mostra qual a conseqüência de não ser portadora de um bom dote na sociedade do século XVIII. Mostra, também, que a boa linhagem de uma mulher não era necessariamente uma compensação para sua carência de bens. Não obstante, o pacto matrimonial resultante mantinha um certo equilíbrio; uma boa linhagem e uma pequena quantidade de bens eram permutadas por proteção. O argumento de que a noiva era desprotegida foi usado até mesmo num caso em que a noiva era rica. Porém, o noivo contribuiria para o

TABELA 25

Razões para conceder permissão de casamento a menores de idade (século XIX)

Razões	Número de petições
Igualdade social entre os cônjuges	7 (18%)
O noivo é bom administrador	0
O noivo é rico	8 (20%)
O noivo é trabalhador	12 (30%)
O noivo pode proteger a noiva	4 (10%)
A noiva consente ou assim deseja	18 (40%)
Concedida só porque a mãe ou o tutor aprova (sem razões)	7 (18%)

NOTA: Houve quarenta petições. Alguns dão várias razões, de modo que as porcentagens somam mais de cem.

conjunto dos bens do casal com o quádruplo dos bens da noiva, de modo que se pode considerar que o conceito de proteção ainda faz sentido.[33]

Em contraposição, no século XIX, as petições relativas a casamentos de menores de idade mostram uma preocupação cada vez maior com a competência do marido de sustentar sua esposa. Sessenta por cento das petições incluíam, entre suas preocupações, a riqueza, a capacidade de trabalho ou a "proteção" do marido — todas elas provas da capacidade do marido de sustentar a noiva (ver Tabela 25). Por outro lado, a igualdade social entre os cônjuges não constituía mais a preocupação universal que fora no século anterior; encontrava-se em somente 18% das petições. A preocupação com a capacidade do noivo como administrador praticamente desaparecera, pois ela só aparece negativamente: duas petições foram denegadas porque o pretendente a marido era jovem demais para saber como administrar os bens da noiva. Por exemplo, quando Gertrudes de Araujo Ribeiro, neta do brigadeiro Manoel Rodrigues Jordão, paulista muito rico, entrou com sua petição para casar-se, em 1876, o juiz despachou:

> Seria não defender escrupulosamente a pessoa e bens da órfã d. Gertrudes de Araujo Ribeiro se com meu parecer concorresse para o seu casamento com João Baptista Bueno Neto. Não tendo conhecimento próprio d'esse senhor, tomei informações de pessoas circunspectas e me consta que ele não está em condições de se carregar com a grave responsabilidade de um casamento, principalmente com a órfã em questão, que tem uma considerável fortuna para ser administrada por seu marido. Aquele senhor ainda é órfão e não tem ainda formado sua profissão.

Embora o irmão mais velho de Gertrudes, que era seu tutor, houvesse concordado com o casamento, acrescentando que ambas as famílias estavam felizes com ele, seu pedido foi indeferido; duas semanas depois, Gertrudes estava na casa dos pais de outro jovem, Silverio Rodrigues Jordão, declarando ao tabelião "que queria casar-se com ele de sua livre e espontânea vontade".[34] Gertrudes, de vinte anos de idade, evidentemente estava sendo pressionada para conformar-se com o que os outros queriam para ela.

O fato de se ter pedido a Gertrudes que expressasse seu consentimento, o que foi devidamente registrado pelo tabelião, era por si só uma grande inovação nas petições do século XIX. Apesar do Código Penal de 1831, havia uma ênfase judicial cada vez maior no livre consentimento de ambas as partes, especialmente na apuração dos desejos da noiva, muito embora em casos como o de Gertrudes isso pareça ter sido mera formalidade. Em 40% das petições, indagava-se especificamente da noiva se ela concordava com o casamento, e muitas vezes a razão principal alegada pelas mães ou tutores para sua aprovação do casamento era a de que o noivo era da escolha da noiva e que julgavam que ele a faria feliz (ver Tabela 25).[35] Por exemplo, há uma petição de 1863, apresentada por Gertrudes Angelica do Espirito Santo, que afirmava que ela

> tem em sua companhia uma sua neta de nome Benedicta [...] de idade dezoito anos e, dezejando fazê-la tomar estado, há contratado para se casar com Bras de Souza e Mello, da dita freguesia, moço de bons costumes e que se tem conduzido bem até o presente, e que é do gosto da referida sua neta.

O tutor e tio da moça acrescentou que julgava "vantajoso o casamento dela com o sr. Bras de Souza e Mello, moço bem-comportado e que há de servir de amparo à dita minha sobrinha". Como confirmação adicional, a noiva e o noivo assinaram uma declaração conjunta: "Declaramos a V. Excia. que é de nossa livre vontade o casamento que contratamos".[36] Assim, apesar da maior ênfase da lei sobre o consentimento dos pais, o uso legal dava importância crescente à escolha individual.

ASSIMETRIAS NO RELACIONAMENTO MATRIMONIAL

A mudança nas preocupações manifestadas nas petições para casar-se indica uma mudança no pacto matrimonial. O pacto matrimonial do século XVIII acentuava a igualdade de bens e de família e a principal preocupação era com a capacidade do noivo de administrar os bens. O pacto matrimonial no século XIX enfatizava mais os aspectos pessoais e emocionais do casamento, tal como a felicidade da noiva, e acentuava a capacidade do noivo de proteger (sustentar) a noiva. O conceito de proteção e sustento da noiva implica, ademais, um relacionamento assimétrico dentro do casamento, em que o marido é o parceiro mais forte e a esposa, a dependente.

Essa transformação, de uma parceria equilibrada baseada na contribuição de bens por ambos os cônjuges para um relacionamento assimétrico, reflete-se nas mudanças ocorridas nos sobrenomes das mulheres casadas. Nas amostras dos séculos XVII e XVIII, todas as esposas usavam somente seu nome de solteira (ver Tabela 26). No século XIX, a maioria das esposas ou usava seu nome de solteira (nas famílias mais ricas ou tradicionais), ou não tinha sobrenome (em geral entre pequenos proprietários), o que indica uma diferença de classe entre os proprietários que se relaciona aproximadamente com o que encontramos a respeito da alfabetização.

Não obstante, nos estratos mais elevados, havia um número crescente de mulheres casadas, mais de 20% de toda a amostra, que portavam o sobrenome do marido substituindo seu sobrenome de solteira, ou a ele acrescentado (ver Tabela 26).

Houve também um aumento significativo na proporção de crianças que portavam o sobrenome do pai. Como vimos anteriormente, o costume português não obrigava que todos os filhos trouxessem o mesmo sobrenome. Na amostra do século XVII, somente 60% dos filhos da pessoa falecida traziam o sobrenome do pai. O restante usava o sobrenome da mãe ou de uma das avós. No século XVIII, a porcentagem de filhos que traziam o sobrenome do pai aumentou ligeiramente para 66%, mas, na amostra do século XIX, subiu para 82%.[37] A maior porcentagem de filhos com o sobreno-

TABELA 26
Sobrenomes de mulheres casadas (do século XVII ao século XIX)

Sobrenome	séc. XVII		séc. XVIII		séc. XIX	
Somente o de solteira	99	(98%)	94	(94%)	84	(40,8%)
Sem sobrenome	2	(2%)	6	(6%)	77	(37,4%)
Somente o do marido	0		0		26	(12,6%)
O de solteira e o do marido	0		0		19	(9,2%)
TOTAL	101	(100%)	100	(100%)	206	(100%)
Sem informação	5		10		13	
TOTAL DE INVENTÁRIOS	106		110		219	

NOTA: Os nomes utilizados para esta tabela são os da própria falecida, ou da viúva, ou de esposa falecida antes do marido.

me do pai, no século XIX, indica que o poder do status dos pais ganhava terreno sobre o das mães.

Até mesmo em nível judicial parece que o poder do marido aumentava em relação ao da esposa. Pode-se verificar isso na questão da permissão para o casamento de filhos. Não é claro se, no período colonial, o consentimento da esposa era necessário para o casamento de um filho, mas era exigido na concessão de dotes que incluíssem bens imobiliários. A lei portuguesa de 1775 estabeleceu que, para poderem casar, os filhos deviam ter o consentimento de ambos, pai e mãe. Contudo, na edição brasileira das *Ordenações*, de 1870, um jurista constatou que, apesar da lei, o costume era considerar suficiente o consentimento do pai.[38]

O número cada vez maior de filhos com o sobrenome do pai e a ênfase crescente no sustento da esposa pelo marido constituíam tendências novas que, sem dúvida, relacionavam-se com o declínio da importância da instituição do dote. As *Ordenações* nada diziam a respeito de a esposa adotar o sobrenome do marido e, com relação ao sustento dela, permitia que o homem parasse de fornecer o "necessário", caso seu dote não houvesse sido pago.[39] Daí que, durante o período em que o pacto matrimonial exigia um dote, o sustento da esposa dependia do pagamento do referido dote. Mas, no século XIX, à medida que declinava o uso do dote, a capacidade do marido de sustentar uma família tornou-se a exigência principal para o casamento.

Com o crescimento das profissões liberais e do emprego, maior número de pessoas da população geral passou a casar-se legalmente.[40] Essa tendência confirma ainda mais que o casamento mudara de, principalmente, um arranjo de bens para, primordialmente, um relacionamento pessoal. No período colonial, o casamento legal limitara-se sobretudo às classes mais altas, enquanto o restante da população realizava uniões consensuais.[41] À medida que o século XIX foi passando, era cada vez maior o número de pessoas que se casavam. Isso se demonstra pela queda brusca, entre 1798 e 1828, da porcentagem das pessoas livres de mais de cinqüenta anos de idade na capitania de São Paulo que jamais haviam se casado. Em 1798, 29,8% dos homens e 38,3% das mulheres acima de cinqüenta anos de idade nunca haviam se casado, enquanto, em 1828, somente 8,8% dos homens e 20,3% das mulheres com mais de cinqüenta anos de idade nunca haviam se casado.[42] Devemos esperar por mais estudos sobre o censo de 1872 para sabermos se, como é provável, a tendência no sentido de mais pessoas se casarem continuou durante todo o século XIX.[43] Contudo, há dados relativos ao Rio de Janeiro que confirmam que um maior número de pessoas estava se casando. Em 1872, somente 23% da população em idade de casar-se eram casados, mas essa porcentagem aumentou para 31%, em 1890, e para 40%, em 1906.[44]

Agora, mais pessoas de todas as classes se casavam. Mas esses casamentos mais numerosos, baseados no amor e na maior parte sustentados pelo trabalho do marido, eram mais desiguais entre os cônjuges do que os casamentos em menor número feitos no período colonial, nos quais ambos os parceiros contribuíam para o sustento da família.

CONTRATOS MATRIMONIAIS

Um estudo dos poucos contratos matrimoniais encontrados nas amostras corrobora a tendência a casamentos mais assimétricos. Como já vimos, o sistema português de casamento estabelecia comunhão total de bens, a menos que se assinasse um contrato pré-nupcial, e este em geral só era celebrado por famílias nobres ou muito ricas. É possível que, no período colonial, as famílias ricas do Nordeste ou do Rio de Janeiro utilizassem contratos pré-nupciais, mas isso não parece ter ocorrido em São Paulo, pois encontrei referência só a um contrato matrimonial no século XVII (que não foi mantido, após o exame pelo juiz dos órfãos), três no XVIII e onze no XIX.[45]

Os contratos matrimoniais eram celebrados para estabelecer um sistema diferente de propriedade de bens no interior do casamento. Assim, muito embora raros em São Paulo, estudá-los pode fornecer-nos pistas a respeito dos direitos que, unidos pela aliança matrimonial, cada um dos cônjuges, ou cada uma das famílias, desejava defender. As *Ordenações* permitiam que os futuros cônjuges fizessem contratos pré-nupciais para todo tipo de regime de propriedade no casamento, contanto que não violassem os direitos dos herdeiros necessários — isto é, filhos, netos ou, no caso de sua ausência, genitores.[46]

Os arranjos mais comuns eram ou a separação total de bens, ou um "contrato de dote e arras". Esses dois sistemas relativos aos bens do casal continuaram a ser legais no Brasil do século XX, pois foram incorporados ao Código Civil de 1917.[47] Com um contrato de dote e arras, o dote era mantido separado do conjunto dos bens do casal e devia ser devolvido intacto à viúva após a morte do marido. O sistema matrimonial resultante chamava-se "regime dotal", e os bens trazidos pela esposa para o casamento — fossem eles concedidos como dote, herdados ou recebidos de qualquer outro modo — não podiam ser tomados pelos credores do marido em casos de dívidas não pagas. Com um regime dotal, se a esposa morresse antes do marido, seu dote era a única parte dos bens do casal a que seus herdeiros tinham direito por herança. Se o marido morresse antes da esposa, a parte dos bens do casal que ela recebia era constituída pelo dote, mais o arras, doação prometida pelo marido no contrato para ajudá-la em seu sustento, e que não deveria ser maior do que uma terça parte do dote. Se assim houvessem contratado, ela podia também receber metade de todo o lucro advindo da administração que o marido fizera de seu dote e dos bens dele.[48] Os contratos matrimoniais pré-nupciais visavam claramente a proteger os bens de cada um dos cônjuges dos direitos do outro cônjuge dentro do sistema de comunhão de bens. Assim, é provável que os contratos reflitam a desigualdade econômica inicial entre os cônjuges.

Contudo, o sistema de comunhão de bens estimulava as pessoas a procurarem fazer casamentos socialmente iguais, pois se um dos cônjuges contribuísse com todos os bens, ou com a maior parte deles, só conservaria a metade por ocasião da morte do outro cônjuge, perdendo a outra metade em favor dos herdeiros forçados, filhos ou pais (caso o cônjuge morresse antes que o casal tivesse filhos). Se a esposa é que houvesse contribuído com a maior quantidade de bens, ela também corria o risco de perdê-los durante o casamento, caso seu marido fosse um mau administrador. Mas se a esposa não trouxesse nada para o casamento, o sistema de comunhão de bens lhe era vantajoso, pois quando o marido possuía bens, ou eles construíssem um patrimônio depois de casados, ela seria uma parceira em igualdade de condições e receberia sua meação quando o marido morresse.

Apenas um entre todos os contratos matrimoniais que encontrei se referia ao dote recebido pela noiva de seus pais: o de João Correa de Lemos, no século XVIII. Ele declarou em testamento que ele e a esposa haviam se casado com um contrato de dote e arras e relacionou o dote que sua esposa havia trazido, jóias e grande soma em dinheiro. Seu testamento não especificava nenhum arras, e o juiz dos órfãos nem sequer considerou o contrato de dote e arras na divisão dos bens, provavelmente porque o testamento também informava que eles haviam se casado em regime de comunhão de bens.[49] Nesse caso, se o contrato de dote e arras tivesse sido obedecido, a esposa teria mantido todo o patrimônio, uma vez que ele era menor do que seu dote, e os filhos nada herdariam até que ela morresse. A decisão tomada pelo juiz de ignorar a referência do testador a um contrato é simplesmente mais uma demonstração de que, para os paulistas do período colonial, tanto quanto no século XIX, a prática mais comum era não fazer contratos matrimoniais, mas sim deixar que o dote fosse absorvido no conjunto dos bens do casal.

Os dois outros contratos matrimoniais do século XVIII envolvem pessoas que se casaram de novo após a morte do primeiro cônjuge e que queriam proteger os respectivos patrimônios em favor dos filhos do primeiro casamento. Quando Francisco de Godoy Preto se casou com sua segunda esposa, ele e seu sogro, capitão Lourenço de Camargo Pires, assinaram um contrato de casamento no qual Lourenço renunciava à herança que lhe caberia se sua filha morresse antes do marido sem ter tido filhos com ele, declarando que não reclamaria nem sequer a restituição da legítima por parte de mãe, que ela estava levando para o casamento. Evidentemente, o noivo estava defendendo seus bens na divisão, caso sua noiva viesse a morrer sem ter filhos. Seu sogro, porém, deve ter sido um homem astuto porque Francisco morreu pensando que, como não tinham tido filhos, sua esposa não podia ser meeira, isto é, não teria direito à metade dos bens do casal. Entretanto, o contrato especificava que o pai de Maria Pires de Camargo não herdaria dela, e não que ela não seria meeira. O que realmente veio a ocorrer após a morte de seu marido foi que não só ela foi meeira, como também retardou o processo do inventário por vinte anos, mantendo consigo *todos* os bens do casal e não permitindo que se fizessem a divisão e o pagamento a seus enteados adultos. A razão de ela ter conseguido fazer isso talvez tenha sido o vigoroso apoio de sua família, ou talvez sua própria personalidade, uma vez que seu pai havia dito, no contrato, que havia sido difícil conseguir que ela se casasse. Esta última interpretação parece a mais provável, pois ela era também uma mulher extremamente instruída para a época. Escrevia muito bem e o inventário do marido continha uma grande biblioteca que ele não possuía quando morreu sua primeira esposa, de modo que, provavelmente, pertencia a Maria.[50]

O segundo contrato matrimonial do século XVIII que visava a proteger os direitos dos filhos de um primeiro casamento foi o que Joanna Soares de Siqueira assinou ao casar-se com o segundo marido, capitão Manoel Lopes Viana. Ela se casou evidentemente com muito mais bens do que os que o marido possuía e, embora o contemplasse em seu testamento, ela mostra que o contrato pretendia defender os direitos de seus herdeiros ao seu patrimônio. Em seu testamento, repete cuidadosamente os termos do contrato matrimonial, mencionando até mesmo o nome do tabelião em que fora registrado. Declarou que havia se casado com separação total de bens, mas a renda proveniente de seus bens seria repartida meio a meio, inclusive a renda provinda dos quase 400$000 em dinheiro que dera para o marido administrar. No testamento, deixou para o marido o usufruto da casa em que moravam e um escravo, bens que, porém, deveriam reverter aos seus herdeiros quando da morte do marido.[51]

Dos onze contratos do século XIX, apenas um, o contrato matrimonial entre o alferes João Carlos da Silva Rangel e d. Anna Maria de Moura, tinha por objetivo proteger os bens que a esposa trouxera para o casamento da possibilidade de o marido vir a dissipá-los.[52] O tutor de Anna opôs-se ao casamento porque, embora noiva e noivo fossem socialmente iguais (eram primos por parte de suas mães e os dois eram ilegítimos), Anna já havia herdado considerável fortuna do pai, que fora padre, enquanto nada garantia que o noivo iria herdar do pai. A solução proposta pelo tutor da noiva, afinal aceita, foi que a parte principal dos bens de Anna, dezesseis apólices e parte de uma casa que ela herdara, fosse para o casamento como seu dote, o qual não poderia ser alienado nem transformado em garantia de dívidas contraídas pelo marido. Ele teria o direito de administrar o dote dela, e toda renda que deste proviesse passaria a ser propriedade do casal, como também o seriam todos os demais bens por eles possuídos.

Este último é um exemplo excelente do sistema de casamento acima descrito, chamado de regime dotal, segundo o qual o dote da noiva é mantido separado dos outros bens do casal e não pode ser alienado e, o que é mais importante, não pode ser tomado pelos credores do marido. O exemplo de João Carlos da Silva Rangel mostra como pode haver um regime dotal, embora *não* tenha sido concedido dote à noiva, mas sim que ela tenha herdado bens que se tornam "dote" dentro do sistema de bens do casamento. Encontrei tão poucos casos do uso do regime dotal em São Paulo (nenhum dos falecidos da amostra o havia usado) que este parece ter sido exceção.

Um caso semelhante, em que parte dos bens da esposa foi protegida dos caprichos dos negócios do marido, foi o de Elvyra de Souza Queiroz. Uma terça parte de seus bens foi mantida fora dos bens do casal por um contrato matrimonial que foi estipulado porque aquela parte da fortuna lhe havia sido legada por sua avó, com a condição de que ela e o marido tivessem apenas seu usufruto, uma vez que ela se destinava a seus filhos, se os tivessem, ou, se não os tivessem, a uma entidade de caridade.[53]

Os demais nove contratos matrimoniais do século XIX parecem não ter visado tanto a proteger a esposa ou seus bens quanto a excluí-la da comunhão de bens. Exemplo disso é o contrato matrimonial entre o brigadeiro Manoel Rodrigues Jordão e sua futura esposa, Gertrudes Galvão de Lacerda.[54] Embora viesse de família tradicional e rica, ela não levou dote algum para o casamento, ainda que sem dúvida esperasse receber uma herança. O contrato que fizeram estipulou separação total de bens entre eles, e o noivo dotou a noiva com 6 contos, dos quais poderia se utilizar e dispor quando ficasse viúva, e que seus herdeiros forçados poderiam herdar quando ela morresse, mesmo que isso ocorresse antes da morte do marido.[55] No contrato matrimonial, o brigadeiro estipulou que o contrato não poderia ser utilizado para invalidar ou impedir que ele recebesse da Coroa o morgado que havia solicitado (o contrato matrimonial foi assinado em 1820, antes da independência e antes que os morgados fossem proibidos, em 1835).[56] É razoável concluir que esse contrato matrimonial foi celebrado exatamente porque o marido havia solicitado um morgado. Com o contrato, os bens que a esposa herdasse mais tarde não entrariam no morgado e seriam utilizados como herança para os filhos mais novos, que seriam excluídos do morgado.

Outro exemplo de contrato com separação total de bens é o do dr. William Ellis (pai de Alfredo Ellis), que, ao casar-se com a jovem viúva Maria do Carmo da Cunha Bueno, assinou um contrato matrimonial estipulando separação total de bens.[57] Como Maria do Carmo pertencia a uma das famílias mais tradicionais e importantes de São Paulo, que era também rica, e, como viúva, possuísse recursos independentes, pode ser que seu marido inglês tenha insistido em celebrar um contrato matrimonial por não querer que pensassem que havia se casado com ela por dinheiro. Por outro lado, ela ou sua família podem ter insistido no contrato. Além disso, Maria do Carmo tinha dois filhos do primeiro marido e William pode não ter desejado que esses filhos herdassem, através da mãe, parte do dinheiro que vinha conseguindo ganhar com muito trabalho. De sua parte, ele tinha duas filhas naturais, nascidas enquanto ainda era solteiro, as quais reconhecera e indicara como herdeiras em igualdade de condições com quaisquer filhos que ele e Maria do Carmo pudessem ter. Além da separação total de bens, William prometeu no contrato a Maria do Carmo um dote de 3 contos que ela receberia se sobrevivesse a ele, tendo vivido com ele em harmonia. Se ela viesse a morrer primeiro, o dote permaneceria sendo dele.[58] Esse contrato matrimonial visava claramente a estabelecer um regime de casamento tal como o que os cônjuges poderiam ter estabelecido num ajuste matrimonial se tivessem se casado na Inglaterra.

Dois dos demais contratos matrimoniais também eram de estrangeiros, que, como Ellis, não estavam acostumados com o regime de comunhão de bens ou com o sistema de herança que tornava os filhos herdeiros forçados que não podiam ser deserdados. Em nenhum desses casos, o contrato se manteve perante o juiz dos órfãos, porque ambos teriam privado os herdeiros forçados de seu direito legal de herdar de cada um dos cônjuges.[59] No primeiro contrato isso foi feito dizendo-se que marido e esposa herdariam um do outro e, no segundo, estabelecendo-se que, se a esposa morresse antes do marido, ele manteria para si todos os bens, exceto pequena quantia que se destinaria à mãe dela.[60]

Os outros cinco contratos matrimoniais, ou seja, quase a metade dos contratos que encontrei entre os documentos do século XIX, eram contratos em que o futuro marido possuía muitos bens e evidentemente não queria que a futura esposa recebesse metade deles quando morresse, como ocorreria segundo o sistema de comunhão de bens. Todos os contratos previam a separação de bens e a maioria deles destinava à esposa uma quantia relativamente pequena para seu sustento em caso de viuvez. Nesses casamentos, aparece claramente que a esposa era social ou economicamente inferior ao marido. Por exemplo, Luis Manoel da Paixão Branco casou-se, imediatamente antes de morrer, com sua cozinheira negra mediante um contrato matrimonial de separação total de bens. A seguir, fez um testamento em que lhe deixava apenas pequena parte de seu patrimônio, a mercearia, deixando o restante para os filhos que tivera com ela, os quais havia devidamente reconhecido.[61]

Demetrio da Costa Nascimento casou-se um mês antes da morte de sua esposa com um contrato matrimonial de separação total de bens. Quando a esposa morreu, apenas a pequena parte de bens pertencentes a ela foi para os filhos, dos quais a mais velha, uma filha casada, não era dele; assim, pode ser que, por meio do contrato, ele tenha procurado manter nas próprias mãos o máximo possível de bens, como também evitar que a filha de sua esposa com outro homem herdasse quaisquer de suas posses.[62]

Joaquim Elias da Silva, que tivera dez filhos com três mulheres diferentes, casou-se, um ano antes de morrer, com a mãe de seus últimos sete filhos, mediante um contrato matrimonial que estipulava a separação de bens, deixando para ela apenas o usufruto, enquanto vivesse, de 2 contos de seu patrimônio de 33 contos.[63]

Quando Antonio Francisco Baruel morreu, em 1859, sua viúva declarou francamente que a razão por que haviam celebrado um contrato matrimonial com separação total de bens fora ela ser pobre. Além disso, no contrato, o marido a dotava com apenas 800$000, enquanto, se houvesse casado com ele sem o contrato, teria tido direito a 11:500$000 quando ele morresse.[64] O contrato chamava aquela quantia de dote, porém não era um dote no sentido em que o definimos, mas, em vez disso, uma quantia deixada para a esposa, pelo marido, para seu sustento na viuvez. Esse costume parece ter crescido na São Paulo do século XIX.[65] Às vezes, era inadequadamente chamado de arras, o qual se destinava legalmente a complementar o dote, não a substituí-lo.[66] Foi o que ocorreu com Bento Joaquim de Souza e Castro, farmacêutico e capitalista, que se casou com d. Henriqueta Viana Pereira Lima com um contrato matrimonial que estipulava a separação de bens. Para ajudar a sustentá-la na viuvez, deixou-lhe em testamento o usufruto do remanescente de sua terça, que ele chamou de arras.[67]

A freqüência maior de contratos matrimoniais, particularmente os de separação de bens em que o marido dotava sua esposa, deve ter tido alguma relação com a decadência da prática do dote. Em sua maioria, esses homens se casaram com mulheres com poucos bens, ou nenhum, e, tácita ou explicitamente (como no caso de Antonio Francisco Baruel), sustentaram a família sem que suas esposas trouxessem dotes ou bens herdados para o casamento.

Esses contratos matrimoniais eram, pois, exemplos de um novo tipo de casamento, não mais um casamento em que a esposa contribuía de imediato com quantidades consideráveis de bens, mas um casamento em que, inicialmente, apenas o marido (quer com bens, quer somente com seu trabalho) sustentava a esposa e os filhos. Isso se dava também com mulheres de famílias de recursos modestos e com mulheres de famílias ricas. A filha de um casal rico, porém, trazia para o casamento a expectativa de uma boa herança, mais as possibilidades de uma sociedade para o marido na empresa da família da esposa ou, pelo menos, ligações que poderiam promover seus próprios negócios.

O surgimento do amor como razão principal para o casamento passou a ocorrer à medida que a família mudava de unidade primordialmente de produção para unidade de consumo, o que foi facilitado pela existência de profissões liberais ou outras carreiras que permitiam que os homens sustentassem as esposas sem herdar bens ou sem receber grandes dotes, e lhes proporcionava a opção viável de se casarem com moças sem nenhuma expectativa. Essa possibilidade fez aumentar o poder de negociação do futuro marido diante da noiva, mesmo que ela pertencesse a uma família rica, pois significava que ele *não precisava* de um dote para se casar. Não há dúvida de que essa independência masculina contribuiu para o declínio da prática do dote.

O uso decrescente do dote, com a resultante perda de poder de negociação pela noiva e sua família e maior poder de negociação do futuro marido, revelou-se, na amostra do século XIX, pelo maior número de mulheres que se casaram antes de suas irmãs mais velhas, e pelo maior número de contratos matrimoniais que excluíam a futura esposa da comunhão de bens. E, com as noivas não mais contribuindo com grandes dotes para o casamento, criou-se um casamento mais assimétrico que perdurava até que a esposa, vinda de uma família rica, recebesse uma herança, ou por todo o tempo do casamento, quando a esposa provinha de uma família desprovida de bens. No século XIX, as petições para obter licença para casar-se indicam que a capacidade do marido de sustentar a família era considerada, então, a condição essencial para o casamento, em lugar da ênfase colonial na igualdade social entre os cônjuges e a capacidade do marido de administrar os bens, que dependiam de a noiva contribuir com um grande dote. Essas transformações proporcionaram ao marido maior peso dentro do casamento diante da esposa e de sua família de origem, o que se demonstra claramente pelo número cada vez maior de esposas que adotaram o sobrenome do marido e de filhos com o sobrenome do pai.

11. Problemas com o dote

Traçamos todo o percurso do declínio da prática do dote. Para poder explicar por que o dote veio afinal a desaparecer, devemos examinar também quais problemas se desenvolveram com o dote e como os brasileiros mudaram de opinião a respeito dele. Este capítulo começa com o estudo de indícios de preocupações portuguesas do século XVIII com os efeitos adversos do dote sobre a modernização e continua com o exame dos problemas reais por que passaram os brasileiros com o sistema do dote e com uma descrição da vigorosa mudança ideológica contra o dote, ocorrida no Brasil na segunda metade do século XIX.

PROBLEMAS EM PORTUGAL

Em meados do século XVIII, foi aprovada uma lei em Portugal que indica que o governo de Pombal via problemas na prática do dote. Após o Tratado de Methuen, de 1703, Portugal mantinha estreitas relações com a Grã-Bretanha e, durante o despotismo esclarecido de Pombal, muitas medidas foram tomadas para fortalecer e modernizar o Império português.[1] Dentre elas, a lei de 17 de agosto de 1761, que suprimia completamente a herança feminina e o dote nas famílias nobres ou muito ricas.[2] Essa lei não era absolutamente aplicável aos paulistas, pois dizia respeito apenas a pessoas da categoria de fidalgo ou mais elevada, cujos bens produzissem renda de mais de 3 contos por ano; na São Paulo do século XVIII, ninguém se adequava a essa descrição. Muito embora essa lei tenha sido revogada dezessete anos mais tarde, quando Pombal já não estava no poder, ela aponta para preocupações novas do Estado.[3] É provável que a lei de 1761 reflita a influência britânica, uma vez que aproximava a legislação portuguesa sobre herança, ainda que apenas para os muito ricos e para a nobreza, do modelo inglês, no qual os filhos eram privilegiados e as filhas detinham poucos direitos de herança.

Como contrariasse a legislação e a prática portuguesas anteriores, a lei de 1761 indica que o governo de Pombal via problemas na instituição do dote e na herança feminina. A nova lei estipulava que as filhas não deveriam receber nenhuma herança e nenhum dote e, se ainda fossem solteiras quando seus pais viessem a morrer, deveriam viver com seus irmãos, que tinham a obrigação de sustentá-las. Quando uma mulher quisesse casar, seus pais ou, na ausência deles, seus irmãos deveriam ajudá-la, porém dando-lhe apenas um enxoval de roupas de cama e mesa no valor de 1:500$000, mas nada de imóveis, dinheiro ou jóias. A família também não deveria comprar-lhe roupas e jóias para o casamento; estas deveriam vir de seu marido, ou dos pais ou tutor dele. Como os nobres e os muito ricos geralmente se casavam com um contrato de dote e arras, de acordo com a nova lei as viúvas não teriam mais dotes para sustentá-las na viuvez; a lei estabelecia, pois, que elas deviam conservar a posse de todos os bens do casal e receber, para seu uso exclusivo, uma décima parte do que eles rendessem, até sua morte ou novo casamento. Se um homem morresse sem ter ainda recebido herança, seus pais ou irmãos deveriam dar à viúva uma mesada até sua morte ou novo casamento.[4] A única exceção a essa lei, no seio da nobreza, seria para as damas de companhia da rainha e para as mulheres que não tivessem irmãos homens.[5]

Ao abolir os direitos das mulheres ao dote e à herança, a nova lei fazia com que os bens se transmitissem unicamente através dos homens e adiava o desmembramento do patrimônio dos genitores até a morte deles. É muito clara a intenção da lei de 1761 na defesa dos filhos em oposição às filhas. A Coroa mostrava-se preocupada com os direitos dos filhos homens e com o bem-estar das famílias, afirmando que, quando as filhas herdam, seus irmãos ficam desprovidos de recursos suficientes para servir à Coroa e aumentar o esplendor de suas famílias, e que as famílias se arruinavam ao conceder muitos dotes grandes.[6] Embora a Coroa distinguisse entre a abolição do dote e a abolição da herança feminina, fica claro que as proibições a respeito da herança feminina e do dote estavam estreitamente vinculadas. Como o dote era um adiantamento da herança de uma filha, abolir seus direitos de herança sem eliminar a totalidade ou a maior parte de seu dote teria resultado, praticamente, em nada mudar; ela ainda teria recebido uma parcela do patrimônio da família. Assim, para que a lei encaminhasse todos os bens por meio dos herdeiros masculinos era necessária a abolição da herança e do dote das mulheres.

A vantagem dada aos filhos homens pela nova lei implicou mudanças no pacto matrimonial. Na vigência das antigas leis, o dote funcionara para induzir o homem a casar-se para estabelecer-se e aumentar seus bens; o dote levava-o também a casar-se com uma mulher de nível social igual ao seu, que levasse para o casamento um dote pelo menos tão grande quanto o que a irmã dele tivesse recebido. Em contraposição, a lei de 1761 liberava os nobres das restrições do sistema matrimonial anterior; agora, poderiam casar-se com quem quer que escolhessem, até mesmo com mulheres que não fossem de seu nível, como poderiam, com igual tranqüilidade, manter-se solteiros, pois o casamento já não representava uma aquisição imediata de bens; ao contrário, representava um custo imediato.

Mas a lei também trazia desvantagens para os homens. Enquanto, sob a lei antiga, podiam casar-se com uma mulher com um dote e ter o controle desses bens muito antes que os pais dela morressem, agora tinham de esperar até seus pais morrerem para receber bens que pudessem controlar, ou então tentar conseguir a benevolência dos pais para receber os bens *inter vivos*. Assim, a nova lei só era vantajosa para os homens que tivessem meios de adquirir bens por conta própria. De fato, os homens tinham cada vez mais essa oportunidade, graças ao crescimento do comércio, das profissões liberais e da burocracia estatal.

Para as mulheres das famílias nobres e ricas atingidas pela lei de 1761, as conseqüências foram desastrosas, pois anulou tanto a igualdade entre irmãos e irmãs como a igualdade entre marido e esposa. Foi precursora do novo tipo de casamento, em que a esposa dependia inteiramente do sustento do marido. Terminando com a responsabilidade da família da noiva pela maior parte das despesas associadas ao casamento, a nova lei deu ao marido e sua família pleno controle da transação matrimonial e plena responsabilidade pelo sustento do casamento. A partir de uma prática em que a noiva ingressava no casamento como economicamente igual ou mesmo superior ao marido, ou pelo menos entrando com considerável contribuição, essa lei criou uma nobreza em que todo sustento e bens vinham do marido, e a noiva contribuía somente com sua pessoa, ingressando e permanecendo no casamento e na viuvez exclusivamente como dependente.[7] A lei de 1761 constituiu uma mudança tão revolucionária nos costumes tradicionais de Portugal que não é de surpreender que tenha sido revogada logo a seguir. O interessante é que, embora a lei de 1778 tenha restabelecido a herança feminina (para as famílias ricas e nobres, uma vez que ela jamais foi perdida para as famílias de recursos mais modestos), foi mantida a proibição de dotes excessivamente grandes, indicando que a sociedade portuguesa dos ricos havia aceitado mais facilmente a proibição dos dotes do que a exclusão total das mulheres da herança; portanto, caminhava-se em direção ao desaparecimento do dote.

PROBLEMAS NO BRASIL

Alguns dos problemas apresentados pelo dote no Brasil, e que, sem dúvida, contribuíram para seu declínio, estão ilustrados na fundamentação da Coroa para a lei de 1761. Em primeiro lugar, afirmava a Coroa, conceder dotes muito grandes arruinava as famílias que os concediam, especialmente se tivessem muitas filhas. Em segundo lugar, os dotes impunham restrições às famílias que os recebiam, visto que, dentro do contrato de dote e arras, os dotes tinham de ser protegidos, pois deveriam ser devolvidos intactos, ou reembolsados por valor equivalente, à viúva ou a seus herdeiros. Isso era problemático quando do dote faziam parte bens móveis que se depreciavam, mas tinham de ser compensados ao preço do dia ou mediante bens equivalentes. Em terceiro lugar, a Coroa afirmava que os dotes eram desvantajosos para as mulheres que os recebiam, por não atingirem seu objetivo de sustentar a viúva como deveriam. No sistema de contrato de dote e arras, uma viúva tinha de processar os herdeiros do marido para receber de volta o dote, o que resultava em ações judiciais prolongadas e dispendiosas.[8]

Apesar de a Coroa referir-se ao sistema de contrato de dote e arras, muito raramente utilizado em São Paulo, seus dois primeiros argumentos são relevantes ao sistema mais comum, em que o dote era absorvido no conjunto dos bens do casal. Em qualquer dos sistemas, as famílias poderiam arruinar-se caso tivessem muitas filhas e lhes concedessem dotes muito grandes. O fato de as famílias agirem desse modo em São Paulo no período colonial, apesar de isso esgotar consideravelmente seus patrimônios, pode ser explicado pelo maior valor que atribuíam à família extensa em face da família individual dos pais. No século XIX, porém, os paulistas já não estavam reduzindo seus bens em benefício das filhas; a maioria das famílias não concedia mais dotes e as que o faziam só se despojavam de uma média de 7% de seu patrimônio.[9] Com o surgimento do individualismo, as famílias haviam invertido suas prioridades.

O segundo argumento utilizado pela Coroa em defesa da lei de 1761, de que os dotes traziam problemas para as famílias que os recebiam, também era pertinente ao sistema de dote em que ele era absorvido no conjunto dos bens do casal. Muito embora por esse sistema o dote não tivesse que ser devolvido intacto à viúva ou a seus herdeiros, tinha de ser levado à colação quando os pais da esposa morressem, criando enormes litígios e problemas semelhantes de avaliação.

Na verdade, as questões de avaliação eram essenciais para o que havia de problemático na instituição do dote. O sistema de colação instituído nas *Ordenações* havia sido eqüitativo ao tempo em que os bens mantinham o mesmo valor durante toda uma vida, mas já não era considerado justo na economia em expansão da São Paulo do século XIX.

E isso era especialmente o que ocorria, porque o dote concedido ou a doação feita por ocasião do casamento de um herdeiro tinham uma vantagem importante para o beneficiário, em comparação com outras doações a herdeiros. Segundo as *Ordenações*, o herdeiro que houvesse recebido um dote, ou alguma outra doação por ocasião do casamento, tinha a opção de devolvê-lo à colação, ou pelo preço que tinha por ocasião da doação, ou ao preço da ocasião da morte do genitor. No caso de doações a herdeiros não feitas quando do casamento, o valor a ser utilizado ao trazê-las à colação era sempre o valor no momento da morte do doador.[10]

A possibilidade de escolher entre um ou outro valor podia fazer grande diferença numa herança na São Paulo de meados do século XIX, uma vez que a região passava por uma inflação concomitante à valorização da terra e ao aumento de preço dos escravos devido à abolição do tráfico.[11] O valor médio de avaliação de escravos na amostra passou de 495$000, em 1850-1854, a 1:006$000, em 1860-1864; o valor de uma casa em São Paulo passou de 5 contos, em 1854, a 8 contos, em 1865.[12] Evidentemente, os irmãos de uma filha que houvesse recebido terras, casa ou escravos em seu dote não considerariam justo se lhe fosse permitido trazer esses bens à colação pelo preço original, aumentando com isso a própria herança.

Sem dúvida, foram utilizados todos os tipos de estratagemas para não permitir que a lei fosse aplicada. Francisco Vieira de Paula e sua esposa, por exemplo, provavelmente concederam um dote a sua filha, embora o inventário tratasse como um empréstimo a transferência de terras feita à filha por ocasião de seu casamento. É provável que a família se desse conta de que, se as terras fossem consideradas dote, a filha teria condições de trazer de volta ao patrimônio apenas o valor original das terras, que era muito menor do que seu valor ao tempo do inventário, e, com isso, receberia uma herança maior, em detrimento dos demais herdeiros. Os próprios pais ou os herdeiros, de comum acordo, provavelmente decidiram considerar aquilo uma dívida, de modo a evitar litígios e injustiça com os demais herdeiros.[13]

Naquele período de valorização da terra, ter recebido um dote podia também ir contra os interesses da filha e de seu marido. Floriano Antonio de Lima considerou ser isso o que ocorreu com o dote de 600$000 que sua esposa recebera. Quando seu sogro morreu, um estranho estava interessado em comprar um dos bens imóveis do espólio. Floriano solicitou prazo ao juiz para levantar o dinheiro, para devolver o dote a sua sogra a fim de que sua esposa herdasse uma parcela completa daquele item do espólio. O juiz concordou com o adiamento, a sogra concordou em receber o dote de volta e a filha e o genro tiveram um bom lucro quando as referidas terras foram posteriormente vendidas.[14]

Devido a seu crescente valor, os escravos constituíam causa freqüente de litígio e os casos em que um dote consistia em uma criança pequena escrava eram especialmente problemáticos.[15] Francisco Carlos de Camargo e sua esposa, Umbelina, tiveram graves problemas quando foi feito o inventário pela morte de sua sogra. O dote de Umbelina fora uma escrava de dois anos de idade no valor de 51$000. Quando a mãe de Umbelina morreu, a escrava estava no auge, aos 32 anos, e valia 1:000$000; então Francisco e Umbelina tentaram levá-la à colação pelo preço original, mas não foram bem-sucedidos nisso.[16]

Caso semelhante, o de uma escrava bebê dada a Josefa Joaquina Bueno por ocasião de seu casamento, poderia ter representado grave problema para o resto da família se, quando dezoito anos mais tarde morreu o pai de Josefa Joaquina, ela tivesse insistido em usar o preço original da escrava, uma vez que o espólio era muito pequeno e só continha um outro escravo, homem, de treze anos de idade.

Josefa Joaquina não tentou levar sua escrava à colação pelo preço original, aceitando o preço vigente de 500$000. Contudo, sua legítima foi de apenas 66$000 e Josefa Joaquina deveria devolver a diferença a sua mãe viúva e a seus irmãos e irmãs. Como, na ocasião, Josefa Joaquina era ela própria viúva, não se podia esperar que devolvesse essa grande quantia, de modo que a família dividiu a posse da escrava entre todos os herdeiros (mesmo não tendo ficado claro quem deteve o usufruto da escrava).[17]

Parece ter havido, entre os paulistas do século XIX, um consenso crescente de que não era justo permitir que as herdeiras optassem por qual preço levariam à colação bens recebidos como dote. Na maioria dos inventários em que escravos foram levados à colação, não houve litígios, uma vez que as herdeiras dotadas aceitavam usar o preço vigente. Por exemplo, quando a esposa do capitão Manoel José de Moraes morreu, em 1860, seus seis filhos, homens e mulheres, levaram escravos à colação por seus preços vigentes (embora os preços da época em que haviam sido doados estivessem devidamente registrados). Dos escravos recebidos 27 anos antes pela filha mais velha, como parte de seu dote, dois haviam morrido e, como ela não mais desfrutava de seus serviços, foram eles os únicos a vir à colação pelo preço original.[18]

Os proprietários do século XIX perceberam também problemas em outro privilégio que a lei de herança portuguesa concedia ao dote e a outras doações feitas a herdeiros em comparação com empréstimos a herdeiros. Esses problemas se tornaram evidentes em casos como o de Francisco Vieira de Paula, já mencionado, em que famílias paulistas doavam bens a suas filhas por ocasião do casamento, mas, no processo do inventário, em vez de aquilo ser chamado de dote, era considerado um empréstimo.[19] Para o beneficiário, os dotes e as doações tinham grande vantagem sobre os empréstimos. Segundo a lei da herança nas *Ordenações*, ainda em vigor no Brasil imperial do século XIX, um empréstimo feito a um filho ou a uma filha tinha de ser devolvido em sua totalidade ao espólio quando morresse o primeiro dos genitores. Em contraposição, como se considerava que um dote, ou uma doação a um filho, era uma concessão de ambos os genitores, apenas sua metade era descontada da legítima do herdeiro por ocasião da morte de cada um dos pais.[20] Isso quer dizer que um herdeiro ou herdeira que tivesse recebido um empréstimo equivalente ao dote de uma irmã tinha de devolver toda a quantia ao espólio e deduzi-la de sua herança, recebendo assim uma herança menor do que a irmã, que só deveria devolver metade do dote. (Contudo, o herdeiro que recebesse um empréstimo nada teria a deduzir quando da morte do segundo genitor, herdando então muito mais do que a irmã.) Esses herdeiros procurariam equalizar a herança de todos os filhos, fazendo com que o dote da irmã fosse considerado empréstimo. Essa pode ter sido outra razão pela qual os herdeiros de Francisco Vieira de Paula optaram por considerar as terras doadas a sua irmã empréstimo e não dote.

O caso da família de José Manoel Godinho ilustra a diferença entre um empréstimo e um dote. Depois que a viúva de José declarou que Rita, uma de suas filhas casadas, havia recebido algumas terras como doação, seu filho declarou que aquela terra não havia sido doada por ocasião do casamento da irmã (como dote), mas sim como empréstimo. A seguir, a própria Rita apareceu com seu advogado para exibir uma escritura de doação feita por seus dois genitores, argumentando, com êxito, que, quer se chamasse essa doação de dote, ou não, como seu pai e sua mãe haviam ambos lhe

TABELA 27
Divisão de um espólio com dote ou com empréstimo

Divisão real (dote)		Divisão hipotética (empréstimo)	
Espólio líquido a ser dividido	1:318$260	Espólio líquido a ser dividido	1:318$260
Mais meio-dote de Rita	125$000	Mais dívida de Rita (o dote inteiro)	250$000
Mais meio-dote da irmã	75$000	Mais meio-dote da irmã	75$000
TOTAL	1:578$260	TOTAL	1:643$260
Divisão por oito herdeiros, cada legítima	197$282	Divisão por oito herdeiros, cada legítima	205$407
Meio-dote de Rita	-125$000	Dívida de Rita	-250$000
ELA RECEBE	72$282	ELA DEVE DEVOLVER	44$592

FONTE: José Manoel Godinho, 1863, 2º Of. da F., nº 441.

doado aquelas terras, ela só tinha de levar metade de seu valor à colação, pois apenas um de seus genitores havia morrido.[21] O valor das terras que lhe haviam sido doadas era de 250$000, e a Tabela 27 compara o modo como foi realmente efetuada a divisão dos bens e o modo como teria sido feita, caso o dote tivesse sido considerado empréstimo. Se o dote fosse considerado empréstimo, isso beneficiaria todos os demais herdeiros em detrimento de Rita. A disputa ou a pressão exercida pelos herdeiros não dotados para que um dote fosse considerado empréstimo era, evidentemente, uma tentativa de anular o benefício recebido com um dote.

Um conflito ligeiramente diferente demonstrou também a importância do montante a ser levado à colação, embora, neste caso, fosse o genro quem procurava obter vantagem. Quando foi feito o inventário de seu sogro, Francisco Carlos de Camargo reivindicou que, uma vez que o escravo que sua esposa recebera como dote fora doado por sua sogra após a morte do marido, o valor do escravo não devia de modo algum ir à colação. Contudo, o inventário só foi processado trinta anos após a morte do pai e, então, o juiz decidiu que o escravo havia sido doado a partir do patrimônio não dividido do marido e da esposa, e metade de seu valor devia ir à colação.[22]

Parece claro que a inflação e o processo de valorização de terras e escravos produzidos pela nova e vigorosa economia de mercado e pela abolição do tráfico de escravos fizeram com que o sistema de dote, conforme estabelecido nas *Ordenações*, não fosse mais eqüitativo.

MUDANÇA IDEOLÓGICA

Ao mesmo tempo que a prática do dote decaía drasticamente e a eqüidade do sistema de dote passava a ser contestada nos tribunais, as idéias a respeito do dote sofreram uma mudança. No decorrer do século XIX, houve no Brasil manifestações de oposição ao sistema de dote, ainda que, provavelmente, sua prática continuasse em certa medida até o final do século e até mesmo fosse mencionada no Código Civil que entrou em vigor em 1917.[23]

Um defensor das novas idéias foi José de Alencar, um dos mais famosos romancistas românticos brasileiros, que, em 1875, publicou um romance que seria mais bem descrito como um tratado contra o dote. Por si só, seu título, *Senhora*, constitui um jogo com os dois sentidos dessa palavra: mulher casada ou dona-de-casa, e possuidora de bens. A história é a respeito de uma moça pobre cujo namorado não podia desposá-la porque ela não tinha dote. Enquanto ele fazia uma longa viagem, ela herdou uma fortuna inesperada e, quando ele regressou, vingou-se usando um intermediário para "comprá-lo" com um grande dote, mantendo em segredo sua identidade, para melhor humilhá-lo após o casamento. Alencar descreve como a moça se sentiu quando ficou rica, continuamente cortejada por jovens que só estavam atrás de sua riqueza, em nada se importando com ela como pessoa, e como ela inverteu a situação avaliando cada homem em termos monetários. Sobre um dos pretendentes, disse: "É um moço muito distinto — respondeu Aurélia sorrindo —; vale bem como noivo cem contos de réis; mas eu tenho dinheiro para pagar um marido de maior preço, Lísia; não me contento com esse".[24] Alencar fornecia dois argumentos contra o dote: um deles dirigido às mulheres, indagando se elas queriam ser amadas por si mesmas ou por seu dote; o outro, aos homens, sugerindo que não tinham dignidade se se vendiam por um dote.

Como outros romancistas românticos, Alencar salientou em outros de seus livros o valor do casamento por amor, mas também enfatizou ser necessário que os homens deixassem de ser devassos, que parassem de viver dissolutamente e de dedicar-se ao jogo, e que assumissem as responsabilidades de uma família por meio da ética do trabalho. Por exemplo, em *A viuvinha*, Alencar conta a história de um jovem que recebeu grande fortuna quando seu pai morreu. Após alguns anos, cansado de jogo, bebida e mulheres, encontrou na igreja uma jovem inocente, apaixonaram-se e planejaram casar-se. Na véspera do casamento, soube que havia dissipado toda a fortuna do pai e que, por negligência sua, a firma que possuía estava na falência. Imediatamente após haver casado (o que fez para proteger a reputação da noiva), fugiu, simulando um suicídio. Depois de passar três anos nos Estados Unidos, onde pela primeira vez na vida ganhou a vida sozinho, voltou para o Rio de Janeiro e, com suas novas habilidades comerciais, trabalho duro e um estilo espartano de vida, refez lentamente sua fortuna, voltando afinal para a noiva que havia se mantido fielmente viúva.[25] Alencar difundia o evangelho do burguês trabalhador e da mulher bela, inocente, amorosa e dependente.

As primeiras feministas brasileiras também condenavam o dote. Francisca Senhorinha da Motta Diniz, em artigo publicado em 1873, escreveu:

> Quantos pais por aí não vivem em um labutar desabrido para preparar um dote a suas filhas e depois entregá-la em corpo e alma a um genro que pouco se lhe dá em esbanjar esse dote que obteve por meio do casamento que para ele não foi um fim mas sim um meio de obter fortuna sem trabalho?
>
> O fim do casamento na sociedade nunca foi outro senão legitimar a união do homem com a mulher, para que assim unidos vivam e se amem, como Cristo amou a sua igreja.
>
> Porém, nesta sociedade corrupta, sem moral e sem religião, o casamento é um meio de fazer fortuna, e o fim a que se propõe o homem malandro que não quer trabalhar e que, qual volantim de nova espécie, quer dar saltos mortais para apanhar um bom dote, não importa que seja de moça bonita ou feia, velha ou viúva — tudo lhe serve.[26]

Esse artigo apresenta alguns dos mesmos argumentos refletidos nos romances de Alencar. Encara o dote como um impedimento ao casamento como deveria ser, composto somente de amor. Também encara o dote como uma força de corrupção sobre os homens, que se transformam em caça-dotes, buscando manter-se com uma fortuna fácil, em lugar de casar-se por amor e trabalhar duro para sustentar a família.

Outra voz contra o dote foi a de Zaira Americana que, em 1853, publicou um livro em São Paulo que pretendia mostrar "as imensas vantagens que a sociedade inteira obtém da ilustração, virtudes e perfeita educação da mulher como mãe e esposa do homem".[27] Seu livro incentivava a educação das mulheres, criticando o amor ao luxo e a ostentação das mulheres brasileiras, dizendo que apenas por causa dessa fraqueza é que muitas não se casavam, uma vez que os homens prudentes consideravam esse um defeito da mulher.[28] Exaltava os casamentos realizados por amor, acrescentando que se devia ensinar às filhas não só a comandarem empregadas e escravas, mas também a fazerem elas mesmas o trabalho doméstico, caso o homem com quem se casassem não pudesse sustentar empregadas ou escravas.[29] Americana louvava especialmente as mulheres de Montevidéu e Buenos Aires, que não concediam dotes a suas filhas, mas, em vez disso, diziam aos futuros genros: "Cavalheiro, minha filha não leva dote de dinheiro; porém leva virtudes, mil preciosas qualidades morais. Sabe ser uma perfeita don-de-casa; é uma excelente filha e desta sorte ela será uma boa esposa". Acrescentou que muitos casamentos se realizavam em Montevidéu e Buenos Aires porque os homens não tinham de preocupar-se com o amor ao luxo, à preguiça ou à indolência de suas esposas. Disse Americana: "O marido trabalha, mas sua mulher o ajuda em muito!".[30]

Do mesmo modo que Alencar e Motta Diniz, Americana pregava uma família burguesa, na qual o marido trabalhava em seus negócios e a esposa administrava o lar. Era uma pregação revolucionária, pois as mulheres brasileiras do início do século XIX tinham a fama de deixar todos os assuntos domésticos por conta de suas empregadas e escravas. Por exemplo, quando John Mawe jantou numa casa brasileira, no início do século XIX, cumprimentou sua anfitriã pela sobremesa que haviam acabado de comer, mas percebeu que ela se sentiu ofendida com a observação. Supusera que ela havia pelo menos supervisionado a cozinha, no entanto ela lhe disse que suas escravas é que cuidavam de tudo.[31] Em sua pregação pela educação formal das mulheres, Americana condena os vícios da esposa aristocrática que adora as festas, o luxo e a ostentação e deixa a administração do lar por conta de subordinados. Exalta as virtudes da dona-de-casa burguesa que é econômica e supervisiona cuidadosamente as empregadas e escravas, se estas fazem parte da casa, ou é capaz de fazer ela mesma o serviço, quando não tem ajuda. Assim, embora condenando os dotes e pregando a existência de uma dona-de-casa burguesa prudente, Americana exortava as mães a educar suas filhas a casar-se em nível mais alto ou mais baixo, isto é, tanto a saber como dirigir empregados e escravos, como faziam na casa de seus pais, como em fazerem elas mesmas o trabalho doméstico.

Sua exortação às mães para que preparassem as filhas para se casarem em nível mais baixo talvez reflita o declínio da prática do dote. Uma das explicações gerais mais perspicazes a respeito da finalidade do dote é que ele não serve "meramente para ajudar o casal a ter com que viver, mas para lhes permitir manter o mesmo nível social de suas famílias — para evitar que sejam rebaixados".[32] Se a existência do dote garantia que as filhas se manteriam na mesma classe dos pais, a falta do dote significaria que podiam casar-se tanto em nível mais alto como em nível mais baixo.

Essa situação contrapunha-se extremamente à dos séculos anteriores. Os grandes dotes recebidos pelas filhas no século XVII significavam que elas continuavam a desfrutar do status e do padrão de vida de seus pais, mesmo que se casassem com homens possuidores de poucos bens ou sem bem algum. No século XVIII, em contraposição, quando os homens começaram a contribuir para o casamento com mais bens do que suas esposas, os dotes garantiam às mulheres a elevação de seu status econômico.

No século XIX, o declínio do tamanho e da freqüência dos dotes significou que as famílias perdiam (ou renunciavam a) o controle sobre o destino de suas filhas. Qual seria o status ou o padrão de vida de uma filha, quando se casasse, dependia cada vez mais de suas qualidades pessoais (entre as quais sua educação) e menos do fato de contribuir com um dote para o casamento. Como os pais já não asseguravam com um dote que suas filhas se casassem com homens de igual nível, ou de nível mais elevado, precisavam também prepará-las para casar-se em nível inferior, como recomendava Americana. Francisca Senhorinha da Motta Diniz também sustentava que "as moças devem estar preparadas para *reveses da fortuna*".[33]

O novo interesse pela educação das mulheres era um tipo de proteção contra as conseqüências incertas do casamento sem dote. A ênfase principal do panfleto de Americana era que as mulheres educadas ajudariam a educar suas filhas, tornando-as mais atraentes como noivas. Essa idéia acabou por predominar. Por exemplo, o senador José Joaquim Fernandes Torres sugeriu que as moças fossem educadas de modo que, quando se tornassem mães, pudessem ensinar os filhos a ler e escrever, ajudando a resolver o problema do analfabetismo.[34]

Assim, a educação da mulher tornou-se um substituto do dote, melhorando seu valor no pacto matrimonial. Em minha amostra há muitos sinais da preocupação crescente com a educação das moças. Por exemplo, os juízes começaram a perguntar aos tutores não só se os filhos homens, mas também se as filhas, haviam aprendido a ler e escrever.[35] Há também evidências de que a alfabetização feminina (e, portanto, a educação) aumentara consideravelmente nas famílias proprietárias. Em 40% das famílias da amostra do século XIX, todas as mulheres sabiam ler e escrever, enquanto em outros 10% algumas das mulheres da família (em geral as filhas) sabiam ler e escrever. Contudo, as mulheres que sabiam ler e escrever tendiam a encontrar-se nas famílias mais ricas.[36] Somente 25% das mulheres das duas terças partes inferiores da amostra eram alfabetizadas, enquanto 66% da terça parte mais rica da amostra o eram.[37] À medida que concediam menos dotes, os pais os substituíam pela educação cada vez maior de suas filhas, tornando-as assim mais atraentes como futuras esposas.

O PACTO MATRIMONIAL EM MUDANÇA

Qual a realidade que se reflete nessa mudança ocorrida nos costumes e nas idéias? Para esclarecer o significado do dote e de seu declínio, vejamos primeiro as opiniões do jurista brasileiro de fins do século XIX, Clóvis Beviláqua. Ao descrever a história do dote, ele escreveu que, nas sociedades primitivas, as mulheres eram inicialmente capturadas e, mais tarde, compradas. Um homem kafir, explica ele, comprava uma esposa como trabalhadora, empregada. Mais adiante, na história, as esposas deixaram de ser avaliadas por suas qualidades como serviçais e, em lugar disso, passaram a ser valorizadas por sua beleza física e moral. A seguir, "perdeo a mulher o valor venal [...] [e] em vez de ser comprada, passou a mulher a comprar seu marido".[38]

As palavras de Beviláqua que descrevem os maridos como mercadorias contrariam a concepção tradicional de que as mulheres com dotes é que eram mercadorias.[39] Contudo, a questão não é simples de ser deslindada, porque, em São Paulo, como em outras partes, as mulheres com ou sem dotes eram "dadas" em casamento por seus pais, tornando-se parte do que tem sido denominado "tráfico de mulheres".[40] E, como já vimos, muitas vezes na São Paulo do século XVII, a própria noiva, vestida com roupas luxuosas, era de fato relacionada como o primeiro item no dote prometido por seus pais a ela e seu marido.[41] Mas também se pode mostrar que uma noiva, dada como dote dentro de um sistema de reciprocidade, exigia alguma coisa em troca. Se considerarmos o grande número de dotes substanciais concedidos a mulheres do período colonial que se casavam com portugueses sem posses ou parentesco próximo, o que se recebia em troca só podia ser o próprio noivo.

Embora se expressando de maneira dura, é provável que Beviláqua esteja certo ao dizer que os homens eram adquiridos por meio dos dotes. Vimos que na São Paulo dos séculos XVII e XVIII os homens não se casariam sem um dote. Isso significa que precisavam de um estímulo para casar-se — em termos modernos, um incentivo material.[42] O processo pelo qual eram comprados com um dote era semelhante ao modo como, no mundo moderno, os empregados vendem seu trabalho e tempo pela promessa de um salário, vantagens adicionais e gratificações. Os homens do período colonial tinham, eles próprios, essa visão, como se mostra claramente numa carta escrita no México de final do século XVI, por um comerciante de tecidos a seu sobrinho na Espanha. Escreveu ele:

> Você me contou que se casou, muito a seu gosto, com Catalina, a filha mais nova do sr. Alonso Gil, e que ele lhe deu cerca de 300 ducados com ela. [...] Se você tivesse ao menos vindo naquela época, ou sou ruim de cálculos, ou com a ajuda de Deus poderia ter lhe arranjado um casamento valendo pelo menos 15 000 pesos ou mais. Aqui, os homens de sua região não são tão pouco apreciados quanto você fez consigo mesmo.[43]

O mercador espanhol de tecidos disse-o com toda a clareza: o tamanho do dote que um homem pode receber com sua noiva tem a ver com seu próprio valor. Um escritor português do século XVII enumera claramente as qualidades que permitem a um homem casar-se numa família que seja melhor que a sua, desde que aquela família queira admiti-lo como parente. Seu valor era medido por seu sangue impoluto, bravura com as armas, distinção nas letras, ou riqueza.[44] Na São Paulo colonial, o valor de um marido tinha a ver com sua linhagem, sua cor, sua nobreza, sua riqueza, ou sua capacidade como guerreiro, advogado ou comerciante. No início do século XVII, a cor e a linhagem eram sem dúvida os aspectos mais importantes, seguidos de perto pela capacidade como guerreiro (ou, como vimos em um dos casos, perícia em metalurgia). Embora a cor e a linhagem continuassem a ser determinantes importantes do valor no século XVIII, crescera a importância da riqueza e da capacidade como empreendedor.

Do mesmo modo que na América espanhola colonial, os homens da São Paulo colonial com freqüência tinham casamentos e dotes arranjados para eles. A negociação e a contratação do casamento eram, às vezes, levadas a cabo diretamente com o noivo (em especial quando era um homem de mais idade ou recém-chegado a São Paulo), mas nos casos em que o noivo era jovem e o que se buscava era a aliança entre duas famílias, a contratação e a negociação ocorriam sobretudo entre os patriarcas, os chefes das duas famílias, e nem a noiva nem o noivo participavam explicitamente do processo.[45] No século XVIII, os homens, e, por vezes, as mulheres, passaram a ser mais independentes de suas famílias nos arranjos de casamento.

Porém, quer fossem os homens que se vendessem por um dote, quer fossem seus pais que o fizessem em seu nome, geralmente não era a própria noiva quem realizava a compra, mas sim sua família. Não obstante, havia exceções. Por exemplo, numa das escrituras de 1685, Maria Antunes, filha do falecido Francisco da Cunha Vaz, parecia estar ela própria realmente "comprando" um marido, pois prometeu toda a sua herança, dois índios, a um determinado homem, "se ele se casasse com ela".[46] Assim, é possível que a mulher tivesse alguma influência, ou pelo menos poder de veto, sobre quem negociava e contratava seu casamento. As únicas noivas que provavelmente negociavam elas próprias seus casamentos eram as viúvas, mas com certeza nem todas, pois quem casava as viúvas jovens eram seus pais. As viúvas de mais idade, porém, provavelmente participavam da própria negociação, como vimos no caso da viúva do século XVIII, Joanna Soares de Siqueira, que claramente se casou com o homem que queria, assinando um contrato matrimonial que protegia seus bens em favor de seus filhos, embora também ajudasse e protegesse seu novo marido. Assim, Beviláqua estava certo só em parte ao afirmar que as mulheres se tornaram compradoras de homens. Pelo menos na São Paulo do período colonial, eram muito mais as famílias, e somente vez ou outra as mulheres, que se utilizavam dos dotes para adquirir homens.

Não obstante, uma esposa cujo marido tivesse sido "comprado" não ia para o casamento como dependente do marido; ia como superior a ele ou, pelo menos, como sua igual. Além disso, a expressão de Beviláqua — "compradoras de maridos" — era exagerada e, ainda que colocasse essas palavras no contexto de uma explicação para o fato de as antigas leis sobre o dote conservarem sua importância na nova República brasileira, elas são suficientemente fortes para indicar que ele realmente expressava sua condenação daquela prática, com o que acompanhava as correntes de mudança ideológica acima descritas.

Assim, o dote passou a ser desaprovado, não só por razões substantivas, mas também devido a uma mudança na maneira como as pessoas encaravam o próprio casamento e o papel nele desempenhado pelo homem e pela mulher. Ao conceder dotes menores e em número menor, os pais opunham-se a privar-se do uso dos próprios bens enquanto vivessem. Os herdeiros protestavam contra as iniqüidades do dote numa economia inflacionária, levando a cabo dispendiosas questões judiciais contra suas irmãs dotadas. Enquanto isso, havia intelectuais que condenavam explicitamente o dote e censuravam os homens que se casavam por dinheiro, ao mesmo tempo que estimulavam as mulheres a perceber que deviam ser amadas apenas por si mesmas. Os romances difundiram a mensagem do casamento por amor enquanto, para os homens, davam ênfase a uma ética burguesa do trabalho. Como homens e mulheres absorveram a mensagem, a cena estava preparada para o desaparecimento do dote.

Conclusão

O desaparecimento do dote

Na segunda metade do século XIX, quando ocorreu um repúdio ideológico ao dote, sua prática já havia declinado drasticamente em São Paulo, fazendo prever seu desaparecimento final. No início do século XVII, nenhuma filha de proprietários ia para o casamento sem uma contribuição em bens para o sustento do novo casal. A maioria das filhas recebia um dote. As poucas que se casavam sem dote já haviam perdido um dos genitores e, portanto, levavam sua herança para o casamento. Em meados do século XVIII, 9% das famílias que possuíam bens, em sua maioria pequenos proprietários, deixavam que suas filhas se casassem de mãos abanando; elas não recebiam dotes, mesmo ainda não tendo recebido nenhuma herança. Um século depois, quase três quartos das mulheres da classe proprietária iam para o casamento sem levar bens consigo. Mesmo que fossem herdar mais tarde, já não contribuíam com um dote para o sustento inicial de sua nova família.

O declínio da prática do dote em meados do século XIX era evidente em todas as classes, pois perto de metade das famílias da quarta parte mais rica da amostra não dotaram suas filhas. Das famílias que ainda concediam dotes, a maioria dotou apenas uma ou duas de suas filhas casadas, e o tamanho desses dotes em relação à herança das filhas era muito menor do que no período colonial.

A decadência na prática do dote foi acompanhada por uma inversão das prioridades dos pais. No início do século XVII, as filhas eram privilegiadas em relação aos filhos, recebendo em seus dotes um montante de bens maior do que aquilo que, mais tarde, seus irmãos iriam herdar. Em meados do século XIX, os genitores tratavam filhos e filhas com mais eqüidade relativamente à herança, embora favorecessem os filhos nas despesas familiares *pre mortem*, tais como educação.

Essas transformações na prática do dote foram ocorrendo à medida que se alterava o pacto matrimonial, com efeitos sobre a igualdade entre irmãos e irmãs. Apesar de, no século XVII, os genitores favorecerem as filhas em relação aos filhos, os irmãos casados e as irmãs casadas acabavam tendo quantidades semelhantes de bens, pois era costume que os homens se casassem com mulheres que levavam para o casamento muito mais bens do que eles. Em meados do século XVIII, a relativa igualdade entre irmãos casados e irmãs casadas já não existia, porque nessa época os maridos contribuíam muito mais para o casamento do que suas esposas. Assim, as mulheres dotadas casavam-se com homens com grandes fortunas e permaneciam em melhor situação do que seus irmãos, que só podiam se casar com mulheres com dotes muito menores do que os de suas irmãs.

É provável que essa transformação do pacto matrimonial tivesse relação com o surgimento do comércio no século XVIII, o qual permitia que os homens com capacidade empresarial acumulassem grandes fortunas que não tinham relação alguma com seu capital inicial. Assim, um negociante não precisava tanto da contribuição em bens de sua esposa quanto um fazendeiro ou um criador de gado, ainda que se beneficiasse enormemente das relações que adquiria ao se casar com a filha de outro negociante. Como um negociante se interessava mais pela família da noiva do que por seu dote, podia aceitar um dote com menos bens do que os que ele próprio levava para o casamento. A disposição dos negociantes a aceitar um dote menor tornou difícil que os outros homens continuassem a se casar com mulheres com bens em maior quantidade do que os seus, como faziam no passado.

A conseqüente desigualdade entre irmãos casados e irmãs casadas deve ter criado problemas para os pais, de modo que eles passaram a conceder menos dotes e dotes menores. Em meados do século XIX, o pacto matrimonial se alterara ainda mais, pois o marido passara a fornecer praticamente todo o sustento da nova família. A menos que já tivessem recebido alguma herança, a maioria das filhas de proprietários não levava bens para o casamento e as poucas que ainda foram dotadas levavam consigo dotes relativamente pequenos que não contribuíam substancialmente para o sustento do casal. Quanto à igualdade entre irmãos casados e irmãs casadas, a situação era instável, visto que uma mulher sem dote ou só com um pequeno dote podia casar-se em nível superior ou inferior, enquanto o futuro econômico imediato de seu irmão se baseava principalmente em sua educação e capacidade. Ele não dependia mais dos bens que recebia da esposa por ocasião do casamento, como nos séculos anteriores, muito embora, evidentemente, as relações políticas, comerciais e familiares proporcionadas por sua nova esposa ainda fossem muito importantes.

Paralelamente às mudanças ocorridas no pacto matrimonial, outras transformações na família e no casamento contribuíram para o declínio e o desaparecimento do dote. Em primeiro lugar, o grande poder patriarcal sobre a prole adulta, que fora a regra em São Paulo, no século XVII, foi gradativamente diminuindo. No século XVIII, os filhos homens migravam, conduziam mulas e bois para as minas ou dedicavam-se ao comércio em lugares longínquos, tornando mais difícil o controle deles pelos pais. Com o crescimento do individualismo no século XIX, os filhos tornaram-se ainda mais independentes dos pais em suas vidas de negócios, e tanto filhos como filhas adquiriram liberdade na escolha de um par com quem se casariam. Essa liberdade era ela própria conseqüência do declínio da prática do dote.

Em segundo lugar, a família mudou, deixando de constituir a estrutura de um empreendimento produtivo para ser uma entidade distinta dos negócios da família, deixando de ser uma unidade de produção para ser uma unidade de consumo. Essa realidade refletiu-se na mudança da composição dos dotes que, analogamente, passaram a compor-se mais de meios de consumo do que, como no passado, de meios de produção.

Embora os bens ainda pudessem ter um papel importante a desempenhar no casamento dos indivíduos, já não constituíam o *sine qua non* para que o casamento se concretizasse. No século XVII, o casamento fora um dos principais modos de estabelecer um novo empreendimento produtivo, para o qual ambos os cônjuges contribuíam com bens. E esse empreendimento era de importância vital, não só para o novo casal, como também para suas famílias, de modo que elas estimulavam esses casamentos concedendo dotes consideráveis. Porém, à medida que se foram introduzindo maneiras mais formais de começar um negócio e de constituir uma sociedade, e os negócios e a família passaram a ser coisas distintas, o casamento deixou de ser a via principal para a criação de um novo empreendimento produtivo. Os homens, mesmo os de nível social mais alto, desenvolveram outros modos de manter suas famílias, quer como negociantes, quer em carreiras liberais ou das Forças Armadas, por exemplo, e a contribuição do dote da esposa deixou de ser essencial para o sustento do novo casal. Em resposta à menor necessidade de um dote por parte dos recém-casados, os pais começaram a conceder dotes comparativamente menores, de valor quase simbólico, ou a não conceder dote algum. Para o homem, o casamento deixou de ser, como no século XVII, um modo de se estabelecer independentemente, mediante a obtenção dos bens que vinham no dote da esposa, passando, no século XIX, a ser um custo imediato.

O dote fora um veículo importante do controle patriarcal e, como o poder dos pais sobre sua prole adulta diminuiu, sua prática decaiu. Além disso, não há dúvida de que a crescente autonomia dos filhos adultos contribuiu para diminuir a obrigação dos pais de conceder dotes, ao mesmo tempo que as maneiras mais individualistas de fazer negócios e as novas formas com as quais os homens ganhavam a vida ajudaram a libertá-los da necessidade de um dote para se casar.

Em nível mais geral, o declínio e o desaparecimento do dote também podem se dever ao fato de ser ele um obstáculo ao livre uso dos bens, dificultando a rápida circulação de capital, necessária nas economias de mercado. O morgado, abolido no Brasil logo após a independência, era um obstáculo semelhante, pois preservava a propriedade não dividida e a protegia dos credores.[1] O dote, como era praticado no "regime dotal", estava igualmente protegido dos credores, e o marido continuava sendo responsável por sua preservação, visto que ele deveria ser devolvido integralmente à sua viúva, o que limitava, portanto, o uso que podia fazer desses bens. O regime dotal foi pouco utilizado em São Paulo, mas o dote que se absorvia no conjunto dos bens do casal também constituía um obstáculo, já que havia sempre a possibilidade de que pelo menos parte dele tivesse que ser devolvida aos irmãos quando os genitores morressem. Ao mesmo tempo, o pai com filhas casadouras e dotes em que pensar evidentemente sofria restrições ao livre uso dos próprios bens. Além disso, o dote tornava o processo de herança mais longo, mais complicado e, se houvesse alguma questão judicial prolongada, muito mais dispendioso, diminuindo com isso a disponibilidade do capital. Com a mudança de uma economia de base familiar para a economia de mercado individualista do capitalismo industrial, o dote se tornara um estorvo.

Para a filha de proprietários, o desaparecimento do dote mudou para pior sua posição dentro do casamento. Uma noiva com um dote contribuía imediatamente para o sustento do casal e, assim, seu marido lhe era devedor. A idéia de que o dote atribui poder à esposa dentro do casamento é muito antiga, pois Catão já aconselhava os homens a "fugirem das mulheres que procuram dominar em virtude de seu dote".[2] Com o desaparecimento da prática do dote, a menos que já houvesse herdado, a filha de uma família proprietária só levava para o casamento a expectativa de uma herança. A mudança da origem do sustento inicial do casal sem dúvida alterou em favor do marido o equilíbrio de poder dentro do casamento.[3] Os estudiosos têm afirmado que, quando a produção abandonou o lar, durante o processo de industrialização na Europa e nos Estados Unidos, houve um deslocamento no poder conjugal. A mulher foi relegada à esfera doméstica, onde se tornou economicamente dependente do marido e perdeu o status e o poder de negociação no casamento, que seu papel como produtora lhe havia assegurado.[4] O desaparecimento do dote teve o mesmo efeito no que se refere às mulheres proprietárias. Encontra-se confirmação desse efeito na opinião de jurista brasileiro do século XIX que declarou que, na medida em que o pai aprovasse o casamento de um filho ou filha, já não era necessário seguir rigorosamente a lei e obter o consentimento da mãe. Isso era exatamente o contrário da preocupação legal do século XVII de que a esposa devia sempre concordar explicitamente com a concessão de um dote que incluísse bens imóveis (com o que demonstrava consentir no casamento).

O casamento, que sempre fora uma instituição para sustentar os filhos (com a renda proveniente dos bens com que ambos os cônjuges haviam contribuído), tornou-se também uma instituição para o sustento das esposas.[5] Um jurista brasileiro do século XIX escreveu que, nos tempos de Roma, o dote fora a diferença principal entre uma amásia e uma esposa.[6] O desaparecimento do dote transformou, pois, o casamento em algo parecido com o concubinato, caracterizando-o como uma relação em que a esposa, em vez de dar uma contribuição substancial inicial para o casamento, dependia totalmente do marido. Ao mesmo tempo, o declínio do poder patriarcal do pai sobre o filho e o genro e a tendência a uma independência maior do par conjugal deixavam a noiva quase totalmente carente do apoio e da proteção dos membros de sua família, como os que recebia no período colonial.

Do século XVII ao XIX, as condições do pacto matrimonial haviam mudado de uma situação em que a noiva e sua família detinham a posição mais forte, para uma posição em que o noivo é quem tinha as melhores cartas na mão. Uma vez que os homens do século XIX, mesmo os da elite, eram capazes de ganhar a vida sem possuir os meios de produção e, por isso, não precisavam mais casar-se para receber esses meios graças ao dote de suas esposas, eles não estavam mais disponíveis para serem comprados. Os dotes tornaram-se irrelevantes. Por outro lado, havia poucos modos de as mulheres (especialmente as das classes média ou alta) se sustentarem, de modo que, a menos que continuassem a depender de suas famílias, as que não houvessem recebido heranças ainda precisavam do casamento para se manter. Eram portanto as mulheres, e não os homens, que estavam então disponíveis para aquisição, não mais por um preço pago a suas famílias, como nas sociedades primitivas, mas pela promessa de sustento.

Contudo, essa mudança, embora possa ter sido para pior para as filhas de proprietários, aumentou a possibilidade de casamento legal para as mulheres que nada possuíam. Conseqüentemente, uma proporção maior da população passou a casar-se.

Se o dote fora um modo de garantir que as filhas permanecessem na classe social de seus pais, seu declínio significou uma mudança —, da mulher que mantinha o status de sua família para a mulher que adotava o status de seu marido. Essa mudança fez-se visível, no Brasil, na alteração do costume relativo ao sobrenome das mulheres casadas. As mulheres casadas do período colonial levavam para o casamento um dote substancial e mantinham seus nomes de solteira, continuando membros de suas famílias de origem e mantendo o status de suas famílias. Em contraposição, no século XIX, quando não levavam dote algum para o casamento, ou levavam apenas um pequeno dote, as esposas passaram, cada vez mais, a adotar o sobrenome do marido, tornando-se mais independentes de sua família de origem e mais dependentes do marido.

Embora em 1870 já se verifiquem um aumento no uso do sobrenome do marido pelas mulheres casadas e uma ênfase crescente na capacidade do marido de sustentar sua família, só mais tarde essas mudanças foram incorporadas à legislação. A nova legislação sobre o casamento, aprovada em 1890, após a proclamação da República, permitiu que a esposa usasse o sobrenome de família do marido e obrigou o marido a sustentar seus filhos.[7]

Exigindo somente do marido que sustentasse os filhos do casal, a nova lei sobre casamento aboliu a responsabilidade legal da esposa pelo sustento deles. As *Ordenações* haviam estabelecido que "nascendo algum filho de legítimo matrimônio, enquanto durar o matrimônio entre o marido e a mulher, eles ambos o devem criar às suas próprias despesas e dar-lhe as coisas que lhe foram necessárias segundo seu estado e condição".[8] Esse dever de ambos os genitores sustentar os filhos foi substituído na nova lei pela responsabilidade apenas do marido.

O Código Civil de 1917 foi ainda além. Tornou automática, por ocasião do casamento, a adoção do sobrenome do marido pela esposa e exigiu que o marido sustentasse não só os filhos como também a esposa, tivesse ela trazido bens para o casamento ou não.[9] Desse modo, o Código Civil legalizou plenamente a mudança de uma instituição do casamento que era principalmente uma relação de propriedade entre iguais, para uma instituição do casamento baseada no relacionamento pessoal entre os cônjuges, na qual as esposas eram em geral economicamente dependentes de seus maridos. No decorrer desse processo, a prática do dote deixou de existir.

Tabelas e figuras

Apêndices

A. CONTEÚDO DE DOTES NA SÃO PAULO DO SÉCULO XVII

I. Maria de Proença, filha de Baltazar Fernandes e Izabel de Proença, casada com João Borralho Dalmada (AESP, Livro de Notas ord. 6074, nº 26, liv. 1640-2).

Meios de consumo

3 vestidos
Brincos de ouro
Colar de ouro
1 cama com roupas de cama
1 mesa e 6 cadeiras
1 bufê
Toalhas de mesa e de banho

Meios de produção

1 fazenda em São Sebastião, com uma roça de mandioca e uma de algodão
20 ferramentas agrícolas
2 escravos africanos
30 índios
1 barco ou canoa, com remos

30 pratos de porcelana
2 cofres com cadeados
1 tacho grande
1 tacho pequeno
1 casa na cidade
1 casa na fazenda

500 alqueires de farinha estocados em Santos

II. Francisca de Siqueira, filha de João Baruel e Izabel de Siqueira, casada com Manoel Rodrigues de Morais (João Baruel, 1665, AESP, INP, #ord. 485, c. 8).

Meios de consumo

2 vestidos (3$200)
1 gargantilha de ouro (10$000)
Brincos de ouro, 4 anéis (6$400)
6 colheres de prata (3$960)
2 canecos de prata (55$060)
24 pratos, 2 travessas (1$440)
1 rede ($480)
Cortinas de cama (2$000)
1 cobertor de lã (3$000)
6 lençóis (6$000)
2 travesseiros ($800)
4 almofadas (2$400)
2 toalhas de mesa (2$000)
30 guardanapos ($600)
10 toalhas de banho (1$000)
2 ———————— ($800)
1 casa na cidade (60$000)
Total do dote: 521$040

Meios de produção

Dinheiro (350$000)
1 escravo africano (45$000)
2 índias (sem valor)

III. Antonia Dias, filha de Gonsallo Ferreira e Izabel Fernandes, casada com Pero de Gomes (Izabel Fernandes, 1641, *IT*, vol. 28).

Meios de consumo	*Meios de produção*
1 vestido (16$000)	4 índios

IV. Maria Vidal, filha de Pedro Vidal e Mecia de Siqueira, casada com Francisco Baldaia (Mecia de Siqueira, 1648, *IT*, vol. 37).

Meios de consumo	*Meios de produção*
1 vestido	1 vaca
	2 lâminas de prata
	2 índios

Total do dote: 3$440

V. Elvira Rodrigues, filha de Martim Rodrigues e Suzanna Rodrigues, casada com Cornelio de Arzão (Martim Rodrigues, 1612, *IT*, vol. 12, p. 13. Suzanna Rodrigues prometeu o dote enquanto Martim estava fora).

Meios de consumo	*Meios de produção*
1 colchão	4 índios adultos e 2 crianças índias
2 lençóis de algodão	24 cabeças de gado
1 cobertor	Metade dos porcos de seus genitores
Travesseiros	1 roça de —— com um ano
2 toalhas de mesa de algodão	1 roça de algodão
12 guardanapos	1 cavalo
3 toalhas de banho	1 potro
2 boas cadeiras	
1 vestido	

VI. Beatriz Rodrigues, filha ilegítima de Pedro de Moraes Dantas (Pedro de Moraes Dantas, 1644, *IT*, vol. 14, p. 289).

Meios de produção

9 índios

VII. Izabel Bicudo, filha de Manoel Pires e Maria Bicudo, casada com Bartholomeu de Quadros (Maria Bicudo, 1660, *IT*, vol. 16, p. 97).

Meios de consumo	*Meios de produção*
Metade de seu dote:	
2 saias (2$300)	100 braças de terra
1 capa e 1 colete (3$640)	12 índios (sem valor)
1 colchão, com colcha (4$000)	Farinha (8$000)
3 toalhas de banho, 1 lençol	50 alqueires de trigo (4$000)
1 toalha de mesa	Uma nota promissória
3 guardanapos (2$400)	(15$000)

Valor de metade de seu dote: 40$020 (sem a terra nem os índios)

VIII. Catarina de Sampayo, filha de Gonçalo Lopes, casada com Antonio Nunes, segunda esposa dele (Antonio Nunes, 1643, *IT*, vol. 38).

Meios de produção

Entregues:
2 enxadas
1 foice grande
2 porcos
Nota promissória de 4$000

A entregar:
Metade do gado que...
Metade de uma roça de mandioca
Metade de uma outra roça
1 potro

B. TIPOS DE BENS IMÓVEIS NO SÉCULO XVIII

Ver em Marcílio, *A cidade*, p. 43, um mapa da região considerada o distrito ("termo") da cidade de São Paulo em 1750. Parnaíba fora criada como cidade separada em 1625, embora esteja mais perto do centro de São Paulo do que Jaguari, que se encontrava dentro de seu termo.

Cinqüenta e cinco inventários fornecem as informações sobre propriedades, conforme especificação a seguir.

Proprietários de bens imóveis urbanos e rurais: 26 (47,2%). Localização das casas urbanas: 19 nas diferentes freguesias da cidade de São Paulo, 2 na cidade de Parnaíba, 1 na cidade de Mogi das Cruzes, 2 em Guaratinguetá e 2 em São Sebastião. As propriedades rurais das 19 famílias que possuíam casas no centro de São Paulo e em outros centros urbanos da cidade espalhavam-se por todo o distrito da cidade, nas freguesias de Nossa Senhora do Ó, São Bernardo, Guarulhos, Santo Amaro, Cotia, Atibaia, Tremembé, Juqueri e Santana, e nos bairros do Brás, São Miguel, Pinheiros, Penha e Piratininga. Às vezes, as famílias possuíam casas em mais de uma cidade. Por exemplo, Balthazar Rodrigues Fam, cujo inventário foi apresentado ao juízo de órfãos em Parnaíba, era dono de 1 sítio e 4 casas na cidade, em Parnaíba, mas também de 2 casas no centro de São Paulo.

Proprietários apenas de bens imóveis rurais: 24 (44,4%). A localização de 16 deles é conhecida: 2 em Parnaíba, 1 em Sorocaba, 1 em

Taubaté, e o restante nas freguesias e bairros de São Paulo: 1 no Brás, 2 em Santo Amaro, 2 em Atibaia, 1 em Nossa Senhora do Ó, 1 em Guarulhos, 1 na Penha, 1 em Cotia, 1 em Juqueri, 1 em São Bernardo e 1 em Nazaré.

Famílias rurais que não eram donas das terras em que viviam: 3 (5,5%). Todas possuíam bens que exigiam inventário, tais como escravos, gado ou benfeitorias. Nos três casos, a pessoa falecida era uma viúva, o que indica que, quando o marido morreu, a terra foi adjudicada aos filhos, enquanto a viúva manteve para si os bens móveis.

Proprietários apenas de bens imóveis urbanos: 2 (3,7%). Eram também viúvas.

C. LIGAÇÕES ENTRE PROPRIETÁRIOS E AS MINAS DE OURO

Entre os 25% mais ricos	*Evidências nos inventários*
José Rodrigues Pereira (espólio num total líquido de 14:632$500)	11 barras de ouro e dinheiro num total líquido de 2:169$400; um irmão em Cuiabá
Manoel Vellozo (espólio líquido de 10:875$300)	Duas filhas casadas em Cuiabá
Manoel Soares de Carvalho (espólio líquido de 4:925$500)	Negociava amplamente em Cuiabá e tinha sócios lá
Caetano Soares Viana (espólio líquido de 4:593$000)	Muitos devedores em Cuiabá e em Goiás
Balthazar Rodrigues Fam (espólio líquido de 8:313$900)	Barras de ouro no inventário e muitas dívidas incobráveis nas minas
Maria de Lima de Siqueira (espólio líquido de 4:070$700)	Três barras de ouro em seu inventário

Francisco de Godoy Preto (espólio líquido de 7:402$000)	Esperava-se uma remessa de pó de ouro das minas*
Escolástica Vellozo (espólio líquido de 6:633$700)	Três barras de ouro, documentos de venda de escravos em Cuiabá
Maria Leite de Barros (espólio líquido de 1:895$300)	Uma filha casada dotada em Minas Gerais
Maria Bueno de Araujo (espólio líquido de 2:663$500)	Um filho, padre, em Minas Gerais
Entre os 25% mais pobres	
Silvestre da Silva Carneiro (espólio líquido de 205$600)	Um filho em Goiás
Catarina Pires Ribeiro (espólio líquido de 61$500)	Uma filha viúva em Minas Gerais

FONTE: 69 espólios com valor líquido conhecido, relacionados pelo valor decrescente do espólio.
* Francisco de Godoy Preto foi o descobridor e o guarda-mor das minas de Papuá (Silva Leme, *Genealogia*, vol. 6, p. 44).

D. INFORMAÇÕES NOS INVENTÁRIOS

I. Uma divisão de bens típica do século XVII: Catharina do Prado, viúva, 1649 (*IT*, vol. 15, pp. 103-4). (Ela tinha onze filhos, mas suas oito filhas casadas abriram mão da herança, de modo que sobraram apenas três herdeiros.)

Total do espólio	290$400
Menos dívidas e custas	55$920
Espólio líquido	234$480
Terça	78$160
Menos legados	24$040

Remanescente da terça para Joanna da Cunha (única filha solteira)	54$120
O restante, a ser dividido entre os três herdeiros (Joanna da Cunha, João Gago da Cunha e João do Prado da Cunha)	156$320
Legítima de cada herdeiro	52$106

NOTA: Joanna da Cunha, a filha solteira menor de idade, recebeu um total de 106$226, soma de sua legítima com o remanescente da terça.

II. Divisão do espólio de Manoel João Branco, 1641 (*IT*, vol. 13).

O espólio líquido foi dividido na metade porque Manoel João era casado e metade dos bens pertenciam a sua viúva. Embora tivessem três filhos, havia somente dois herdeiros, porque Anna Leme, esposa de David Ventura, abriu mão da herança. A outra filha foi à colação.

Dívidas do espólio com David Ventura, provenientes do dote ainda não pago:

Uma corrente de ouro	50$000
Um cavalo arreado e três éguas	10$000
Seis cadeiras	6$000
Um prédio para o moinho (menos as mós recebidas)	16$000
Um escravo africano	25$000

Divisão do espólio:

Espólio bruto	1:190$568
Dívidas com David Ventura e custas do inventário	382$640
Espólio líquido	897$928

Meação da viúva	403$964
Terça (da metade do marido)	134$308
Dois terços para os herdeiros	269$308
Mais metade de dote (da segunda filha)	88$250
Mais metade de doação ao filho	30$000
Total a ser dividido	387$558
Legítima (dois herdeiros)	193$779

Cada herdeiro recebeu a diferença entre a legítima e a metade do dote, ou doação, levados à colação.

III. Uma divisão de bens típica do século XVIII: Maria Bueno de Araujo, casada, morta em 1766, bairro da Penha (AESP, INP, #ord. 544, c. 67).

Seus seis herdeiros: dois filhos (um, padre, ausente, em Minas Gerais), duas filhas casadas e duas filhas solteiras com mais de 25 anos. Ao morrer, ela tinha 61 anos e seu marido estava com 71, segundo o censo de 1765. O capital que declararam ao censo foi de 500$000 (*DI*, vol. 62, p. 236).

Espólio líquido total	2:663$594
Meação do viúvo	1:338$792
Tercinha*	147$976
A ser dividido entre os herdeiros	1:180$870
Mais metade do patrimônio do padre	200$000
Mais metade do primeiro dote	209$240
Mais metade do segundo dote	255$511
Total a ser dividido	1:848$537
Legítima (total acima dividido por 6)	308$089

Cada herdeiro que recebeu dote ou doação recebeu metade do dote ou patrimônio em seu poder, mais a diferença entre a legítima e metade do dote ou patrimônio.

* A tercinha era uma terça parte da terça, a ser usada para as missas pela alma da falecida, tirada do espólio por lei, no século XVIII, quando uma pessoa morria sem deixar testamento. No final do século XVIII, essa lei havia sido revogada.

IV. Uma divisão de bens menos típica: Maria de Lima de Siqueira, viúva, 1769, Cotia (AESP, INP, #ord. 545, c. 68).

Este exemplo tem dois "dotes levantados", isto é, recusas a herdar devido a dotes grandes que, assim, eram subtraídos da terça.

Seus onze herdeiros: cinco filhos (entre os quais um padre com patrimônio e dois frades franciscanos) e seis filhas casadas (duas casadas antes da morte do pai e quatro casadas depois).

Seu espólio bruto	5:727$511
Créditos não cobráveis	1:524$306
Espólio bruto real	4:203$205
Dívidas e custas do inventário	132$422
Espólio líquido	4:070$781
Terça (ela fizera testamento)	1:356$227
Dois terços para seus herdeiros	2:713$852
Mais dotes à colação ("conferidos") (apenas da mãe):	
D. Monica M. de Camargo	591$560
Martha Maria de Camargo	492$340
Catharina da Silva de Camargo	844$253
Ignacia M. de Camargo	613$120
Mais metade do patrimônio do P. Salvador (doado pelos dois genitores)	140$000

Mais metade dos dotes levantados (doados pelos dois genitores):	
Manoel José da Cunha (falecido)	1:109$320
Thomé João de Souza (falecido)	1:028$340
Montante a ser dividido entre 9 herdeiros (os 2 franciscanos não herdaram)	7:848$827
Legítima	872$022
Distribuição da terça	1:356$227
Diferença entre o primeiro meio-dote levantado e a legítima	237$248
Diferença entre o segundo meio-dote levantado e a legítima	156$248
Legados	340$360
Remanescente da terça	623$071

V. Os dotes e a herança dos filhos de Maria de Lima de Siqueira (1769, AESP, INP, #ord. 545, c. 68).

Filhas dotadas por ambos os genitores enquanto o pai era vivo:

#1	2:218$640
#2	2:056$640

Filhas dotadas pela mãe, após a morte do pai: cada uma delas recebeu a legítima por parte de pai que lhes coube (884$254), mais sua parte do remanescente da terça de seu pai, que ele deixou para suas quatro filhas solteiras (605$585), num total de 1:489$835. A essa quantia, a mãe acrescentou um dote:

#3 1:489$835 + 591$560 (dote) = 2:081$395

#4	1:489$835+ 492$340 (dote)	= 1:982$175
#5	1:489$835 + 844$253 (dote)	= 2:334$088
#6	1:489$835 + 613$120 (dote)	= 2:102$955

Cada um dos filhos homens recebeu as duas legítimas num total de 1:756$276. O padre recebeu também um patrimônio de 280$000, metade do qual foi descontado de cada legítima.

VI. Do que se despojaram Fernando Lopes de Camargo e Maria de Lima de Siqueira em benefício dos dotes (Maria de Lima de Siqueira, 1769, AESP, INP, #ord. 545, c. 68).

Espólio líquido do casal quando o marido morreu	17:041$878
Meação da esposa	8:520$939
Meação de Fernando	8:520$939
Mais primeiro meio-dote	1:109$320
Mais segundo meio-dote	1:028$340
Mais meio-patrimônio do padre	140$000
Espólio de Fernando mais o total de que se despojou	10:798$599

Ele se despojou de 2:277$660 (21%) de seu patrimônio.

Espólio líquido de Maria	4:070$781
Mais o total de doações feitas enquanto o marido vivia (1/2 de cada um)	2:277$660
Mais o total dos 4 dotes concedidos após a morte dele	2:541$273

Seu espólio mais o total de que
se despojou 8:889$714

Ela se despojou de 4:818$933 (54%) de seu patrimônio.

NOTA: Calculei o patrimônio líquido de Fernando Lopes de Camargo a partir da informação contida no inventário de sua esposa de que a legítima paterna fora de 884$254. Para fazê-lo, refiz o processo de partilha de trás para a frente, deduzindo apenas os meios-dotes das duas filhas mais velhas e o meio-patrimônio do padre, doados enquanto o pai deles vivia.

VII. Dote de Martha de Camargo Lima, esposa de Ignacio Soares de Barros (Maria de Lima de Siqueira, 1769, AESP, INP, #ord. 545, c. 68).

Rol do que prometo ao Cap[tão] Ignacio Soares de Barros por me fazer m[c] de casar com minha filha Martha de Camargo Lima, o que lhe pertence da folha de partilhas e remanescente da terça de seu pai Fernando Lopes de Camargo que importa de legítima e terça 1:489$835. Mais de minha parte...:

1 escravo, João, com sua esposa crioula, Maria
1 escrava crioula chamada ———
Mais dinheiro (300$000)
Mais 1 cruz de ouro
Mais brincos de ouro
Mais 10 botões ———
Mais 1 gargantilha (12$000)
Mais 8 colheres de prata (5$360)
Mais 12 pratos de peltre (2$000)

Mais 1 cama com colcha de algodão e cortinas e 4 lençóis de linho (10$000)
Mais 1 bom vestido de praça (30$000)
Mais 1 cavalo e sela (16$000)
Mais 1 tacho grande e 1 urinol
Mais 2 toalhas de mesa e guardanapos
Mais 4 toalhas de banho de linho e outras de algodão
Mais 2 toalhas de banho com renda
Mais 1 rede
Mais 1 baú grande
Mais uma dívida de ——— em mãos de seu cunhado João
Mais uma dívida de ——— em mãos de seu irmão, P. Francisco de Jesus Camargo

Assinado a rogo de minha mãe
Joseph Ortiz de Camargo Lima (1748)

"A rogo de" era a expressão usada quando a mulher não sabia assinar o nome e, como a maioria mas não todas as mulheres do século XVIII, Maria de Lima de Siqueira não sabia escrever. Monica, uma de suas seis filhas, sabia escrever.

Esse dote foi avaliado para fins de inventário em 492$340.

Glossário

Alqueire: no período colonial, uma medida de grãos, variável de um lugar para outro. É também uma medida de terras que varia regionalmente.

Arras: ver *Contrato de dote e arras*.

Arroba: medida de peso correspondente a 14,668 kg.

Bandeira: expedição paulista armada que partia em busca de ouro e outros minérios e para a captura de índios.

Braça: medida antiga de comprimento, equivalente a 2,2 metros.

Carta de data de terra: outorga de terra feita pela Câmara Municipal.

Colação: processo judicial pelo qual metade do dote concedido, ou de outra doação feita pelos pais a seus filhos (ou o dote, ou doação, integralmente, quando concedido por um viúvo ou viúva), voltava para o espólio para fins contábeis quando da morte de um dos genitores; o herdeiro/beneficiário do dote, ou doação, recebia a diferença entre sua herança e o dote, ou doação.

Contrato de dote e arras: contrato pré-nupcial que estabelecia um arranjo conjugal de bens segundo o qual o dote da esposa permanecia separado dos bens do marido, embora por ele administrado, e não podia ser alienado ou hipotecado, porque devia ser devolvido intacto à viúva. *Arras* era uma quantia que o marido acrescentava a esse dote para o sustento da esposa na viuvez.

Côvado: medida de comprimento, equivalente a 66 centímetros, usado no período colonial para medir tecidos.

Cruzado: unidade monetária usada no Brasil, especialmente nos séculos XVI e XVII, e que valia 400 réis.

Donatário: capitão donatário, que recebia da Coroa portuguesa a propriedade e o controle judicial, administrativo e político de uma extensa região do Brasil. São Paulo pertencia à capitania donatária de São Vicente até princípios do século XVIII.

Dote conferido: dote levado à colação (uso do século XVIII).

Dote levantado: dote cujos beneficiários se recusavam a ir à colação, provavelmente por ser ele maior do que a legítima (uso do século XVIII).

Expostos: crianças abandonadas.

Fidalgo: grau mais baixo da nobreza, como na Espanha, *hidalgo*.

Filho-família: filho solteiro não emancipado, ainda sujeito à autoridade legal do pai ou da mãe viúva.

Filho natural: criança nascida da união de duas pessoas solteiras, entre as quais não havia impedimento religioso para o casamento.

Inventário: a categoria "inventários" no Arquivo do Estado de São Paulo e no Arquivo do Ministério da Justiça, muito mais do que o inventário propriamente dito, inclui também o testamento (quando existente), as reclamações dos credores, os recibos de pagamentos de dívidas, a cópia original dos dotes ou doações a filhos homens, as querelas judiciais entre herdeiros, a nomeação de tutores e seus relatórios ao juiz, as partilhas finais do espólio etc.

Legítima: herança, parte do espólio que cabe a cada herdeiro forçado. Dois terços do espólio líquido, ou todo ele (no caso de alguém que morra sem deixar testamento), de uma pessoa que morrera, eram destinados aos herdeiros forçados e divididos pelo número de tais herdeiros para dar o valor da legítima de cada um. No período colonial, todos os filhos legítimos eram herdeiros forçados, como também todos os "filhos naturais". No século XIX, novas leis tornaram progressivamente mais difícil que filhos naturais e outros filhos ilegítimos herdassem quando houvesse herdeiros legítimos. No caso de a pessoa falecida não ter filhos, os herdeiros forçados eram seus genitores.

Meação: metade ideal dos bens comuns dos cônjuges pertencente a cada um deles.

Monções: flotilhas de carga que deixavam São Paulo de tempos em tempos até as minas de Goiás e Cuiabá no século XVIII.

Morgado: propriedade ou conjunto de bens vinculados que não se podiam alienar ou dividir e que, por morte do possuidor, passavam ao filho mais velho. O possuidor desses bens.

Ordenações ("Ordenações e leys do reyno de Portugal confirmadas e estabelecidas pelo Senhor rey D. João IV"): código português de leis aprovado em 1603, durante o reinado de Filipe II de Portugal (Filipe III da Espanha).

Quinto: quinto real, imposto sobre o ouro e outros metais preciosos.

Recolhimento: instituição religiosa para mulheres, semelhante a um convento, mas onde não se faziam votos perpétuos.

Regime dotal: sistema de casamento em que o dote da esposa era mantido separado dos bens do marido e não podia ser alienado nem tomado por credores. Ver também *Contrato de dote e arras.*

Remanescente da terça: legado do que restava da terça de um testador depois de haverem sido deduzidas as despesas com funeral, missas e outros legados.

Sesmaria: outorga de terras feita, no século XVII, pelo donatário e, no século XVIII, pela Coroa.

Sociedade em comandita: sociedade comercial em que há sócios que entram apenas com capitais, não participando da gestão dos negócios.

Terça: uma terça parte do espólio líquido de um testador, única parte que podia ser legalmente legada num testamento.

Trapiche: pequeno engenho de açúcar movido por tração animal.

Visitador: inspetor eclesiástico.

Notas

A referência completa relativa às obras aqui citadas abreviadamente encontra-se na Bibliografia, às pp. 341-57.

ABREVIATURAS

AESP — Arquivo do Estado de São Paulo.

AMJ — Arquivo do Ministério da Justiça.

DI — *Documentos interessantes para a história e costumes de São Paulo.* 93 vols., São Paulo, Arquivo do Estado de São Paulo, 1897-1980.

INP — "Inventários não publicados", coleção no Arquivo do Estado de São Paulo.

IT — *Inventários e testamentos, documentos da Secção de Estudos Históricos,* 44 vols., São Paulo, Arquivo do Estado de São Paulo, 1921-1975.

Ordenações — Cândido Mendes de Almeida (org.), *Código Philippino ou Ordenações do Reino de Portugal,* 14ª ed., Rio de Janeiro, Typographia do Instituto Philomático, 1870.

1º Of. — Primeiro Ofício da Família, coleção no Arquivo do Estado de São Paulo e no Arquivo do Ministério da Justiça.

2º Of. da F. — Segundo Ofício da Família, coleção no Arquivo do Ministério da Justiça.

1. Este livro responde também ao apelo por mais estudos longitudinais sobre a família e o dote na América Latina, feito por Cancian, Goodman e Smith em "Capitalism, Industrialization".

2. Em seu excelente estudo "From Brideprice to Dowry", p. 42, Diana Owen Hughes sustenta que a prática do dote surgiu com o fortalecimento do grupo familiar mais amplo em face do par conjugal. Meu estudo demonstrará que sua extinção ocorreu com o *enfraquecimento* do grupo familiar mais amplo em face do par conjugal.

Em *Brideprice and Dowry*, Goody conclui que o dote faz parte da "transmissão separada" — isto é, um sistema de herança em que tanto os filhos como as filhas herdam. No sistema português, quer a filha recebesse ou não um dote, ela sempre herdava.

3. Quanto à Inglaterra, ver Goody, *Development of the Family*, p. 241. Quanto à Alemanha, ver Kaplan, "For Love".

4. Por exemplo, ver Dimaki, "Dowry in Modern Greece", p. 175.

5. Harrell e Dickey, "Dowry Systems".

6. Lavrin e Couturier, "Dowries and Wills"; Arrom, *The Women*, cap. 3. Outros estudos sobre o dote na América Latina encontram-se em Couturier, "Women and the Family"; Socolow, *The Merchants*, cap. 2; Bossen, "Theory of Marriage"; Chowning, "A Mexican Provincial Elite"; e Korth e Fleuche, "Dowry and Inheritance". Estudos sobre dotes concedidos por instituições de caridade no Brasil encontram-se em Russell-Wood, *Fidalgos*, cap. 8, e Mesgravis, "A Santa Casa da Misericórdia", que demonstra que o último dote foi concedido por essa instituição em 1836, pp. 190-1. Ver Soeiro, "The Feminine Orders", a respeito de dotes a conventos.

7. Pero Nunes, 1623, *IT*, vol. 6, p. 59.

8. O deputado federal German Hasslocher, falando no Congresso, em 12 de dezembro de 1907 (ver *Congresso Nacional*).

9. Ver, por exemplo, Amaral, "Como se constitue", e Hermenegildo Almeida, "Direito romano".

10. *Ordenações*, liv. 4, tít. 96, par. 12 e tít. 97. Nos tempos da colônia, o direito no Brasil baseava-se nas *Ordenações*, código de leis português aprovado em 1603. Suas leis sobre a família continuaram em grande parte em vigor sob o Império brasileiro independente, isto é, de 1822 a 1889, e partes delas até 1917.

11. Segundo a legislação portuguesa, dependendo das circunstâncias de seu nascimento, um filho ilegítimo também podia herdar. Durante a maior parte de nosso período, o "filho natural" era um herdeiro legal. Contudo, para herdar de

seu pai, um filho ou filha natural dependia do reconhecimento explícito do pai; fazendo constar de seu testamento ou simplesmente comportando-se como pai podia ser suficiente no século XVII, mas em meados do século XIX era preciso que o reconhecimento paterno fosse registrado em tabelião. Ver *Ordenações*, liv. 4, tít. 82, nº 5, e Lewin, "Natural and Illegitimate Children".

12. Ver *Ordenações*, liv. 4, tít. 96, par. 12 e tít. 97, e Silva, "Sistema" e *Sistema*, pp. 97-110. Ver também Samara, "O dote" e *As mulheres*, p. 148.

13. Ver *Ordenações*, liv. 4, tít. 47; quanto ao segundo significado, ver nº 4 de Teixeira de Freitas.

14. *Ordenações*, liv. 4, tít. 46, par. 1. Contudo, um acordo pré-nupcial poderia alterar o regime de casamento e instituir a separação total de bens dos cônjuges, ou um "contrato de dote e arras", ou um sistema misto. Quando havia um contrato de dote e arras, a palavra "dote" significava os bens trazidos pela esposa para o casamento, os quais, embora administrados por seu marido, eram mantidos separados dos bens dele e não podiam ser alienados nem sofrerem penhora ou hipoteca. Ver Samara, "O dote", e Silva, *Sistema*, pp. 97-101.

15. Ver Lavrin e Couturier, "Dowries and Wills", e Arrom, *The Women*, cap. 3.

16. Quando havia uma separação eclesiástica válida, chamada de divórcio, e a esposa era a parte inocente, ou quando o casal se separava de comum acordo, a esposa também recebia sua meação. Quanto ao período colonial, ver Silva, *Sistema*, pp. 240-3.

Quando uma mulher casada ou um homem casado morria, os bens do casal eram em primeiro lugar divididos pela metade e o cônjuge sobrevivente ficava com sua metade. A outra metade era considerada o espólio da pessoa falecida. A lei exigia que dois terços do espólio da pessoa falecida fossem divididos em partes iguais entre seus herdeiros necessários, seus filhos (ou netos, *per stirpes*, no caso de os filhos haverem falecido antes de seu genitor ou genitora), ou, à falta de filhos, entre seus pais. (Se a pessoa falecida não tivesse nem filhos nem pais, e caso não houvesse deixado testamento, sua parte do espólio passava aos herdeiros colaterais. Uma vez que os colaterais não eram herdeiros forçados, uma pessoa sem filhos e sem pais podia, em testamento, deixar todos os seus bens a qualquer pessoa.) Os cônjuges não herdavam um do outro, simplesmente conservavam sua meação, embora pudessem receber legados testamentários. Os testadores que possuíam herdeiros forçados só podiam dispor livremente de uma terça parte de seus bens (no caso de testadores casados, uma sexta parte dos bens do casal). Ver *Ordenações*, liv. 4, tít. 96.

Quando da morte da esposa, geralmente se fazia um inventário, relacionando e repartindo os bens, com isso protegendo os direitos dos filhos dela contra os de filhos que seu marido tivesse posteriormente. Na prática, quando os filhos eram menores de idade, o pai conservava consigo os bens e os administrava até os filhos chegarem à maioridade. Quando o marido morria antes da esposa, também era feito um inventário, só que não era automático que a esposa continuasse a administrar a herança dos filhos menores de idade; no Brasil colonial, ela às vezes o fazia, mas era mais freqüente ser nomeado um tutor do sexo masculino. No século XIX, pode-se perceber uma tendência a que não se fizesse inventário algum até que o segundo cônjuge morresse (fosse ele o homem ou a mulher), com isso permitindo, na prática, que o viúvo ou a viúva continuasse a administrar todos os bens do casal. Isso às vezes acontecia ainda que os filhos fossem adultos.

17. Presumindo que a cidade ou bairro em que vivesse uma família não influenciaria a prática do dote, acolhi todos os inventários com filhas casadas em cada uma das coleções de arquivo. Entre os inventários publicados relativos ao século XVII estão os dos "juízes dos órfãos" tanto de São Paulo como de Parnaíba, dois municípios vizinhos. A amostra relativa ao século XVIII, extraída dos INP, possui 51 espólios sob a jurisdição do juiz dos órfãos em São Paulo, nove em Parnaíba, três em São Sebastião, dois em Guaratinguetá, dois em Mogi das Cruzes e dois em Sorocaba. Os inventários da amostra do século XIX eram todos de famílias com domicílio na cidade de São Paulo ou em seus arredores imediatos, muito embora as famílias ricas possuíssem muitas propriedades em outras partes do estado e, num dos casos, o juiz tenha hesitado quanto a seu direito jurisdicional, uma vez que a maior parte dos bens daquela dada família estava em Minas Gerais. Havia 45 famílias com domicílios na freguesia da Sé, com os únicos endereços de ruas da amostra (embora não se utilizassem números). Quanto aos demais, havia 36 famílias em Santo Amaro, dezessete em Itapecerica, dezesseis em Cotia, doze em Juqueri, em São Bernardo e em Parnaíba oito em cada, sete em Nossa Senhora do Ó, em Guarulhos e Santa Efigênia seis em cada, e mais nove em bairros ou freguesias como Santana, Penha, Bexiga, Pinheiros, Estrada de Santos, da Conceição e aldeia de São Miguel.

18. Além disso, reduzi o número de inventários estudados utilizando, para o século XVII, apenas os inventários publicados, e, para cada um dos séculos seguintes, apenas uma das duas possíveis coleções de documentos.

Optei por estudar as décadas de 50 e 60, de modo a poder comparar as informações dos recenseamentos de 1765 e 1767 com as informações dos inventários. Mudei as datas a serem estudadas relativamente ao século XVII, ao ficar sabendo que o Arquivo do Estado havia publicado *todos* os "Inventários não publicados" existentes apenas até 1651. Os de datas posteriores foram escolhidos pelo pessoal do arquivo entre o grande número que esperava por recursos para publicação, e tendem a favorecer personalidades masculinas, ricas e conhecidas, e de manuscritos bem-conservados.

19. Os inventários publicados relativamente ao período de 1640 a 1651 são *todos* os inventários dessas datas remanescentes no Arquivo do Estado de São Paulo.

20. Excluí da amostra três inventários (com filhas casadas) que haviam sido danificados pela água e estavam ilegíveis. Os inventários em INP relativos a 1750-1769 no Arquivo do Estado são aproximadamente metade dos remanescentes; os restantes encontram-se na coleção de documentos intitulada "Inventários do Primeiro Ofício". Optei por estudar principalmente os INP porque eles são a mesma coleção que os inventários publicados e porque estão catalogados cronologicamente, enquanto os "Inventários do Primeiro Ofício" estão catalogados alfabeticamente pelo nome da pessoa falecida.

Os inventários mais abundantes nos arquivos de São Paulo, relativamente aos séculos XVII e XVIII, são inventários com herdeiros menores de idade executados judicialmente pelo juiz dos órfãos, cujo papel era proteger os direitos dos órfãos (definidos como os menores de idade cujo pai ou mãe houvesse falecido, mesmo que o outro genitor permanecesse vivo). Assim sendo, são, por definição, tendenciosos contra a existência de adultos herdeiros do espólio. Isso foi corroborado pelo exame dos documentos. Havia filhas casadas ou seus herdeiros apenas em 32,8% (48 de 147) dos inventários publicados relativamente ao período 1640-1651, e em 28,5% (71 de 249) dos inventários relativos ao período 1750-1769 em INP.

21. Os inventários no 2º Of. da F. relativos ao período 1850-1869, no Ministério da Justiça, catalogados cronologicamente, são aproximadamente metade dos remanescentes; os demais encontram-se no 1º Of. Não parece haver nenhuma diferença de jurisdição entre os dois ofícios no século XIX, pois ambos possuem documentos relativos a pessoas que viviam na freguesia da Sé e em outras freguesias centrais.

Todos os inventários foram executados judicialmente no século XIX, de modo que a porcentagem de inventários com filhas casadas é maior do que nos séculos precedentes: 45,5% (178 de um total de 392).

Não limitei meu estudo aos 294 inventários da amostra. Estudei também inventários com filhas casadas fora dos períodos de tempo selecionados e outros que não possuíam filhas casadas mas eram de interesse por incluírem referências a dote ou a contratos de casamento, ou por serem de parentes das famílias estudadas na amostra, o que perfez um total de 435 (ver tabela na p. 302).

22. Ver Costa, *The Brazilian Empire* e, mais adiante, o cap. 7. Relativamente à América Latina, ver Chevalier, "New Perspectives". Quanto ao desenvolvimento do individualismo, ver Dumont, "The Modern Conception" e *Homo Hierarchicus.* O estudioso inglês do século XIX que melhor descreveu a mudança entre status e contrato foi Sir Henry Maine.

Inventários estudados extensivamente

Inventários	séc. XVII	séc. XVIII	séc. XIX	TOTAL
Amostra	48 (1640-1651)	68 (1750-1769)	178 (1850-1869)	294
Outros, com filhas casadas	28 (1599-1674)	18 (1721-1790)	5 (1826-1877)	51
Sem filhas casadas	30 (1600-1674)	24 (1721-1790)	36 (1826-1877)	90
TOTAL	106	110	219	435

23. Kuznesof, "From Family Clans".

24. Ver Faoro, *Os donos do poder*, vol.1, p.162.

25. Relativamente a São Paulo, ver cap. 7, mais adiante. Análise geral da evolução da propriedade privada e da família burguesa encontra-se em Engels, *The Origin of the Family*, esp. pp.137 e 234-5.

26. Weber, *The Protestant Ethic*, pp. 21-2. Relativamente ao caso brasileiro, ver mais adiante o cap. 8. Relativamente à separação da família, em particular a família conjugal, da vida social geral, e a formação de uma parte "privada" em oposição à parte "pública" da vida na Europa, ver Ariès, *Centuries of Childhood*.

27. Relativamente a essa mudança no Brasil, ver Candido, "The Brazilian Family", e Lewin, *Politics*, esp. pp. 188-200; na Europa, ver Stone, "The Rise of the Nuclear Family", e Flandrin, *Families in Former Times*. Quanto ao argumento de que o amor romântico está relacionado a um maior individualismo, ver Lantz, "Romantic Love". Para a importância da família extensa no Brasil, ver Wagley, *An Introduction to Brazil*, pp.184-204, e Lewin, "Some Historical Implications". Uma conceitualização "ideal" da família extensa brasileira de elite encontra-se em Freyre, "The Patriarchal Basis". Uma crítica do pressuposto de que descrições da estrutura e do comportamento das famílias de elite de regiões muito específicas podem aplicar-se às estruturas e experiências enormemente diversas das famílias brasileiras das diferentes classes, regiões e períodos encontra-se em Corrêa, "Repensando a família patriarcal".

28. A respeito da mudança de uma família fortemente patriarcal para a maior independência dos filhos adultos no Brasil, ver Candido, "The Brazilian Family", e Lewin, *Politics*, pp. 190-8.

29. Ao documentar essas mudanças ocorridas na família brasileira, não quero dizer que, necessariamente, a família tenha se tornado melhor. Ver, na introdução de Laslett a *Household and Family*, uma crítica da visão do século XIX de que a mudança da família representava um "progresso".

1. Quanto à fundação de São Paulo, ver Morse, *From Community to Metropolis*; Deus, *Memorias*, p. 122; Taunay, *São Paulo* e *História da cidade*, 1953; Machado d'Oliveira, "Quadro historico"; Sampaio, "A fundação da cidade de São Paulo", em Sampaio (org.), *São Paulo*.

2. A Coroa, por exemplo, era incapaz de deter suas expedições para a captura de índios. Ver Schwartz, *Sovereignty and Society*, pp. 165-7.

3. Sobre o clã como princípio organizador de outras sociedades com governos fracos, ver Goody, *Development of the Family*, p. 31.

4. Quatro aldeias se instalaram nas proximidades de São Paulo sob a administração e a direção dos jesuítas, e dependiam diretamente do governador-geral do Brasil. Ver Serafim Leite, *História*, vol. 6, pp. 228-9.

5. Taunay, *História da cidade*, 1953, p. 15.

6. Serafim Leite, op. cit., vol. 6, p. 290.

7. Ver Buarque de Holanda, "Movimentos", p. 66, nº 20.

8. A mesma utilização da inimizade tradicional entre famílias na Escócia dos séculos XVI e XVII é apresentada em Wormald, "The Blood Feud".

9. Taunay, *História da cidade* (1953), caps. 3, 4 e 5; Costa Pinto, *Lutas de famílias*, esp. cap. 4; Francisco Carvalho Franco, *Os Camargo*, esp. cap. 6; Monsenhor Camargo, *A Igreja*, parte 2, caps. 2 e 3; e Taques, *Nobiliarquia*, vol. 2, pp. 80-3. Serafim Leite, op. cit., vol. 6, p. 300, afirma que a luta ocorria entre os Garcia (e não os Pires) e os Camargo.

10. Ver Costa Pinto, op. cit., pp. 37-85. O perdão é descrito nas pp. 51-2.

11. Esse sentido de responsabilidade coletiva também era comum na Escócia. Ver Wormald, "The Blood Feud".

12. Monteiro, "São Paulo", p. 237.

13. Citado por Costa Pinto, op. cit., p. 79.

14. Anna Luiz, 1644, *IT*, vol. 29, p. 122.

15. Monteiro, op. cit., p. 100.

16. *IT*, vol. 13, p. 247.

17. João da Cunha Lobo, 1681, *IT*, vol. 20, pp. 423-4; Anna de Alvarenga, 1648, *IT*, vol. 29; João Tenorio, 1634, *IT*, vol. 9. Em outros casos, os devedores de um espólio eram identificados por seus parentes afins, como num espólio de 1613: "Antônio da Silva, genro de Maria Rodrigues, declarou dever ao falecido 16$000"; ou num espólio de 1663: "João Tavares, genro de Gouvêa" (ver Antônio da Silveira, 1613, *IT*, vol. 30, p. 103, e Antônio Raposo da Silveira, 1663, *IT*, vol. 16).

18. Francisco Carvalho Franco, *Dicionário de bandeirantes*, p. 71.

19. Alcântara Machado, *Vida e morte*, p. 103, em mais de quatrocentos inventários publicados, datados de 1578 a 1738, encontrou somente duas mulhe-

res que sabiam assinar o próprio nome: uma viúva flamenga, em 1626, e uma mulher no início do século XVIII. Embora as mulheres não soubessem assinar, exigia-se sua presença em toda transação oficial em que seu consentimento fosse necessário, tais como a venda de propriedade imobiliária comum e a contratação do dote de uma filha, e se solicitava que uma testemunha independente assinasse por elas.

20. Por exemplo, a esposa de Francisco Pinheiro (ver o testamento de João da Cunha Lobo, 1681, *IT*, vol. 20, p. 425), e d. Lucrécia Borges, esposa de Antônio Raposo Tavares (ver Anna Luis Grou, 1644, *IT*, vol. 29, p. 133).

21. Fazer casar uma filha e conceder-lhe um dote constituía tanto uma transação comercial como um assunto de família, uma vez que o casamento estabelecia um novo ramo tanto da família como de seu negócio. Ver Pedro Fernandes, 1653, e Anna Tenoria, 1659, *IT*, vol. 12.

22. *IT*, vol. 26, p. 179.

23. Henrique da Cunha Machado, 1680, *IT*, vol. 21.

24. "Inventário dos documentos do Arquivo Ultramarino", *Anais da Biblioteca Nacional do Rio de Janeiro*, vol. 39, 1921, p. 199, conforme citação em Dias, *Quotidiano*, p. 34. Quanto a viúvas como chefes de família, ver *Ordenações*, liv. 4, tít. 91.

25. Miguel Garcia Velho, 1653, *IT*, vol. 15.

26. Buarque de Holanda, op. cit., p. 66.

27. Ferreira, *História do direito*, pp. 37-46; Alcântara Machado, op. cit., pp. 235-7.

28. Luis Dias, 1641, *IT*, vol. 13. Essas declarações em testamentos protegiam os direitos dos herdeiros, porque a maior parte dos acordos relativos a uma bandeira eram acordos orais baseados na confiança. Sem as declarações num testamento, disputas judiciais se arrastariam por longo tempo.

29. Oliveira Viana, *Populações meridionais*, vol. 1, p. 64. Monteiro, op. cit., nos informa que a expedição consistia em 140 portugueses e 1500 índios tupis.

30. Paulo Prado, *Paulística*, p. 191.

31. Costa Pinto, op. cit., pp. 40-1. Os inventários estão cheios de exemplos desse tipo. Por exemplo, quando Paula Fernandes morreu em 1648, dois de seus filhos e dois de seus genros estavam juntos numa bandeira (Paula Fernandes, 1648, *IT*, vol. 35), e quando Maria Pedrosa morreu de parto em 1645, tanto seu marido como seus irmãos estavam ausentes, no sertão (Maria Pedrosa, 1645, *IT*, vol. 33).

32. Fernão Dias Borges e Isabel de Almeida, 1643, *IT*, vol. 14, p. 273.

33. Maria Vitoria, 1657, *IT*, vol. 34.

34. Francisco Borges, 1649, *IT*, vol. 39.

35. Catharina do Prado, 1649, *IT*, vol. 15, p. 162.

36. Raphael de Oliveira, 1648, *IT*, vol. 3, p. 312.

37. Clemente Alveres, 1641, *IT*, vol. 14.

38. Contudo, o principal interesse dos portugueses era não ter de usar as próprias mãos no trabalho. Ver Gandavo, *História da província Santa Cruz*, pp. 93-4 (escrita no século XVI). Quanto à evidência de comercialização para outras partes do Brasil e até mesmo para Angola, ver Serafim Leite, op. cit., vol. 6, p. 265, e Taunay, op. cit., p. 111. Quanto aos dízimos, ver Caio Prado Jr., *The Colonial Background*, p. 375, e d. Oscar de Oliveira, *Os dízimos*.

39. Por exemplo, quando foi feito o inventário de Pedro de Araujo, avaliou-se o algodão em 2$400, mas sua viúva mandou seus índios fiarem e tecerem, vendendo o tecido por 10$000. O padrasto de Pedro mandou matar e processar seis porcos que haviam sido avaliados em 2$000, e vendeu a carne, a lingüiça e a banha em Santos por 11$430, usando o dinheiro para pagar uma das dívidas pendentes de Pedro. Ver Pedro de Araujo, 1638, *IT*, vol. 29, pp. 227 e 251.

40. Um exemplo de como os índios eram utilizados para levar e trazer mercadorias e até mesmo pessoas entre São Paulo e Santos encontra-se em Pero Nunes, 1623, *IT*, vol. 6, p. 58.

41. Alcântara Machado, op. cit., p. 40. Na p. 45 ele concorda com a conclusão de Oliveira Viana de que a terra é que era essencial para o poder no Brasil colonial, apesar de, na p. 44, haver dito que a terra não valia nada sem gente para trabalhá-la. Uma pessoa da época relatou que a origem da riqueza de Amador Bueno eram os índios que trazia do sertão. Ver Fonseca, *Vida do venerável Padre Belchior*,

42. Ver Alden, "Black robes", pp. 19-46; Ferreira, op. cit., pp. 88-100; e Schwartz, op. cit., pp. 129-39.

43. Belchior Carneiro, 1607, *IT*, vol. 2, pp. 163-5.

44. Por exemplo, o testamento de Francisco Baldaia, de 1648, menciona que, como parte de pagamento de um empréstimo em dinheiro, havia recebido um índio que valia 10 cruzados (*IT*, vols. 38/39). No inventário de Luis Alveres Correa, de 1658, os "serviços" de seus índios foram avaliados em 11$000, e um terceiro que pagou essa quantia recebeu os índios (*IT*, vol. 43, p. 254). Em 1662, a viúva de Luis Pedrozo declarou francamente que havia vendido sessenta índios, dando como justificativa o fato de eles se haverem amotinado e representarem um perigo, e também porque a venda beneficiaria o espólio e seus filhos órfãos (*IT*, vol. 43, p. 289).

45. Simonsen, *História econômica*, pp. 215-9.

46. Idem, pp. 214-22.

47. A fonte é minha amostra. Um cruzado valia 400 réis. Montante dos bens de 41 espólios: 6:331$200 = 15.820 cruzados (sem correção pelo estado civil). Pode-se encontrar confirmação dessa relativa pobreza em Taunay, op. cit., p. 57: um relatório de 1664 à Câmara de São Paulo declarava que os recursos pertencentes aos menores de idade e depositados com o juiz dos órfãos, que atuava como um

banco, fazendo empréstimos a juros, somavam um total de entre 16 mil e 20 mil cruzados. Além disso, um administrador de engenho no Nordeste ganhava anualmente mais do que quarenta paulistas acumulavam durante toda sua vida (ver French, "Riqueza").

48. Alcântara Machado, op. cit., pp. 38-9.

49. Dariz Abreu, "A terra e a lei", p. 53.

50. Ursulo Colaço, 1649, *IT*, vol. 39.

51. Fernão Dias Borges e Isabel de Almeida, 1643, *IT*, vol. 14, pp. 274-6.

52. Simonsen, op. cit., p. 221, menciona que Alcântara Machado só encontrou perto de vinte propriedades ricas entre as quatrocentas que estudou, isto é, apenas 5%. Monteiro, op. cit., pp. 346-59, faz uma análise completa da estratificação entre os proprietários de terra de Parnaíba, em 1680.

53. Luzia Leme (viúva do capitão Pedro Vaz de Barros), 1655, *IT*, vol. 15. Ver em Taunay, op. cit., p. 62, o número pertencente a Antônio Pedroso de Barros e Manoel Prêto.

54. Essas duas eram as de Anna Luiz, 1643, *IT*, vol. 29, e de Catharina do Prado, 1649, *IT*, vol. 15. Anna Luiz possuía 89 índios com seu marido e Catharina do Prado possuía 45 índios como viúva. Devido ao casamento por carta de ametade, o viúvo de Anna Luiz manteve consigo metade dos índios do casal (o restante foi para seus filhos), de modo que ele e a viúva Catharina do Prado tinham, cada um, aproximadamente o mesmo número de índios.

55. Cristovão Diniz, 1650, *IT*, vol. 41.

2. A IMPORTÂNCIA DO DOTE (PP. 45-64)

1. Grifo nosso. Angela de Campos e Medina, 1641, *IT*, vol. 13, p. 99.

2. A amostra abrangeu 48 inventários entre 1640 e 1651 de pessoas com filhas casadas como herdeiras. Quatro delas não haviam concedido dotes, além de haver um espólio falido no qual não está claro se foi, ou não, concedido um dote.

3. Anna Cabral, 1643, *IT*, vol. 29, viúva de Alvaro Rabello, 1639, vol. 12. Maria herdou do pai quinze índios e 9$562 em bens e, da mãe, cinco índios e 26$039.

4. A fonte é minha amostra. Além de Anna Cabral, os demais inventários com filhas casadas em que não houve dotes são os de Domingos Simões, 1649, *IT*, vol. 39; Gaspar Barreiros, 1646, *IT*, vol. 33; e Manoel de Massedo, 1650, *IT*, vol. 41.

5. Martim Rodrigues, 1603-12, *IT*, vol. 2, p. 30. O dote incluía também seis índios, doze vacas, um touro, um potro, uma toalha de mesa, seis guardanapos, toalhas, uma mesa e um vestido.

6. Maria Gonçalves, 1599, *IT*, vol. 1; Clemente Alveres, 1641, *IT*, vol. 14.

7. Ver na Introdução a explicação sobre o processo de colação.

8. Catharina do Prado, 1649, *IT*, vol. 15.

9. Suzanna Dias, 1628, *IT*, vol. 33, p. 13.

10. Ver Yver, *Egalité entre héritiers.*

11. João Baruel, 1665, AESP, INP, #ord. 485, c. 8. Geralmente, antes de se completar o inventário do espólio, indagava-se das filhas casadas e de seus maridos se queriam herdar, de modo que a decisão deles se baseava numa estimativa muito aproximada do montante do patrimônio. O patrimônio líquido de João, acrescido dos três dotes e das duas doações aos filhos, valia 4:151$668. Os dotes das três filhas, valendo respectivamente 521$040, 426$170 e 545$240, eram todos menores do que a legítima de 618$517. (O montante da legítima foi copiado do manuscrito, mas está errado.) Os dotes que João Baruel concedeu eram incomuns no século XVII, pois todos eles consistiam em grandes quantias em dinheiro.

12. Sua doação valia 59$200, enquanto o maior dote foi de 718$000. Messia Rodrigues, 1665, *IT*, vol. 17.

13. 60$000 contra 170$500. Só conhecemos o valor do menor dos dotes, pois foi ele o único a ser trazido à colação. Manoel João Branco, 1641, *IT*, vol. 13.

14. Ver d. Oscar de Oliveira, *Os dízimos*, p. 149.

15. O patrimônio de Francisco valia 277$000. João Baruel também pagou 32$000 das despesas necessárias para que seu filho Salvador se tornasse um noviço franciscano.

16. Maria Leite da Silva, 1670, *IT*, vol. 17.

17. Pedro de Oliveira, 1643, *IT*, vol. 14. Quando seu marido morreu, cinco anos depois, a meação de Antonia foi de 61$310 (Affonso Dias, 1648, *IT*, vol. 15).

18. Pedro Dias, 1633, *IT*, vol. 9, pp. 56, 65-7.

19. Ver também Russell-Wood, *Fidalgos*, pp. 173-6. Chojnacki, "Dowries and Kinsmen", p. 593, mostra que, em Veneza, os irmãos também suportavam o impacto dos dotes das irmãs.

20. Estevão Furquim, *IT*, vol. 16, p. 301; vol. 17, p. 55.

21. Por exemplo, Luis Castanho de Almeida escolheu os maridos de suas irmãs (Taques, *Nobiliarquia*, vol. 1, p. 266).

22. *IT*, vol. 33, pp. 37-9; *IT*, vol. 14, p. 137. Devido aos dois sentidos da palavra "dote", é preciso tomar cuidado ao analisar o que as pessoas diziam. Se, ao dizer "dote", o irmão se referia aos bens que ela levou para o casamento, podia querer dizer apenas herança ou, então, essa herança acrescida do que ele lhe deu a mais — uso freqüente no século XVII.

23. *IT*, vol. 3, pp. 264-5.

24. Anna de Moraes, 1616, *IT*, vol. 25, pp. 99-100.

25. Ursulo Colaço, 1641, *IT*, vol. 39, pp. 21-2.

26. Constantino Coelho Leite, 1693, *IT*, vol. 25, pp. 141-2. Uma filha casada podia ser obrigada a levar seu dote à colação, caso o dote excedesse a legítima mais a terça — a terça parte de seus bens que o pai podia legalmente dar em legado. Ver *Ordenações*, liv. 4, tít. 97, par. 3.

27. Lourenço Castanho Taques (o Velho), 1671, *IT*, vol. 16, p. 73.

28. Maria Leite da Silva, 1667, *IT*, vol. 17, p. 419.

29. Pedro Fernandes, 1648-53, *IT*, vol. 12, p. 405. Anna Tenoria, 1664, *IT*, vol. 12, p. 447.

30. Izabel de Proença, 1648, *IT*, vol. 37, p. 113.

31. Russell-Wood, "Women and Society", p. 15.

32. Como ele era um homem casado (e não viúvo), sua terça representava, na verdade, apenas uma sexta parte do patrimônio que possuía em conjunto com a esposa, uma vez que metade desse patrimônio pertencia a ela e com ela ficava. Uma explicação mais completa sobre o sistema de herança encontra-se na nota 16 da Introdução.

33. Pedro de Araujo, 1638, *IT*, vol. 29.

34. Ignes Dias de Alvarenga, 1641, *IT*, vol. 28.

35. Suzanna Dias, 1628, *IT*, vol. 33, p. 15.

36. Catharina do Prado, 1649, *IT*, vol. 15, p. 104.

37. Estevão Furquim, 1660, *IT*, vol. 16. Sua sogra, Maria Vitoria, também favoreceu as filhas em relação aos filhos, deixando o remanescente da terça para as duas filhas solteiras. Cada um de seus seis filhos homens recebeu uma herança de 9$240 mais três índios, enquanto as duas filhas solteiras receberam mais do que o dobro dessa importância, 21$500 mais sete índios cada (Bernardo da Motta e sua molher, 1646, *IT*, vol. 34).

38. A fonte são os 58 inventários em que se conhece o número de filhas solteiras, adultas e menores de idade. Por serem esses inventários, por definição, todos de famílias com filhas casadas, essa estatística deve ser tratada com cautela. Minha impressão, porém, a partir do estudo de outros inventários da São Paulo do século XVII, é de que uma filha solteira com mais de 25 anos era algo excepcional.

39. Gaspar Cubas, o Velho, 1646, *IT*, vol. 37.

40. Manoel Rodrigues, 1646, *IT*, vol. 33.

41. Poderia parecer que a própria filha está relacionada como parte do dote, mas, como ela é uma dos beneficiários dele, eu diria que a ênfase está nas roupas extremamente caras: a idéia seria de que a noiva ia para o casamento como era digno de sua posição social. Há mais exemplos desse teor em outros dotes do século XVII.

42. Baltazar Fernandes assinou o documento e uma testemunha do sexo masculino assinou por sua esposa (cuja presença e consentimento eram exigidos

legalmente), utilizando a fórmula habitual no século XVII para esses casos: "por ser mulher e não saber ler e escrever". Ver AESP, Livro de Notas Ord. 6074, nº 26, liv. 1640-2. Agradeço a John Monteiro ter chamado minha atenção para esse dote.

43. Izabel Fernandes, 1641, *IT*, vol. 28; Pedro de Moraes Dantas, 1644, *IT*, vol. 14, p. 289.

44. Mecia de Siqueira, 1648, *IT*, vol. 37.

45. Alcântara Machado, *Vida e morte*, pp. 156-8, foi o primeiro a mostrar que os dotes da São Paulo do século XVII continham índios.

46. Pero Nunes, 1623, *IT*, vol. 6, p. 59.

47. Manoel José da Cunha, 1746, AESP, 1º Of., nº 14 123.

48. Estevão Furquim, 1660, *IT*, vol. 16.

49. Manoel João Branco, por exemplo, diz "Eu concedi", enquanto sua mulher diz "Nós concedemos", ao falar dos mesmos dotes (Manoel João Branco, 1641, *IT*, vol. 13). Outros exemplos de testadores homens casados dizendo "Eu concedi": Ursulo Colaço, 1649, *IT*, vol. 39, e Domingos Fernandes, 1653, *IT*, vol. 27.

50. Ver *Ordenações*, liv. 4, tít. 48.

51. Izabel Fernandes, 1641, *IT*, vol. 28, p. 152.

52. Catharina Diniz, 1674, AESP, INP, #ord. 490, c. 13.

53. Maria Rodrigues, 1648, *IT*, vol. 37, p. 143.

54. Manoel João Branco, 1641, *IT*, vol. 13, p. 283.

55. O marido também não podia recusar uma herança ou legado de bens imóveis sem o consentimento da esposa. Ver *Ordenações*, liv. 4, tít, 48, anexo nº 4.

56. João Baruel, 1665, AESP, INP, #ord. 485, c. 8.

57. Gaspar Cubas, 1648, *IT*, vol. 37, p. 50.

58. Em contraposição, uma viúva idosa era em geral representada por um filho ou filhos, ou por um genro.

3. O PACTO MATRIMONIAL (PP. 65-82)

1. Raphael de Oliveira, 1648, *IT*, vol. 3, pp. 309-10. Outro casamento desse tipo encontra-se em Silva Leme, *Genealogia*, vol. 4, p. 429, nº 1.

2. A fidalguia, ou nobreza, podia ser transmitida aos filhos pelas mães se o pai não fosse fidalgo, ou nobre. Ver Villasboas, *Nobiliaria portuguesa*, p. 164.

3. Pedro de Oliveira, 1643, *IT*, vol. 14.

4. Bernardo da Motta e sua molher Mª Vitoria, 1646, *IT*, vol. 34.

5. Estão relacionados 44 dotes integrais ou parciais, dos quais dezoito continham terras e quinze não (faltam informações sobre onze deles). Havia casas incluídas em dezessete dotes, mas não em catorze (faltam informações sobre treze deles).

6. Pedro de Araujo, 1638, *IT*, vol. 29, p. 254.

7. Agradeço a Roberta Delson a sugestão sobre este ponto. Sobre a exigência de que a terra fosse cultivada, ver Dariz Abreu, "A terra e a lei", e Guimarães, *Quatro séculos*, p. 43.

8. Braz Rodrigues de Arzão, 1695, *IT*, vol. 23, p. 159.

9. Maria Bicudo, 1659, *IT*, vol. 16, p. 76.

10. Cristovão Diniz, 1650, *IT*, vol. 41, p. 132.

11. Deus, *Memorias*, pp. 83-4.

12. Taques, *Nobiliarquia*, vol. 2, p. 251.

13. Dona Maria Bueno, 1646, *IT*, vol. 14.

14. Valentim de Barros, 1651, *IT*, vol. 15, p. 224. A meação de sua esposa foi de 340$065 (p. 210) mais 57 índios (p. 214).

15. Taques, op. cit., vol. 3, p. 53.

16. Simão Borges Cerqueira (marido de Leonor Leme), 1633, *IT*, vol. 9. O patrimônio deles montava a 62$920. Luzia Leme (irmã de Leonor), 1656, *IT*, vol. 15. O patrimônio que possuía com o marido, capitão Pedro Vaz de Barros, montava a 1:329$550. Manoel João Branco (marido de Maria Leme, outra irmã), 1641, *IT*, vol. 13. O patrimônio líquido deles montava a 807$000.

17. Messia Rodrigues, 1665, *IT*, vol. 17, pp. 140-7. O valor monetário do dote de Margarida era de 718$000, em confronto com os de suas três irmãs que levaram seus dotes à colação, os quais foram respectivamente de 149$444, 140$020 e 180$160.

18. Taques, op. cit., vol. 2, pp. 90-107. Dois dos filhos de Catharina foram os primeiros paulistas a ir para a Universidade de Coimbra, em Portugal, tornando-se padres e permanecendo em Portugal em postos importantes. Não conhecemos o tamanho do dote de Catharina, uma vez que ele não veio à colação.

19. Taques, op. cit., vol. 2, p. 73.

20. Citado em Silva, *Sistema*, p. 17.

21. Caio Prado Jr., em *The Colonial Background*, pp. 123-4, conta-nos de que modo os viajantes europeus, até mesmo no século XIX, comentavam a respeito da boa vida dos europeus que se casavam no Brasil nas famílias que queriam "purificar o sangue". Trabalhos que analisam a importância da raça no casamento: Martinez-Alier, *Marriage, Class and Colour*, e McCaa, "*Calidad, Clase*, and Marriage".

22. Silva, op. cit., p. 18. A Coroa estava interessada em cuidar que as mulheres brancas fossem para o Brasil e não voltassem (ver Russell-Wood, "Female and Family", pp. 62-4).

23. Silva, op. cit., p. 18.

24. Russell-Wood, op. cit., p. 90, mostra como vários testadores baianos solteiros (que, como tais, não possuíam herdeiros necessários) deixaram suas fortunas exclusivamente para suas colaterais femininas, tais como suas irmãs (excluin-

do expressamente os parentes masculinos), para serem transmitidas somente às filhas daquelas irmãs. Ele explica que isso se devia ao temor deles de que os parentes homens manchassem a descendência da família por suas relações com não-brancas. Ver também Boxer, *Mary and Misogyny*, p. 61.

25. Foi o que concluí após estudar Silva Leme, *Genealogia*.

26. Citado por Dias, *Quotidiano*, p. 75. Durante todo o século XVIII, os paulistas provavelmente continuaram a envergonhar-se de seus ancestrais índios. Certamente essa impressão é a que fica ao se comparar a genealogia paulista do século XVIII, preparada por Pedro Taques, com a que foi escrita por Silva Leme no final do século XIX. Taques mencionou poucos índios e acentuou as estirpes de nobreza portuguesa nos ancestrais paulistas, enquanto Silva Leme incorpora ostensivamente na genealogia das famílias importantes de São Paulo seus ancestrais indígenas.

27. Silva Leme, op. cit., vol. 1, p. 31, nota.

28. Quanto ao costume português, ver Mattos, *Manual de genealogia portuguesa*, p. 67. Sobre a complexidade do emprego de nomes no Brasil, ver Marcílio, "Variation des noms".

29. Alfredo Ellis Jr., em *Os primeiros*, pp. 116-44, afirma que a maioria dos imigrantes portugueses dos dois primeiros séculos era de origem modesta. Caio Prado Jr., op. cit., pp. 92-3, declara que a maior parte da imigração para o Brasil, na primeira metade do século XVIII, consistia em degredados.

30. Ver, por exemplo, Clara Parenta, 1642, *IT*, vol. 13, cujo irmão, Manoel Alveres Pimentel, era também seu genro.

31. Entre 56 famílias, doze apresentavam casamentos com parentes, das quais seis possuíam vários irmãos casando-se com irmãos de outra família, duas eram de um filho de casamento anterior, casando-se com o filho do padrasto ou madrasta, um era de um tio e sobrinha e três entre primos. Esses dados são provavelmente pouco acurados, porque nem sempre o parentesco é evidente nos documentos, devido ao uso de sobrenomes diferentes entre irmãos.

32. Domingos Fernandes, 1652-3, *IT*, vol. 27, p. 72.

33. Antonio Bicudo, 1648-50, *IT*, vol. 15, p. 35; Taques, op. cit., vol. 3, p. 177.

34. Ver Domingos Cordeiro, 1643, *IT*, vol. 8; Silva Leme, op. cit., vol. 8, p. 289; Francisco Carvalho Franco, *Dicionário de bandeirantes*, pp. 116 e 272; e Pedro de Oliveira, 1643, *IT*, vol. 14.

35. As informações a respeito da família de Martim Rodrigues baseiam-se nos seguintes inventários: Martim Rodrigues, 1603 (data de seu testamento), *IT*, vol. 2; Damião Simões, 1578 (primeiro marido de sua esposa), *IT*, vol. 1; Damião Simões (enteado de Martim), 1632, *IT*, vol. 8; Cornelio de Arzão, 1628 e 1638, *IT*, vol. 12; Braz Rodrigues de Arzão (filho de Cornelio), 1692, *IT*, vol. 23; Clemente Alveres, 1641, *IT*, vol. 14; Maria Gonçalves (primeira esposa de Clemente), 1599,

IT, vol. 1; Maria Tenória (segunda esposa de Clemente), 1620, *IT*, vol. 44; Luis Fernandes Folgado (genro de Clemente), 1628, *IT*, vol. 7; Anna Tenória (filha de Clemente, esposa de Luis Fernandes Folgado), 1659, *IT*, vol. 12; Pedro Fernandes (segundo marido de Anna), 1653, *IT*, vol. 12; João Tenorio (irmão de Anna), 1634, *IT*, vol. 9; Clemente Alveres, o Moço (irmão de Anna), 1655, *IT*, vol. 43; Anna de Siqueira (cunhada de Anna), 1646, *IT*, vol. 33.

36. O inventário de Clemente Alveres (*IT*, vol. 14) descreve a "tenda de ferreiro" (forja) entre seus pertences. Quanto a suas descobertas de minas, ver Buarque de Holanda, *História*, vol. 2, p. 347.

37. Taunay, *História geral*, vol. 1, p. 173; Buarque de Holanda, op. cit., vol. 2, pp. 250-1. Azevedo Marques, *Apontamentos históricos*, vol. 1, p. 206, refere-se ao pedido de Cornelio de uma sesmaria concedida em 1627.

38. Martim Rodrigues, 1603, *IT*, vol. 2, p. 74. Essa fundição foi construída antes da primeira fundição de Jamestown, Virgínia. Ver Buarque de Holanda, op. cit., parte I, vol. 2, pp. 253-4.

39. Inventário da fazenda de Cornelio de Arzão, mandado fazer pela Inquisição, 1628, *IT*, vol. 12. Devido à lei de comunhão de bens e à crença da Inquisição na inocência de sua esposa, ela conservou sua meação. Ver também Alcântara Machado, *Vida e morte*, p. 194.

40. Luis Fernandes é mencionado nas atas da Câmara, em 1626, e citado em monsenhor Camargo, *A Igreja*, p. 22.

41. Francisco Carvalho Franco, op. cit., p. 27, sustenta que, em 1606, Clemente Alveres construiu com seu sogro uma fundição, "engenho de ferro". Essa interpretação condiz com o registro de Martim em seu livro de relatos e com o fato de que a fundição aparece no inventário de um dos genros de Martim e de um dos genros de Clemente. Contudo, se Clemente Alveres e Martim Rodrigues haviam de fato construído e sido donos da fundição, ela deveria ter aparecido no inventário de Martim (1612) e no de sua filha, esposa de Clemente, Maria Tenória, quando ela morreu, em 1620, ocasião em que Anna, filha deles, ainda era solteira e tinha só onze ou doze anos de idade. O fato de não ter aparecido em nenhum desses dois inventários pode ser explicado de duas maneiras. A primeira é que houvesse sido propositalmente omitida dos inventários para reservá-la para um dote. (Encontrei provas dessa prática na São Paulo do século XVII.) Uma explicação melhor é que não foi Clemente Alveres quem construiu a fundição, mas sim Cornelio de Arzão e Affonso Sardinha, o Moço, companheiros de Clemente na descoberta das minas de ouro e de ferro. Credita-se a Affonso Sardinha, o Moço, a construção de duas fundições, chamadas, em algumas fontes, de "fornos catalães" e, em outras, de "engenhos de ferro". (Ver Buarque de Holanda, op. cit., vol. II, pp. 250-1; Varnhagen, *História geral do Brasil*, vol. 2, pp. 51-2; Azevedo Marques, op. cit., vol. 1, pp. 32-3; e Francisco Carvalho Franco, op. cit., p. 359.) Luis Fernandes pode ter com-

prado a fundição de Francisco Lopes Pinto (que, no testamento de 1628, declarou que havia vendido sua parte numa fundição [*IT*, vol. 7]), talvez com a ajuda do dote de sua esposa, visto que eles não estavam casados há muito tempo quando ele morreu, em 1628, pois Anna esperava seu primeiro filho.

42. Anna de Siqueira, 1646, *IT*, vol. 33, p. 29.

43. Manoel João Branco, 1641, *IT*, vol. 13, p. 284.

44. Manoel João Branco, 1641, e Maria Leme, 1663, *IT*, vol. 13, pp. 368 e 376.

45. Taques, op. cit., vol. 3, pp. 56-7. O sobrenome da sobrinha-neta era Leme, sobrenome de sua mãe, e também sobrenome da esposa de David Ventura.

46. Messia Rodrigues, 1665, *IT*, vol. 17, pp. 119-20.

47. O valor estimado pode ter sido um pouco exagerado. Há evidências no próprio inventário que indicam que alguns dos herdeiros de Messia Rodrigues conspiraram para impossibilitar a execução de seu testamento; ela legara o remanescente de sua terça para os quatro filhos naturais de seu falecido filho, Jeronymo Pires, mas seus herdeiros manipularam as coisas de maneira que não sobrasse saldo algum. Providenciaram para que a avaliação fosse feita em São Paulo e não na fazenda, de modo que é possível que o espólio tenha sido subavaliado. Ao mesmo tempo, eles tinham três dotes vindos à colação, especialmente o dote muito grande recebido por Antonio do Canto quando se casou com Margarida. Como esse dote era o triplo da legítima, o remanescente da terça teve que ser usado para cobrir a diferença entre o dote e a legítima, com isso anulando de fato o legado feito em favor de seus netos ilegítimos. Os herdeiros também invocaram o sangue nobre da família, o que anulava as reivindicações legais dos filhos naturais, mas não eliminava o direito de um testador de nomear beneficiários do remanescente da terça, o que provavelmente foi o motivo de recorrerem ao processo de colação, tão pouco praticado no século XVII.

48. Legalmente, o dote descrito deve ter consistido somente no que sua mãe lhe deu e não incluído a legítima paterna de Thomazia, pois esta não poderia ir à colação, mas se a palavra "dote" foi utilizada no sentido daquilo que ela levou para o casamento, podia ter incluído sua herança.

49. Quando Belchior de Godoy morreu, ele e sua esposa tinham ativos líquidos no valor de 81$300, mais uma casa na cidade não avaliada; o dote de Thomazia consistiu em uma casa na cidade, mais 62$560, ou 90$000, em outros tipos de bens (Belchior de Godoy, 1649, *IT*, vol. 39, e Messia Rodrigues, 1665, *IT*, vol. 17, p. 143). O número menor é o resultado de minha soma; o maior, o da do tabelião.

50. Catharina do Prado, 1649, *IT*, vol. 15.

51. João Gago da Cunha, 1639, *IT*, vol. 10. Tanto ele como seu filho, marido de Anna Pires, foram bandeirantes famosos (Francisco Carvalho Franco, op. cit., p. 133).

52. João Gago da Cunha, 1639, *IT*, vol. 10, pp. 380-1.

53. Idem, pp. 372-3.

54. Catharina do Prado, 1649, *IT*, vol. 15, p. 115.

55. A legítima de Mathias por parte de mãe foi de 17$390 mais dois índios, e sua herança por parte de pai foi de 16$014 e um índio (Catharina de Medeiros, 1629, *IT*, vol. 8; Mathias Lopes, o Velho, 1651, *IT*, vol. 26). O pai de Mathias foi um bandeirante famoso que foi com Antônio Raposo Tavares a Guairá, em 1628 (Francisco Carvalho Franco, op. cit., p. 221).

56. Pedro de Araujo, 1638, *IT*, vol. 28. Ele se casou em novembro de 1637, com 23 anos de idade, e estivera no sertão pelo menos uma vez (ver p. 251). Sua idade foi calculada a partir do fato de que Pedro tinha três anos de idade em 1617, no inventário feito depois que seu pai, também Pedro de Araujo, morreu no sertão (*IT*, vol. 5, p. 171). Outras referências a seus genitores encontram-se em Francisco Carvalho Franco, op. cit., p. 35, e Taques, op. cit., vol. 3, p. 280, mas Taques engana-se quanto à esposa de Pedro e seus herdeiros.

57. Quando a mãe de Pedro morreu, em 1644, o filho de Pedro recebeu seis índios que teriam sido de seu pai, se este tivesse vivido o suficiente (Anna de Alvarenga, 1644, *IT*, vol. 29).

58. Pedro de Araujo, 1638, *IT*, vol. 29, p. 253.

59. Lavrin e Couturier, em "Dowries and Wills", p. 296, estudaram sessenta casamentos no México dos séculos XVII e XVIII, descobrindo que, em trinta deles, o marido não possuía bens, ou trazia para o casamento menos do que sua esposa; em dezoito deles os parceiros traziam aproximadamente a mesma coisa e, em apenas doze, o marido era o maior provedor.

60. Deus, op. cit., pp. 83-4.

61. Antonio Raposo da Silveira, 1663, *IT*, vol. 16, p. 419. Anna Maria da Silveira casou-se com Salvador Cardoso de Almeida, que, por isso, tornou-se juiz dos órfãos, cargo posteriormente detido pelo capitão Francisco de Camargo Pimentel, seu genro (ver Silva Leme, op. cit., vol. 1, p. 335).

4. TRANSIÇÃO NA FAMÍLIA E NA SOCIEDADE (PP. 85-109)

1. Boxer, *The Golden Age*, pp. 30-60; Buarque de Holanda, *História*, vol. I, pp. 294-6; Antonil, *Cultura e opulência*, parte 3, caps. 2 e 3; Taunay, *História geral*, vol. I, p. 216. Um dos descobridores de ouro foi Antonio Rodrigues de Arzão, descendente de Martim Rodrigues, cuja família entendida em metalurgia foi descrita no cap. 3. Sobre a guerra dos emboabas, ver Buarque de Holanda, op. cit., vol. I, liv. 5, cap. 3, e Boxer, op. cit., cap. 3.

2. Boxer, op. cit., pp. 254, 267.

3. Cassiano, *Marcha para oeste*, p. 91.

4. Dos dezenove inventários, sete possuíam parentes em Minas Gerais, seis em Goiás, cinco em Cuiabá, e um em Goiás e em Cuiabá. Em "Clans", p. 208, Elizabeth Kuznesof descreve a dificuldade de identificar grupos de parentesco, tais como os Prado, que tinham membros em Nossa Senhora do Ó, Santo Amaro e nas minas de Goiás.

5. Manoel João de Oliveira, AESP, INP, #ord. 537, c. 60.

6. Dos 84 inventários, 28 tinham ligações com as minas.

7. A fonte são 69 inventários com filhas casadas (1721-90) dos quais se conhece o valor total do espólio. Dos dezessete espólios mais ricos, dez tinham ligações com as minas. Dos dezessete mais pobres, apenas dois. Utilizando o número de escravos africanos como índice de riqueza, verificamos que os inventários que tinham ligações com as minas possuíam uma média de 18,6 escravos, enquanto os que não tinham essas ligações possuíam uma média de apenas 8,2 escravos.

8. Ver Goulart, *Tropas*; Alfredo Ellis Jr., "O ciclo do muar"; e Myriam Ellis, "Estudo sobre alguns".

9. Sobre as monções, ver Boxer, op. cit., pp. 261-6, e Buarque de Holanda, *Monções*. Sobre a maneira como as minas eram abastecidas, ver Myriam Ellis, "Contribuição", e Zemella, *O abastecimento*. Sobre os caminhos para as minas, ver Caio Prado Jr., *The Colonial Background*, pp. 284-90; uma descrição da época encontra-se em Antonil, op. cit., pp. 159-66.

10. *DI*, vol. 23, pp. 329-63.

11. Bartholomeu de Quadros, 1722, *IT*, vol. 26, p. 271.

12. Metcalf, "Families of Planters", pp. 110-1.

13. Com relação ao analfabetismo, os brasileiros não eram exceção. Por exemplo, na Escócia, em 1638, somente 25% dos homens adultos eram alfabetizados, embora os homens elevassem sua taxa de alfabetização para 72% após 1700. Enquanto isso, as mulheres eram 80% analfabetas entre 1630 e 1760, e eram as filhas e as esposas de proprietários de terras e de profissionais liberais que mais provavelmente sabiam ler e escrever (ver Houston, "Illiteracy in Scotland").

14. Taques, *Nobiliarquia*, vol. 2, p. 191.

15. Simonsen, *História econômica*, pp. 222-7; Taunay, *História da cidade* (1953), pp. 52-6.

16. Boxer, op. cit., p. 34. Interessante é que, em 1694, a Coroa decidira criar uma moeda colonial com valor maior do que a portuguesa.

17. Simonsen, op. cit., p. 229.

18. Buarque de Holanda, *História*, vol. I, parte 2, pp. 34-6.

19. Citado em Simonsen, op. cit., p. 230.

20. Manoel de Alvarenga, 1639, *IT*, vol. 14, p. XLIX; ver também Alcântara Machado, *Vida e morte*, p. 197.

21. Lourenço Fernandes, 1646-66, *IT*, vol. 33, p. 135.

22. No século XVII, ou um visitador, ou o ouvidor-geral da Coroa conferiam se os testamentos haviam sido executados, mas no século XVIII somente o ouvidor fazia isso.

23. O exército regular continuou pequeno e sem importância até depois da data-limite de minha amostra do século XVIII.

24. Essa interpretação é defendida de maneira convincente em Kuznesof, op. cit.

25. Leonzo, *As companhias*, p. 206.

26. Ver Taques, op. cit., vol. 3, pp. 118-9.

27. Manoel Mendes de Almeida, 1756, AESP, INP, #ord. 542, c. 55.

28. *DI*, vol. 23, p. 126.

29. A fonte é minha amostra. O posto superior do pai, filhos ou genros em cada família foi escolhido para o conjunto de dados. A lucrativa função de juiz dos órfãos também foi ocupada por aqueles que já eram ricos ou ocupavam altos postos da milícia. Por exemplo, em 1753, o juiz dos órfãos em Parnaíba era o capitão-mor da cidade (Escolastica Cordeiro Borba, 1758, AESP, INP, #ord. 533, c. 56). Como era necessário depositar uma caução considerável para ser nomeado para o cargo de juiz dos órfãos, também era imperativa a posse de capital. Por exemplo, em *Registro geral da Câmara de São Paulo, 1750-1763*, p. 13, há um documento em que o dr. Luis de Campos depositou 400$000 para resolver todo e qualquer dano que os órfãos pudessem sofrer enquanto ele detivesse o cargo.

30. Ver Aroldo de Azevedo, "Vilas e cidades", p. 49.

31. Ver Canabrava, "Uma economia". Essa tendência iria reverter-se na capitania de São Paulo no decorrer da última terça parte do século, quando a cana-de-açúcar foi cada vez mais cultivada e exportada (ver Petrone, *A lavoura canavieira*).

32. Contemporâneos com essas opiniões foram Morgado de Mateus, 1767, (*DI*, vol. 33, pp. 380-1) e o governador Martim Lopes, 1775 (citado em Paulo Prado, *Paulística*, p. 147).

33. Marcílio, "Crescimento", p. 293.

34. Essa é a tese de Alcântara Machado em *Vida e morte*.

35. Ver, por exemplo, Taques, op. cit., vol. 1, p. 117.

36. Alvará de 8 de maio de 1758. Ver também Caio Prado Jr., op. cit., p. 102.

37. Minha fonte são os inventários da amostra nos quais os números de índios ou escravos são conhecidos.

38. Sobre a importância da renovação do "caminho do mar" após 1780, ver Kuznesof, "The Role of the Merchants".

39. Em 1765, a população livre da cidade de São Paulo era de 14 760 e a população escrava, de 6113 (em 1767), para uma população total de 20 873. Ver Marcílio, *A cidade*, p. 98. Este foi, contudo, um aumento na proporção de escravos africanos. Alfredo Ellis Jr., em *A economia paulista*, p. 130, nº 2, mostra que a

proporção de africanos para índios em São Paulo era de um africano para cada 34 índios, no século XVII, e de oito africanos para cada sete índios, no século XVIII.

40. Buarque de Holanda, "Movimentos", pp. 83-4.

41. Canabrava, op. cit., p. 103. Somente 43,6% das famílias no censo de 1778 possuíam escravos (ver Kuznesof, "Household Composition", p. 85, nº 15).

42. O censo de 1772 de Sorocaba mostra que apenas 30% das famílias de agricultores possuíam a terra em que trabalhavam; os demais 70% ou pagavam um foro por terras pertencentes à Câmara (9%), ou usavam terras devolutas, isto é, terras anteriormente concedidas como doação mas que haviam sido abandonadas (26%), ou trabalhavam terras pertencentes a terceiros, "planta em terras alheias" (35%). Ver Marcílio, "Crescimento", p. 286. Sobre Parnaíba, ver Metcalf, op. cit., pp. 58-71.

43. Canabrava, op. cit., tabelas nas pp. 101, 103.

44. Minha fonte são os 54 inventários de minha amostra, nos quais o patrimônio líquido é conhecido.

45. Sobre o século XVII, ver Tabela 1 no cap. 1.

46. Do terço mais rico da amostra, somente dois não possuíam ao mesmo tempo uma fazenda e uma casa na cidade, e tratava-se de viúvas que provavelmente haviam perdido o direito às casas que tinham na cidade quando da morte de seus maridos. Por exemplo, Maria de Lima de Siqueira morreu na casa de sua filha e genro, situada no centro de São Paulo. Os únicos imóveis relacionados em seu inventário eram dois sítios, um dos quais, na freguesia de Cotia, era de valor considerável. Como seu espólio era muito grande, mais de 4:000$000, é provável que, na divisão dos bens quando da morte de seu marido, a casa ou casas que ela e o marido haviam possuído tenham sido destinadas aos filhos. Ver Maria de Lima de Siqueira, 1769, AESP, INP, #ord. 545, c. 68.

47. No inventário de Joanna Velozo (1758, AESP, INP, #ord. 539, c. 59), declara-se explicitamente que lhe foi destinada a casa na freguesia de Juqueri quando o patrimônio que ela possuía em conjunto com seu falecido marido foi dividido entre ela e os filhos.

48. Ver Canabrava, op. cit., pp. 115-6.

49. Kuznesof, "Household Composition", tabela III :3, p. 100. Ela encontrou 29 negociantes na área estritamente urbana de 568 domicílios, ou 5%.

50. *DI*, vol. 62, p. 70; capitão José da Silva Ferrão, 1763, AESP, INP, #ord. 541, c. 64, e também #ord. 54, c. 63. Ele tinha um irmão que era tenente-geral em Vila Rica, Minas Gerais. Como não tinha filhos, seu inventário não foi incluído em minha amostra. Não só ele foi uma das pessoas mais ricas de São Paulo, como também havia sido feito cavaleiro da Ordem de Cristo, por duas vezes havia sido juiz ordinário e fora membro da Câmara. Ver Taques, op. cit., vol. 3, p. 114, e *Registro geral da Câmara de São Paulo, 1750-1763*, p. 135.

51. Sobre a complexidade das redes de comércio do século XVIII, ver a de Francisco Pinheiro, em Lisanti, *Negócios coloniais*. Dois dos comerciantes de minha amostra faziam parte da rede de Francisco Pinheiro: Manoel Mendes de Almeida, capitão-mor da cidade de São Paulo, e Manoel Mendes Ferreyra Luctosa, genro de Caetano Soares Viana. Uma análise do volume de mercadorias que a rede de Pinheiro vendia por todo o Brasil encontra-se em Levy, *História financeira*, pp. 94-100.

52. A maioria destes tinha origem na classe média baixa. Ver Kuznesof, "The Role of the Merchants", p. 576. Buarque de Holanda afirma, em *Monções*, p. 117, que a maioria dos comerciantes que fizeram fortuna com o tráfico para as minas não pertenciam às antigas famílias paulistas, mas eram imigrantes. Essa também era a situação na Bahia, onde 83% dos comerciantes eram portugueses. Ver Flory e Smith, "Bahian Merchants".

53. Martinho, "Organização do trabalho", p. 41.

54. Idem, ibidem. Ver também Lobo, "O comércio atlántico".

55. Tenente José Rodrigues Pereira, 1769, AESP, 1º Of., #ord. 686, c. 74, nº 14 533. Esse tipo de parceria era chamado de "capital e indústria".

56. Censo de 1767 em *DI*, vol. 62, p. 261. O inventário de José Rodrigues Pereira, de 1769, apresenta o valor de seus bens como 26:196$200, próximo da estimativa dada, mas, assim que suas dívidas foram pagas, seu espólio líquido ficou valendo somente 14:632$500 (AESP, 1º Of., #ord. 686, c. 74, nº 14 533).

57. Kuznesof, "The Role of the Merchants", p. 583. Quase três quartas partes dos comerciantes portugueses que foram membros da Câmara, entre 1767 e 1818, casaram-se em famílias paulistas tradicionais, como também o fizeram quinze dos vinte portugueses pertencentes ao Conselho da Santa Casa de Misericórdia.

58. Escolástica Vellozo, 1753, AESP, INP, #ord. 530, c. 53. O valor total dos bens postos à venda na loja de Thomé era de 2:388$477. O inventário incluiu 260$000 em barras e pó de ouro e 41$000 em dinheiro. Um escravo do sexo masculino em pleno vigor, que valia 150$000 em São Paulo, era vendido em Cuiabá por 420$000.

59. Manoel Vellozo, 1752, AESP, INP, #ord. 528, c. 51. Manoel é mencionado duas vezes como cliente em Lisanti, vol. 4, p. 34, e vol. 3, p. 433. Entre outros negócios, Manoel foi um dos quatro paulistas sócios e fiadores do homem que, em 1722, comprou o contrato real para a coleta dos dízimos de Cuiabá (Taunay, *História da cidade.* [...] *no século XVIII*, vol. 2, p. 7).

60. Ver *Registro geral da Câmara de São Paulo, 1750-1763*, p. 88. Sobre as brigas com os comerciantes na Câmara da cidade, ver Taunay, op. cit. (1953), p. 118. Sobre a importância dos comerciantes na Câmara da cidade, ver Kuznesof, "The Role of the Merchants", pp. 580-91.

61. Ver Buarque de Holanda, *Monções*, p. 115.

62. Manoel Vellozo, 1752, AESP, INP, #ord. 528, c. 51. Pedro Taques, como marido da neta de Manoel, veio à colação com sua parte no dote de sua falecida sogra.

63. Sobre o mesmo comportamento na Bahia, ver Flory e Smith, op. cit., p. 576; sobre o México, ver Brading, *Miners and Merchants.*

64. Silva Leme, *Genealogia*, vol. 8, p. 167.

65. Lourenço de Siqueira, 1665, *IT*, vol. 17, p. 37.

66. Raphael de Oliveira, 1648, *IT*, vol. 3, p. 310.

67. Pedro Fernandes, 1653, *IT*, vol. 12, p. 406.

68. Anastacio da Costa, 1651, *IT*, vol. 13, p. 226.

69. Ver Kennedy, "Bahian Elites", p. 420, sobre a exigência de que os comerciantes conhecessem o sistema contábil de partidas dobradas para se registrarem na Junta de Comércio de Lisboa. Encontrei um ou dois casos do uso de contabilidade de partidas dobradas em papéis apresentados para documentar débitos em inventários do século XVIII.

70. Maria Bicudo, 1659, *IT*, vol. 16, p. 67.

71. Domingos Fernandes, 1653, *IT*, vol. 27.

72. Alcântara Machado, op. cit., p. 148.

73. Treslado dos Capitulos de Corecção do Desembargador Antonio Luis Pelleja ao Ouvidor Geral desta Comarca, 1722, Livros de Parnaíba 89:1-8; AESP, 6066-18, conforme mencionado em Metcalf, "Fathers and Sons", p. 470, nº 26.

5. CONTINUIDADE E MUDANÇA NA PRÁTICA DO DOTE (PP. 110-30)

1. A fonte é minha amostra: um total de 68 famílias do século XVIII, das quais 55 concederam dotes; 48 famílias do século XVII, uma das quais sem informação e 43 concederam dotes.

2. João Fernandes da Costa, 1750, AESP, INP, #ord. 523, c. 46. Seu espólio líquido, menos a meação de sua viúva, valia 255$600, enquanto o patrimônio líquido do viúvo José Rodrigues Pereira valia 14:632$500.

3. Miguel Delgado da Cruz, 1758, AESP, INP, #ord. 535, c. 58.

4. Manoel Garcia, 1750, AESP, INP, #ord. 524, c. 65.

5. Manoel Soares de Carvalho, 1772, AESP, INP, #ord. 550, c. 1.

6. Aniceto Fernandes, 1762, AESP, INP, #ord. 540, c. 63.

7. Segundo as leis portuguesas, somente os filhos ilegítimos nascidos enquanto ambos os genitores não eram casados (chamados "naturais") herdariam de seu pai (ou mãe) após serem reconhecidos. Os filhos nascidos enquanto um ou outro dos genitores, ou ambos, fossem casados com terceiros (chamados "adulte-

rinos") jamais podiam herdar, embora pudessem receber legados da terça de seu pai (ou mãe).

8. Ver *Ordenações*, liv. 4, tít. 97, par. 1.

9. Maria Bueno de Oliveira, 1765, AESP, INP, #ord. 543, c. 66.

10. José Rodrigues Pereira, 1769, AESP, Inv. 1º Of., nº 14 533. Suas filhas mais novas casaram-se apenas com as legítimas por parte de mãe e de pai, levando, pois, menos bens para o casamento do que sua irmã mais velha, que havia recebido o saldo da terça do pai.

11. Assim fizeram cinco viúvas da amostra que permitiram que suas filhas se casassem simplesmente com sua legítima. Além de Maria Bueno de Oliveira, as outras foram: Maria Rosa de Bicudo (1751, AESP, INP, #ord. 526, c. 49), com pequena propriedade em Juqueri, sem escravos; Joanna Vellozo (1758, AESP, INP, #ord. 539, c. 59), que possuía apenas uma casa na rua S. Bento; Izabel de Arruda Leite (1763, AESP, INP, #ord. 541, c. 64), que possuía uma casa e quatro escravos; e Catharina de Lemos (1750, AESP, INP, #ord. 526, c. 49), com sete escravos, uma casa na cidade e dois sítios.

12. Ver Manoel Dultra Machado, o Velho, 1752, AESP, INP, #ord. 527, c. 50; Mariana Machado, 1759, AESP, INP, #ord. 536, c. 59; Ignes Dultra, 1763, AESP, 1º Of., nº 13 781.

13. Minha fonte são 29 famílias com três ou mais filhas casadas, catorze com dotes decrescentes, nove com dotes crescentes e seis sem nenhuma ordem por tamanho dos dotes.

14. Dividi os 29 inventários que concederam três ou mais dotes em dois grupos: aqueles em que o dote maior era mais de duas vezes o menor, e aqueles em que era menos de duas vezes o menor.

15. Maria de Lima de Siqueira, 1769, AESP, INP, #ord. 545, c. 68. Ver também Apêndice D.IV. e VII.

16. Manoel Dultra Machado, o Velho, 1752, AESP, INP, #ord. 527, c. 50; Mariana Machado, 1759, AESP, INP, #ord. 536, c. 59. Eles deram à primeira filha 209$680, à segunda, 73$330, à terceira, nada, à quarta, 49$400 e à quinta, 32$160. O total dado como dote foi de 364$570. O patrimônio líquido dos pais era de 762$380, de modo que o desembolso total para os dotes foi de 32%.

17. Diogo das Neves Pires era bisneto de João Pires e Messia Rodrigues. A primeira esposa de Diogo pertencia a uma das antigas famílias pioneiras, a família Garcia Velho. Sua segunda esposa era também bisneta de João Pires e de Messia Rodrigues. Ver Silva Leme, *Genealogia*, vol. 2, tít. Pires.

18. Ele teve onze filhos. Calculei o valor líquido de seu patrimônio à época da morte de sua primeira esposa retrocedendo a partir do valor da legítima da mãe, mencionada em seu inventário. Quando sua filha desistiu de herdar, a terça

não foi utilizada, como no século XVII. Diogo das Neves Pires, 1760, AESP, INP #ord. 537, c. 60.

19. Izabel Dultra e seu marido Estevão de Lima do Prado, 1748, AESP, 1º Of., nº 13 781. Sobre seu dote, ver Manoel Dultra Machado, o Velho, 1752, AESP, INP, #ord. 527, c. 50. Izabel era neta do casal que deu início à família Dultra Machado, e Estevão era da antiga família Prado. Ver Silva Leme, op. cit., vol. 9, sobre os Dultra Machado, e vol. 3, sobre os Prado.

20. Após a morte de Izabel, dois de seus filhos usaram seus cavalos para transportar mercadorias de Cubatão para São Paulo, mal ganhando o suficiente para se manter e alimentar os cavalos. Uma de suas outras filhas foi levada e criada por um tio, que não tinha condições de lhe dar um dote e, em vez disso, fez um contrato de dote com o marido dela, prometendo que ela receberia o remanescente de sua terça quando ele morresse. Ela já havia recebido seis bois como dote, no valor de 1$900 cada um. (Ver AESP, 2º Tabelião de S.P., liv. 2, 1753-5, fls. 163, escritura de dote, doante André Teixeira Dias, doado Vicente Vieira dos Santos.)

21. Estevão voltou a se casar após a morte de Izabel, mas não teve filhos com sua nova esposa e, ao morrer, esta só tomou de volta as coisas que havia trazido para o casamento, deixando tudo mais para os filhos dele.

22. Ver Apêndice D.VI, para maiores detalhes.

23. Kuznesof, "Clans", pp. 209-11.

24. Ver tabela 22, cap. 9.

25. Alguns inventários em que os pais equiparam os filhos: Domingos Lopes de Oliveira, 1766, AESP, INP, #ord. 544, c. 67; Catharina Ribeiro, 1757, AESP, INP, #ord. 533, c. 56; Maria de Araujo, 1755, AESP, INP #ord. 535, c. 58; Salvador Lopes de Medeiro, 1760, AESP, INP, #ord. 537, c. 60; Bartholomeu de Quadros, 1722, *IT*, vol. 26, p. 271.

26. Mariana Machado, 1759, AESP, INP, #ord. 536, c. 59; Bras Leme do Prado e Maria Domingues de Mattos, 1751, AESP, INP, #ord. 525, c. 48; Joanna da Cunha, 1766, AESP, INP, #ord. 544, c. 67.

27. Minha fonte são 21 dotes completos para o século XVII e 41 para o século XVIII.

28. Um exemplo disso está no Apêndice D.I.

29. A legislação espanhola deve ter tido um procedimento semelhante à colação, pois ela também exigia que o dote fosse subtraído da legítima (Lei XXVI de Toro). Ver Lavrin e Couturier, "Dowries and Wills", p. 286, nº 19.

30. Essa terça parte é, na verdade, um sexto dos bens possuídos em comum por ambos os cônjuges. *Ordenações*, liv. 4, tít. 97, par. 3. Um jurista do século XIX, Coelho da Rocha, explica que o objetivo da colação era preservar a igualdade entre os filhos relativamente ao patrimônio de seus pais, só permitindo que os pais dis-

pusessem livremente de uma terça parte de seu patrimônio. Ver *Ordenações*, liv. 4, tít. 97, par. 1, nº 4, à p. 968.

31. Em Messia Rodrigues, 1665, *IT*, vol. 17, a terça foi usada, demonstrando que se tinha consciência da lei no século XVII.

32. Maria Bueno de Araujo, AESP, INP, #ord. 544, c. 67. Ver Apêndice D.III.

33. Ver Kuznesof, op. cit., p. 218.

34. *Ordenações*, liv. 4, tít. 97, par. 1.

35. Ver Apêndice D.IV. O termo empregado no século XVIII era "se levanta com seu dote", e os dotes eram assim classificados para a partilha como "levantados" ou "conferidos" (trazidos à colação). Devido ao processo contábil envolvido, os dois tipos de dotes tinham de ser avaliados. (Portanto, contrariamente à situação do século XVII, conhecemos o valor de todos os dotes da amostra do século XVIII.) A maioria das filhas do século XVIII casou-se na ordem de seu nascimento, e a filha mais velha era a "primeira dotada" e, portanto, a primeira a quem se dava a opção de "levantar" ou "conferir" seu dote. Metcalf declara que, por lei, apenas o primeiro dote era protegido pela terça ("Fathers and Sons", p. 470, nº 26). Contudo, a prática era evidentemente outra, uma vez que, no caso de Maria de Lima de Siqueira, duas filhas foram protegidas pela terça.

36. Manoel Pacheco Gato, 1715, *IT*, vol. 26, p. 469.

37. Manoel João de Oliveira, AESP, INP, #ord. 537, c. 60; Ignacio Dinis Caldeyra, AESP, INP, #ord. 533, c. 56.

38. Taques, em *Nobiliarquia*, vol. 3, p. 124, menciona um navio que estava sendo construído por Luiz Dias Leme, cunhado de Manoel João Branco, quando ele morreu, em 1659. O navio inacabado foi avaliado em 400$000, de modo que o navio de Manoel João deveria valer muito mais.

39. Constantino Coelho Leite, 1693, *IT*, vol. 25, pp. 141-2.

40. Pero Nunes, 1623, *IT*, vol. 6, p. 59.

41. Ver também Silva, "Sistema", p. 1258.

6. MUDANÇA NO PACTO MATRIMONIAL (PP. 131-48)

1. Marcílio, *A cidade*, tabela 13, p. 119. Ver p. 122 sobre a hipótese de que os homens voltavam para São Paulo depois de idosos.

2. Carta de 31 de janeiro de 1768, em *DI*, vol. 23, p. 382.

3. Ver tabela 4, em Marcílio, op. cit., p. 105. Num capítulo mais adiante, Marcílio afirma que o censo de 1798 é o único que contém informações confiáveis relativamente a sexo, idade e estado civil da população da freguesia da Sé. Nesse censo, 45,5% dos homens e 34,3% das mulheres da freguesia da Sé com mais de cinqüenta anos de idade eram solteiros (p. 163).

4. Das famílias urbanas, 28,8% e, das famílias rurais, 26,5% eram chefiadas por mulheres (Kuznesof, "Household Composition", p. 86, tabela I, e p. 101).

5. Marcílio, op. cit., p. 159, tabelas 28 e 29 (1741-70).

6. Kuznesof, op. cit., p. 88, tabela III.

7. No século XVII, de 58 famílias de cujos membros se conheciam as idades, apenas duas possuíam filhas solteiras com mais de 25 anos (6,7%). No século XVIII, havia filhas solteiras com mais de 25 anos em 21 das 82 famílias de cujos membros se conheciam as idades (25,6%).

8. *DI*, vol. 23, pp. 380-1; Silva, *Sistema*, pp. 50-1.

9. Ramos, em "Marriage and the Family", demonstra que, em Vila Rica, o casamento também era somente para os abastados.

10. Silva, op. cit., pp. 51-6.

11. Sobre a taxa de solteiros, ver Marcílio, op. cit., pp. 164-5. Sobre a porcentagem de famílias chefiadas por mulheres, ver Kuznesof, op. cit., p. 100.

12. Deus, *Memorias*, pp. 83-4.

13. Russell-Wood, "Women and Society", p. 19.

14. O padrão da São Paulo do século XVII de haver mais mulheres do que homens que se casavam de novo parece bastante incomum. Estudos de comunidades na França e na Bavária, nos séculos XVII e XVIII e, nos Estados Unidos, no início do século XIX, mostram que havia uma taxa de novos casamentos muito mais baixa para as mulheres do que para os homens, exceto entre os muito jovens. Também parecia não haver correlação positiva ou negativa entre casamento e riqueza. Ver Grigg, "Toward a Theory of Remarriage".

15. Marcílio, op. cit., p. 166, demonstra que na freguesia da Sé, entre 1728 e 1770, casavam-se 9,6% dos viúvos contra 8% das viúvas (887 casamentos).

16. Metcalf, "Fathers and Sons", pp. 476-8.

17. Thomé Alves de Crasto, 1772, AESP, INP, #ord. 549, c. 72. Ver também *DI*, vol. 62, pp. 9, 28, 71, 257, 305, 306.

18. Encontrei falsas declarações de valor ao recenseador. Por exemplo, Maria da Silva Leite, viúva do rico comerciante José da Silva Ferrão, declarou bens no valor de apenas 10 contos no censo de 1765, quando sua meação havia sido superior a 28 contos quando o marido morrera, dois anos antes. (Ver *DI*, vol. 62, p. 70; capitão José da Silva Ferrão, AESP, INP, #ord. 541, c. 64, e #ord. 54, c. 63.)

19. Carta do capitão-geral Martim Lopes Lobo de Saldanha, 1777. *DI*, vol. 23, p. 348.

20. Como a legítima paterna dos filhos de Thomé montava a 1:630$900, a legítima materna, que ambos os filhos haviam recebido muito tempo antes, era pelo menos desse mesmo valor. Assim, seu filho mais velho, que recebera bens no valor de 642$000 além de sua legítima materna, provavelmente tinha muito mais

bens do que os 200$000 que sua esposa declarou ao recenseador, pois ela estava morando na casa da mãe e ele estava ausente, talvez na região das minas de ouro. É provável que o seu marido tivesse com ele escravos e/ou mercadorias que valiam quantia muito maior, mas ainda assim talvez não tão grande quanto a fortuna de suas irmãs. O segundo filho de Thomé declarou bens no valor de 2:000$000, apenas um pouco mais do que sua legítima, o que indica que sua esposa não trouxe um dote importante para o casamento.

21. Podemos confiar mais nos dados deste caso do que nos do precedente, uma vez que todos provêm de inventários e não do censo de 1765.

22. Ignacio Soares de Barros, AESP, 1º Of., nº 14 328.

23. O licenciado Manoel José da Cunha era ao mesmo tempo químico e comerciante e, quando morreu, era dono de uma farmácia (botica), cujo conteúdo valia 80$000, e de uma loja de artigos domésticos, tais como porcelana de Macau e jóias de ouro, cujo conteúdo valia 3:844$855. De seu inventário fez parte considerável biblioteca de 48 livros, a maioria deles sobre medicina e cirurgia. Eles possuíam três casas no centro de São Paulo. Depois que ele morreu, em 1746, sua viúva casou-se com o dr. Luis de Campos, advogado e, mais tarde, juiz dos órfãos, que, nos censos de 1765 e 1767, morava com a esposa na rua Direita (talvez na casa que ela possuíra com seu primeiro marido) e declarou um capital de 7:700$000. (Ver licenciado Manoel José da Cunha, AESP, 1º Of., nº 14 123, e *DI*, vol. 62, pp. 59 e 269.)

24. Entre seus bens havia uma casa na freguesia de Cotia e três sítios. O maior destes era provavelmente de seus pais, pois ele recebeu metade da fazenda de sua mãe quando ela morreu. Havia ali uma boa casa, senzalas, um pequeno engenho e cana-de-açúcar que era destilada para fabricar aguardente. Ele tinha onze escravos, computando os três que foram levados por dois de seus três filhos solteiros (um deles, padre em Minas Gerais). Joseph Ortiz de Camargo, AESP, 1º Of., #ord. 689, c. 77.

25. Censo de 1767, em *DI*, vol. 62, p. 268.

26. Manoel Vellozo casou-se com Ignacia Vieira, da família Maciel (Silva Leme, *Genealogia*, vol. 8, Maciéis, p. 167).

27. Silva Leme, op. cit., vol. 8, Maciéis, p. 167. Uma das tias de Anna, Angela Vieira, outra das filhas de Manoel, casou-se com o capitão-mor das minas de Mato Grosso e teve descendentes eminentes, entre os quais dois barões do café, o barão de Itapetininga e seu genro, o barão de Rio Claro.

28. O filho de Manoel Vellozo tornou-se padre.

29. Ver João Siqueira Caldeira e sua mulher Catharina Rodrigues Cardoso, 1750, AESP, INP, #ord. 523, c. 46, e Catharina Ribeiro de Siqueira, 1749, AESP, 1º Of., nº 13 737.

30. Bento Gomes de Oliveira, 1729, AESP, 1º Of., nº 14 304. O crime está descrito em Silva Leme, op. cit., vol. 8, p. 167 (Ignacia Vieira e capitão Manoel Vellozo).

31. O segundo dote proveio de sua terça. Manoel Vellozo, 1752, AESP, INP, #ord. 528, c. 51.

32. Manoel João de Oliveira, 1760, AESP, INP, #ord. 537, c. 60.

33. Ver Apêndice D.II, sobre a divisão dos bens de Manoel João.

34. A lei referia-se especialmente às viúvas, que eram encaradas como propensas a alienar seus bens de maneira imprudente, dissipando assim a legítima de seus herdeiros. Também homens podiam ser declarados perdulários e, se fossem casados, a lei considerava suas esposas a melhor opção como administradoras (se tivessem capacidade e desejo de assumir a função), porque não havia conflito de interesses entre marido e esposa, enquanto entre pai e filho havia. (A respeito de viúvas, ver *Ordenações*, liv. 4, tít. 107. Sobre homens casados perdulários, ver *Ordenações*, liv. 4, tít. 103.)

35. A reação de seus filhos foi oferecer-se para pagar as missas com o dinheiro proveniente de suas legítimas (Thomé Alves de Crasto, 1772, AESP, INP, #ord. 549, c. 49). A lei que estabelece que os filhos podiam processar o pai que estivesse dissipando os próprios bens encontra-se em *Ordenações*, liv. 3, tít. 9.

36. Taques, *Nobiliarquia*, vol. 1, p. 131.

7. O CRESCIMENTO DO INDIVIDUALISMO (PP. 151-70)

1. Petrone, *A lavoura canavieira*; Caio Prado Jr., *História econômica*, caps. 10 e 12. Um sumário das mudanças econômicas e políticas em São Paulo até 1850 encontra-se em Buarque de Holanda, *História*, parte 2, vol. 2, pp. 415-72.

2. Kuznesof, "The Role of the Merchants".

3. Sobre a expansão da cultura do café em São Paulo, ver Millet, *Roteiro do café*.

4. Ver Richard Graham, *Britain and the Modernization of Brazil*, cap. 2, a respeito da importância da ferrovia para a exportação do café de São Paulo.

5. Ver José Camargo, *Crescimento da população*.

6. Ver em Willems, "Social Differentiation", um estudo dos vários censos feitos em 1820 em dez localidades da capitania de São Paulo, tendo encontrado que havia mais agricultores que não possuíam escravos do que os que possuíam, e que havia grande heterogeneidade de renda no interior de ambos os grupos, o que confirma a existência de uma classe intermediária entre o grande fazendeiro e o escravo.

7. Kuznesof, *Household Economy*, tabela IV:5, p. 82.

8. Sobre o decréscimo do número de escravos em São Paulo, ver José Camargo, op. cit., tabela 2.

9. Os inventários deviam ser executados judicialmente, conforme o alvará de 17 de junho de 1809 e o regimento de 28 de abril de 1842, quando o Estado (a Fazenda Pública) deu início à tributação das heranças e legados. (Ver *Ordenações*, liv. 4, tít. 96, par. 18; Buarque de Holanda, op. cit., vol. 6, p. 62.) Todos os legados a pessoas ou instituições que não fossem herdeiros forçados eram tributados em 10% pela província de São Paulo. Um dos modos pelos quais a lei se fazia cumprir era estimulando denúncias de famílias que não faziam inventários quando da morte de um dos genitores. Foi o que se deu no caso de José Rodrigues Machado, cujo inventário foi feito em 1868, trinta anos depois de sua morte (AMJ, 2º Of. da F., nº 549), e no caso do dr. Hypolito José Soares de Souza, cuja morte foi comunicada por um credor, em 1869 (AMJ, 2º Of. da F., nº 570).

10. Nos 44 volumes de inventários publicados, somente duas mulheres sabiam assinar. Ver Alcântara Machado, *Vida e morte*, p. 103. Alguns homens eram pouco instruídos e *só* sabiam assinar. Por exemplo, Clemente Alveres, que assinava, declarou certa vez que não sabia "fazer contas".

11. Diretoria Geral, *Recenseamento do Brasil*, parte 4, pp. xvi-xvii.

12. Catharina Gotfriet, 1852, AMJ, 2º Of. da F., nº 219.

13. José Pereira, 1862, AMJ, 2º Of. da F., nº 411.

14. *Documentos com que o illustrissimo...*, p. 23.

15. Uma exceção: os herdeiros de Joanna da Cunha declararam uma roça em terras alheias (1766, AESP, INP, #ord. 544, c. 67).

16. Canabrava, "Uma economia", p. 101.

17. Ver Dean, "Latifundia", e Costa, "Land Policies". Contudo, o costume não se alterou imediatamente, pois muitos continuaram a ocupar terras e até mesmo a vender seus "direitos" sobre elas. Os agregados também continuaram a ter direitos.

18. Palavras empregadas na concessão de uma sesmaria de 26 de junho de 1726: "e não venderá as ditas terras sem expressa ordem de Sua Majestade" (*Sesmarias* [*1720-1736*], vol. 3).

19. Dariz Abreu, "A terra e a lei". A lei sobre a terra concedida em sesmaria dever ser cultivada foi especificamente aplicada ao Brasil pelo alvará de 5 de janeiro de 1785.

20. Novais, *Portugal e Brasil*, p. 262.

21. *Ordenações*, liv. 4, títs. 103 e 107.

22. Decreto de 23 de maio de 1821, a respeito da liberdade contra a prisão arbitrária, posteriormente incorporada à Constituição Imperial de 1824, art. 179, juntamente com outras liberdades individuais e a proteção à propriedade privada. Ver Trípoli, *História*, vol. 4, pp. 129, 140, 162 e 179-80; ver também Buarque de Holanda, op. cit., vol. 3, p. 254.

23. Trípoli, op. cit., vol. 2, p. 143.

24. *Ordenações*, liv. 4, tít. 107, nº 1.

25. Os locais de nascimento das pessoas falecidas da amostra do século XIX (para os 170 conhecidos) eram: a cidade ou a província de São Paulo, 144 (84,7%);

outras regiões do Brasil, 8 (4,7%); Portugal, 5 (2,9%); Alemanha, 10 (5,9%); Dinamarca, 1 (0,6%); Itália, 1 (0,6%); e Uruguai, 1 (0,6%). A amostra total era de 178 pessoas, oito das quais com local de nascimento desconhecido.

26. João Soares de Camargo, 1858, AMJ, 2º Of. da F., nº 324.

27. Cinco dos onze inventários de alemães da amostra eram de famílias que viviam na zona rural: Jacob Heindrich, 1862, AMJ, 2º Of. da F., nº 413; João Hattenback, 1866, AMJ, 2º Of. da F., nº 497; João Júlio, 1863, AMJ, 2º Of. da F., nº 431; João Pedro Schmidt, 1868, AMJ, 2º Of. da F., nº 547; e Maria Margarida Kristin e seu marido, 1864, AMJ, 2º Of. da F., nº 472.

28. Canabrava, "A repartição".

29. Ver Petrone, op. cit., p. 82, a respeito da importância das matas como combustível para os engenhos de açúcar, o que levava à busca de novas terras quando as matas existentes se esgotavam.

30. Em 1823, na zona rural da cidade de São Paulo, havia três plantações de café, 24 estabelecimentos de criação de mulas e alguns pequenos engenhos de açúcar. Taunay, *História da cidade [...] sob o Império*, p. 179.

31. Dos 142 espólios sobre os quais dispomos da informação necessária, 48 possuíam entre uma e 96 mulas, com uma média de dez.

32. Dos 169 espólios sobre os quais se conhece o tipo de criação, 116 possuíam cavalos, mulas ou gado.

33. Dos 111 espólios sobre os quais se conhece o tipo de cultivo existente, 66 (59%) plantavam culturas de subsistência.

34. Kuznesof, "Household Composition", p. 187.

35. Levi, *A família Prado*, p. 58.

36. Essa categoria foi utilizada para classificar os chefes de família em São Paulo no *Almanak 1858*, juntamente com outras categorias tais como "proprietário", "advogado" e "vendeiro".

37. Ver *Almanak 1858*, p. 108, e barão de Antonina, 1875, AMJ, 2º Of. da F., nº 669. Seu patrimônio líquido valia mais de 359 contos e ele possuía 180 contos em apólices ou debêntures.

38. Fazendeiros ricos do século XIX tendiam a viver a maior parte do tempo na cidade e passar somente parte do ano em suas fazendas (Cândido, "The Brazilian Family", p. 307).

39. Por exemplo, o inventário de José Rodrigues da Silva Menezes, 1859, AMJ, 2º Of. da F., nº 344, relaciona uma casa ao lado do mosteiro de São Bento, em certo estado de abandono, valendo 1:500$000, e mais sete quartos, contíguos à mencionada casa, cada um deles com uma porta e um jardinzinho, valendo 1:750$000. Essa prática de alugar quartos semi-independentes havia começado em Buenos Aires no século XVIII (Johnson e Socolow, "Population and Space").

40. José Francisco de Andrade, 1866, AMJ, 2º Of. da F., nº 506.

41. José Gomes Segurado e sua mulher dona Anna Benedicta de Azevedo Segurado, 1866, AMJ, 2º Of. da F., nº 509.

42. Ver *Almanak 1858*, p. 107.

43. Dr. João Thomaz de Mello, 1859, AMJ, 2º Of. da F., nº 357. O espólio bruto deles era de mais de seis contos, com dívidas que excediam essa quantia. A viagem de navio do Rio de Janeiro a Santos custou 35$000, mais 27$000 para pagar animais e homens que a transportaram de Santos a São Paulo. Para se ter uma idéia desses preços, o aluguel mensal de sua casa de dois pavimentos era de 40$000 e seu cavalo com sela foi avaliado em 50$000. Entre suas contas não saldadas estavam honorários de professor para duas filhas, 16$000 por mês, e 150$000 devidos ao médico por trinta visitas ao doente na corte do Rio de Janeiro.

44. Ver Candido, op. cit., p. 307.

45. Ver *Código Penal do Império*, art. 179, par. 20; ver também Trípoli, op. cit., vol. 2, p. 216.

46. Lei de 31 de outubro de 1831. Ver *Colecção das leis*; Trípoli, op. cit., vol. 2, p. 316. Ver também em *Codigo Commercial do Imperio*, parte 1, tít. I, cap. I, art. 1, par. 3, nota explicando que o filho-família com mais de 21 anos já não existia legalmente, uma vez que a autoridade legal dos genitores cessava automaticamente quando os filhos atingiam essa idade.

47. Manoel Pacheco Gato, 1715, *IT*, vol. 26.

48. "Autuação de uma petição de João Pacheco Gato, Manoel Pacheco Gato, Francisco Xavier Paes e José Gonçalves da Costa", *IT*, vol. 26.

49. Antonio Azevedo, *Primeira parte*, p. 637.

50. Artigo 12 do *Código de posturas 1829*, conforme citação em Canabrava, "Evolução", p. 51.

51. *Ordenações*, liv. 4, tít. 97, par. 16.

52. A emancipação era um processo legal que no período colonial só interessava a pessoas que possuíam bens. Os homens e as mulheres que não possuíam bens deixavam facilmente que suas famílias tentassem a sorte em outro lugar ou constituíssem suas próprias famílias (como se pode ver pelo grande número de famílias chefiadas por mulheres em São Paulo no final do século XVIII; ver Kuznesof, "The Role of the Female-Headed Household").

53. Suzanna Rodrigues de Arzão, 1754, AESP, INP, #ord. 542, c. 55.

54. Caetano Soares Vianna, 1757, AESP, INP, #ord. 538, c. 61, e #ord. 535, c. 58.

55. Maria de Lima de Siqueira, 1769, AESP, INP, #ord. 545, c. 68.

56. Por exemplo, ver Justificação de Manoel Pires (emancipação por sua mãe viúva), 1673, *IT*, vol. 26.

57. *Codigo Commercial do Imperio*, parte 1, tít. I, cap. I, art. 1º, par. 3, nota com comentário sobre *Ordenações*, liv. 4, tít. 50, par. 3.

8. A SEPARAÇÃO ENTRE NEGÓCIOS E FAMÍLIA (PP. 171-88)

1. Polanyi, *The Great Transformation*; Tawney, *Religion and the Rise of Capitalism*.

2. Por exemplo, José da Silva Ferrão, 1763, AESP, INP, #ord. 541, c. 64 e #ord. 54, c. 63.

3. Um inventário detalhado do armazém de secos e molhados encontra-se em Ignacia Maria Rodrigues, 1768, AESP, INP, #ord. 546, c. 69: "990 côvados de diversas sarjas coloridas, a 520 réis o côvado, 514$000, mais 74 côvados cor-de-rosa, 640 réis por côvado etc.".

4. D. Cândida Maria Miquelina de Oliveira, 1859, AMJ, 2º Of. da F., nº 352. Quando o viúvo morreu, cinco anos depois, os negócios ainda não haviam sido liquidados.

5. *Codigo Commercial do Imperio*, seção 7, art. 335, par. 4, nº 491.

6. Ver *Ordenações*, liv. 4, tít. 44, p. 828, nº 6. Ver também em Sweigart, *Coffee Factorage*, p. 91, a liquidação de uma sociedade com a morte do principal sócio comanditário.

7. *Codigo Commercial do Imperio*, cap. III, seção 1, art. 308, nº 431.

8. Sweigart, op. cit., p. 254.

9. Mas elas requeriam permissão legislativa. Ver Kuznesof, "Property Law", p. 6.

10. *Codigo Commercial do Imperio*, seção 7, "Da dissolução da sociedade", nº 1272.

11. Alfredo Ellis Jr., *Um parlamentar paulista*, pp. 80-3.

12. Bento José Martins da Cunha, 1858, AMJ, 2º Of. da F., nº 343. No *Almanak 1858*, p. 123, essa sociedade está relacionada como uma das cinco selarias do centro de São Paulo: "Martins & Sobrinho, canto da rua do Ouvidor".

13. Luis Bernardo Pinto Ferraz, 1856, AMJ, 2º Of. da F., nº 284.

14. Freitas, *Paulistas*, p. 180.

15. Sweigart, op. cit., cap. 3.

16. Antonio Bento de Andrade, 1868, AMJ, 2º Of. da F., nº 553.

17. Quando Anna Josepha de Lima morreu, em 1864 (AMJ, 2º Of. da F., nº 464), seu marido declarou haver herdado de seu pai parte de um sítio no valor de 3 contos, mas não sabia quanto lhe cabia. No inventário de Anna Francisca Bueno (AMJ, 2º Of. da F., nº 531), entre os bens relacionados havia: "1 parte das terras herdadas de João Carvalho dos Santos (ainda não divididas), 500$000, 4/6 das terras compradas de... (ainda não divididas), 800$000". No inventário de Maria José (1859, AMJ, 2º Of. da F., nº 344): "1 parte do grande sítio cercado herdado de seus pais, 50$000".

18. D. Anna Maria de Souza Queiros, 1867, AMJ, 2º Of. da F., nº 520.

19. O juízo dos órfãos do século XVII mantinha os recursos pertencentes a órfãos e os emprestava a juros de 8%, agindo desse modo como um banco. Freqüentemente, os inventários daquele século continham páginas e mais páginas documentando quem havia tomado emprestado o dinheiro pertencente a um espólio, com que garantias e quando havia sido devolvido. Ver também Alcântara Machado, *Vida e morte*, p. 146.

20. Pedro Fernandes, 1653, *IT*, vol. 12, pp. 394, 436-8.

21. A fonte é minha amostra. Utilizei a distribuição dos devedores somente da amostra do século XVII por ser a única em que as despesas com missas e com o funeral não foram consideradas dívidas. Elas eram tiradas da terça, enquanto no século XVIII as despesas com os funerais estavam incluídas na categoria "dívidas", de modo que praticamente todos da amostra possuíam dívidas pendentes. Em meados do século XIX, alguns espólios pagaram primeiro as despesas com os funerais, de modo que elas nem sequer apareciam no inventário, enquanto outros as incluíam entre as dívidas pendentes.

22. Levy, *História financeira*, pp. 94-100. Ela descobriu que os juros cobrados relativamente a mercadorias vendidas a crédito iam em geral de 8% a 12%, mas em algumas notas promissórias atingiam 30%.

23. No inventário dele, apenas metade de cada crédito que vinha desde a morte de sua esposa foi creditada a seu espólio, já que a outra metade havia sido creditada aos herdeiros de sua esposa (José Rodrigues Pereira, 1769, AESP, 1º Of., nº 14 533).

24. Buarque de Holanda, *Monções*, p. 116.

25. Maria de Lima de Siqueira, 1769, AESP, INP, #ord. 545, c. 68.

26. Silva Leme, *Genealogia*, vol. 1, p. 192.

27. Levi, *A família Prado*, p. 53.

28. O brigadeiro Luis Antonio de Souza foi um comerciante que atuou como banqueiro (ver Taunay, *História colonial*, vol. 3, p. 313-20).

29. Alcântara Machado, op. cit., p. 129. Nos Estados Unidos a proibição total da prisão para devedores não ocorreu senão na segunda metade do século XIX. Ver Coleman, *Debtors and Creditors in America*, pp. 249-69.

30. Os empréstimos tomados do juízo dos órfãos, no século XVII, eram garantidos com palavras do seguinte teor: "pelo qual obriga sua pessoa e seus bens, quer móveis ou imóveis, que agora possui ou venha a possuir mais tarde" (Simão Sutil Oliveira, 1650, *IT*, vol. 15, p. 275).

31. *Ordenações e leys do Reino*, liv. 3, tít. 41.

32. *Codigo Comercial do Imperio*, tit. 13, cap. I, incluindo a lei de hypothecas nº 1237 de 1864, art. 10; e cap. II. Ver também Sweigart, op. cit., cap. 4, especialmente pp. 125-31.

33. Era o que ocorria também no Rio de Janeiro. Sweigart, op. cit., p. 143, contém uma tabela que mostra que 31,6% das hipotecas sobre fazendas de café,

registradas no Rio de Janeiro em 1878, estavam nas mãos de indivíduos ou de comissários de café, e o restante, nas mãos de bancos hipotecários.

34. Antonio de Paiva Azevedo, 1849, AMJ, 2º Ofício Civel, c. 185, cujo único filho, tenente José Elias de Paiva Azevedo, está relacionado como capitalista no *Almanak* de 1858, p. 108.

35. Comendador José Manoel de França, 1853, AMJ, 2º Of. da F., nº 243. Também o capitão José de Araujo Novaes (1865, AMJ, 2º Of. da F., nº 483) possuía uma fazenda em Cotia, dois terços de importante fazenda de café em Guaratinguetá, várias casas em Sorocaba, além de escravos; porém, 79 contos de seu espólio de 136 contos eram cartas de crédito e notas promissórias a 12%. Outros exemplos de especialização em atividades bancárias são o barão do Tietê (1877, AMJ, 2º Of. da F., nº 711), que foi relacionado como capitalista no *Almanak* de 1858, p. 108, e Martinho Prado (ver Levi, *A família Prado*, p. 162), que, em 1864, recebeu juros no montante de 35 contos, quantia enorme de dinheiro em comparação com os 183 inventários que estudei, dos quais somente 21 possuíam espólios brutos de mais de 35 contos.

36. A respeito da criação de bancos, ver Taunay, *História colonial*, vol. 3, pp. 313-30, e Foot e Leonardi, *História da indústria*, pp. 73-9. Em meados do século XIX, havia em São Paulo uma agência do Banco do Brasil, e vários bancos comerciais privados, tais como Banco Mauá e Cia., Banco Teodoro Richert e a Caza Bancária de Bernardo Gavião, Ribeiro e Gavião (bancos mencionados em Manoel José de Moraes, 1868, AMJ, 2º Of. da F., nº 541, e em José de Araujo Novaes, 1865, AMJ, 2º Of. da F., nº 483).

37. Alexandre Antonio dos Reis, 1867, AMJ, 1º Of. da F., nº 143. (Ele e sua esposa haviam feito um testamento conjunto em que deixavam, um ao outro, o remanescente de suas terças, em vista do empenho que ambos haviam posto no desenvolvimento de seu negócio.) Outros inventários em que os créditos eram as dívidas de clientes: Maria Robertola das Dores, 1862, AMJ, 2º Of. da F., nº 416, e d. Leocardia Maria de Jesus, 1862, AMJ, 2º Of. da F., nº 421.

38. Levi, op. cit., p. 58.

9. A DECADÊNCIA DO DOTE (PP. 189-210)

1. Maria Clara Pedrosa, 1860, AMJ, 2º Of. da F., nº 381.

2. Ou seja, 48 das 55 famílias.

3. Ou seja, trinta das 47 famílias.

4. Que tão poucas famílias do século XIX concedessem dotes a todas as suas filhas casadas não parece estar relacionado a mudanças demográficas. O número

médio de filhas e de filhas casadas mantém-se notavelmente constante nas amostras dos três séculos, como mostra a tabela abaixo:

	séc. XVII	séc. XVIII	séc. XIX
Filhas por família (média)	3,51	3,52	3,36
Filhas casadas (média)	2,17	2,35	1,87

5. Relativamente ao século XVIII, ver Tabela 8, no cap. 5. A média do século XIX seria consideravelmente menor se eu não tivesse computado o escravo que Josefa Joaquina Bueno recebeu como dote, pois o valor de seu escravo era de mais de sete vezes o valor de sua legítima.

6. Anna Roza de Moraes, 1860, AMJ, 2º Of. da F., nº 362.

7. Barão de Limeira, 1873, AMJ, 2º Of. da F., nº 622. A quantia total gasta com os quatro dotes foi de 160:066$000, enquanto seu espólio líquido montava a 2751:537$000.

8. A fonte é minha amostra: 36 inventários do século XVIII e 48 do século XIX em que se conhecem tanto o espólio líquido como o valor total dos dotes concedidos.

9. Minha conclusão é corroborada pelo jurista do século XIX, T. de Freitas, que afirma, em nota às *Ordenações*, liv. 4, tít. 97, art. 119, que as pessoas não usavam mais o direito que a lei lhes concedia de abrir mão da herança.

10. Definiremos meios de produção como os recursos naturais e as ferramentas usadas pelos trabalhadores para tornar um produto consumível ou negociável. Meios de consumo são, em geral, consumidos, embora também possam ser vendidos, proporcionando com isso outro tipo de consumo ou tornando-se o capital necessário para comprar meios de produção.

11. Naturalmente, o trabalho é sempre um fator de produção, mas Marx considerava os escravos parte dos próprios meios de produção (Marx, *O capital*, vol. 1, p. 714).

12. Ver Schneider, "Trousseau as Treasure".

13. Alfredo Ellis Jr., *Um parlamentar paulista*, p. 87.

14. Por exemplo, o dote recebido em 1758 por Anna Maria da Horta continha como seu enxoval: uma colcha de cama de damasco escarlate; uma outra colcha de cama; um dossel de cama com cortinas de fino algodão com rendas; uma cama com colchão de lã; três pares de lençóis com fronhas; duas toalhas de mesa com doze guardanapos; seis toalhas de banho; seis colheres de prata e seis garfos de prata; e dois baús de jacarandá, um grande e um pequeno. Ver Catharina da Silva d'Horta, 1774, AESP, INP, #ord. 548, c. 71, e #ord. 551, c. 74.

15. Anna Rita de Oliveira, 1858, AMJ, 2º Of. da F., nº 335; Barão de Limeira, 1873, AMJ, 2º Of. da F., nº 622; João Biemback, 1855, AMJ, 2º Of. da F., nº 268.

16. Ignacio Correa de Lemos, 1787, AESP, 1º Of., nº 14 412 e nº 14 768.

17. O que classifiquei como dinheiro nos dotes do século XVII quase sempre consistia em mercadorias a serem vendidas.

18. Encontrei vários testadores do século XIX que alforriavam escravas por haverem sido muito "produtivas" — isto é, por terem gerado muitos filhos.

19. Por exemplo, as filhas do barão de Limeira, n. 7 acima, receberam cerca de 70% de seus dotes em dinheiro. As médias utilizadas são só daqueles dotes que continham dinheiro e dos quais se conhece o montante: oito do século XVIII e dez do século XIX. Encontrei apenas três dotes do século XVII em que se conhecem o valor do dote e o montante de mercadorias a serem vendidas; para estes, a média é de 51%.

20. Pedro José Machado, 1861, AMJ, 2º Of. da F., nº 407.

21. Maria Francisca do Rosario, 1851, AMJ, 2º Of. da F., nº 206.

22. Capitão-mor Caetano Soares Vianna, 1760, AESP, INP, #ord. 538, c. 61, e #ord. 535, c. 58.

23. *Ordenações*, liv. 4, tít. 97, par. 7.

24. Bento José Martins da Cunha, 1858, AMJ, 2º Of. da F., nº 343.

25. José Mathias Ferreira de Abreu, 1851, AMJ, 2º Of. da F., nº 200. No século XIX, menos paulistas fizeram testamentos do que no período colonial, fato que atribuo ao processo de secularização da sociedade. A parte mais importante dos testamentos do século XVII era a declaração de fé de quem testava e os legados religiosos que fazia de sua terça. Pessoas falecidas que fizeram testamentos no século XVII: 41 (de 48; 85,4%); no século XVIII: 41 (de 68; 60,3%); e no século XIX: 38 (de 178; 21,3%).

10. NOVO PACTO MATRIMONIAL (PP. 211-40)

1. *Ordenações*, liv. 4, tít. 88, par. 1, nº 1 (assento 5º de 9 de abril de 1772); também *Additamentos ao Liv. 4*, lei de 19 de junho de 1775. O alcance dessas leis foi de certo modo limitado pela lei de 29 de novembro de 1775, que outorgou poderes às autoridades judiciais de permitir o casamento que julgassem conveniente sem o consentimento dos genitores, uma vez que alguns destes chegavam a recusar bons casamentos para seus filhos ou filhas; e pela lei de 6 de outubro de 1784, que permitiu a quem tivesse atingido 25 anos de idade casar-se sem o consentimento dos pais, sem ter de esperar sua emancipação judicial. A lei de 1775 aplicava-se a filhos e filhas que fossem filhos-família de qualquer idade, uma vez que a emancipação não vinha automaticamente ao se atingir a idade de 25 anos.

2. Ver Arrom, *The Women*, pp. 69, 77.

3. Ver Rebelo, *Discurso sobre.* Flandrin, *Families in Former Times*, pp. 130-5, observa que, na França, do século XVI em diante, o poder patriarcal sobre os filhos aumentou, e que isso é em geral atribuído à restauração da lei romana e ao surgimento do Estado absoluto. Mostra também que os protestantes se escandalizaram com a insistência dos católicos a respeito do direito das pessoas de casar-se sem o consentimento do pai, e explica que, ao reafirmar esse direito, o Concílio de Trento estava preocupado primordialmente em dar fim às vocações religiosas forçadas.

4. *Ordenações, Additamentos ao Liv. 4*, lei de 19 de junho de 1775.

5. Dantas, *O amor em Portugal*, p. 71. A respeito do modo como o amor se tornou o fator decisivo predominante do casamento na Inglaterra, ver Trumbach, *The Rise of the Egalitarian Family.*

6. *Ordenações*, liv. 4, tít. 88, par. 3.

7. *Ordenações, Additamentos ao Liv 4*, assento 5º de 19 de abril de 1772.

8. *Ordenações, Additamentos ao Liv. 4*, lei de 17 de agosto de 1761, *Regulando os dotes das filhas das pessôas da primeira grandesa*, partes 1-7.

9. *Codigo Penal do Imperio*, art. 247.

10. Lewin encontrou famílias da Paraíba que arranjavam os casamentos de seus filhos até o início do século XX (ver *Politics*, p. 198).

11. A Igreja católica sempre indagou tanto à noiva como ao noivo se estavam se casando de livre e espontânea vontade, e essa exigência tornou-se mais forte no Concílio de Trento (1545-63). Ver Seed, *To Love*, pp. 32-4.

12. A sociedade ocidental adaptou-se à nova ênfase no amor, encontrando formas de manipular o comportamento de modo que as pessoas ainda tendessem a casar-se com seus iguais. Ver Goode, "The Theoretical Importance of Love".

13. Ver Brotero, *A família Monteiro*, p. 116, 120-1; Levi, *A família Prado*, p. 64.

14. Brotero, op. cit., p. 122; Levi, op. cit., p. 65.

15. Alfredo Ellis Jr., *Um parlamentar paulista*, pp. 50-1, 61, 75.

16. Gaspar Cubas, O Velho, 1648, *IT*, vol. 37.

17. Candida Maria Miquelina de Oliveira, 1859, AMJ, 2º Of. da F., nº 352.

18. *Codigo Penal do Imperio*, art. 247. Tanto esse artigo como a lei de 1775 foram citados por um advogado numa petição de casamento em 1855 (cap. Joaquim Theodoro Leite Penteado, 1855, AMJ, 2º Of. da F., nº 259).

19. Alcântara Machado, *Vida e morte*, p. 153.

20. Angela de Campos e Medina, 1641, *IT*, vol. 13, p. 99.

21. Taques, *Nobiliarquia*, vol. 1, p. 139.

22. Gertrudes Lourenço de Jesus, 1752, AESP, INP, #ord. 527, c. 50.

23. Francisco de Godoy Preto, 1752, AESP, INP, #ord. 550, c. 73, e #ord. 523, c. 46.

24. Essa interpretação é oposta à de Seed em *To Love* (ver especialmente pp. 227-33). Ela afirma que, após a Real Pragmática de 1776, houve no México um controle maior pelos pais sobre o casamento dos filhos do que nos séculos XVI e

XVII. Eu concluí que, nos séculos anteriores, o dote serviu de instrumento de controle pela geração mais velha, não só sobre as mulheres, mas principalmente sobre os homens, porque os homens exigiam um dote para se casar. O dote constituía um sistema de atrativo econômico para que os homens se casassem com o tipo certo de pessoa (naturalmente, alguns homens e mulheres ainda faziam suas escolhas pessoais, e essa é a parte da população que Seed estuda). Quando os homens passaram a ter outros modos de sustentar uma esposa que não fosse o dote, eles se tornaram cada vez mais independentes em suas escolhas matrimoniais e foram necessárias leis para continuar a controlar o casamento. Que essas leis foram ineficientes, é confirmado por minha amostra do século XIX, na qual muitas filhas se casaram antes de suas irmãs mais velhas.

25. Silva, *Sistema*, p. 66.

26. Mello, *Carta de guia de casados*, p. 8.

27. Hermann, "Evolução da estrutura social", p. 41. Da maioria dos casamentos — entre mulheres mais jovens e homens mais velhos —, 44% tinham mais de dez anos de diferença.

28. Silva, op. cit., pp. 67-8.

29. Ver as petições em Antonio Francisco Lima, 1758, AESP, INP, #ord. 535, c. 58; Balthazar Rodrigues Fam, 1758, AESP, INP, #ord. 536, c. 59; Izabel Dultra e seu marido, 1748, AESP, 1º Of. #ord. 618, c. 6; João Rodrigues Barboza, 1771, AESP, INP, #ord. 548, c. 71; José Rodrigues Pereira, 1769, AESP, 1º Of. #ord. 686, c. 74; e Maria Rodrigues Pires, 1751, AESP, INP, #ord. 525, c. 48.

30. Pedro Ortiz de Camargo, 1764, AESP, INP, #ord. 542, c. 65.

31. Ele se casou. Ver Balthazar Rodrigues Fam, 1758, AESP, INP, #ord. 536, c. 59; também Metcalf, "Families of Planters", pp. 116-7.

32. Izabel Dultra e seu marido Estevão de Lima do Prado, 1748, AESP, 1º Of., #ord. 618, c. 6.

33. Autuação de uma petição de José de Góes e Moraes e Anna Ribeiro de Almeida, 1710, *IT*, vol. 27.

34. Anna Eufrosina Jordão de Araujo e seu marido, dr. Raphael de Araujo Ribeiro, 1865, AMJ, 2º Of. da F., nº 485. A data da primeira petição foi 5 de junho de 1876 e, da segunda, 20 de junho de 1876. Ela se casou em janeiro do ano seguinte.

35. Bento Joaquim de Souza e Castro, 1857, AMJ, 2º Of. da F., nº 320; Joaquim Mathias Bicudo, 1862, AMJ, 2º Of. da F., nº 412; Luis Antonio Machado, 1865, AMJ, 2º Of. da F., nº 486.

36. Firmiano Leme da Cunha, 1851, AMJ, 2º Of. da F., nº 210.

37. As pessoas falecidas da amostra do século XVII tiveram 341 filhos, dos quais 205 traziam o sobrenome do pai. Além de 23 filhos sem sobrenome, na amostra do século XVIII havia 392 filhos, dos quais 257 usavam o sobrenome do

pai. Além de 186 sem sobrenome, no século XIX havia 702 filhos, dos quais 575 traziam o sobrenome do pai.

38. Ver *Ordenações*, liv. 4, tit. 88, nº 1.

39. *Ordenações*, liv. 4, tít. 97, par. 4, p. 974, nº 1.

40. As profissões liberais também representavam para os filhos homens maior vantagem na obtenção de seus casamentos. Ver Lewin, *Politics*, pp. 195-6.

41. Caio Prado Jr., *The Colonial Background*, p. 411; e Ramos, "Marriage and the Family", pp. 208-15.

42. Ver Marcílio, "Crescimento", p. 157. Arrom, em *The Women*, p. 120, mostra que, na Cidade do México, a porcentagem dos que jamais se casaram também decresceu de 19,5% dos homens e 16,6% das mulheres com mais de quarenta anos de idade, em 1790, para 8,4% dos homens e 12,3% das mulheres com mais de quarenta anos de idade, em 1848.

43. Zaira Americana, em *Mostra as immensas vantagens*, lamentou que parecia haver menos casamentos no Brasil do que na Argentina e no Uruguai, e relacionou esse fato com o persistente costume do dote no Brasil. Como, claro, escrevia para as elites, decerto nas elites é que observou menor número de casamentos. Algumas famílias que se dispunham a conceder dotes podem ter tido dificuldades em casar suas filhas, numa época em que os homens se casavam mais freqüentemente por amor.

44. Sandra Graham, *House and Street*, tabela 10, p. 192.

45. Silva, op. cit., p. 98, encontrou poucos contratos de dote e arras na São Paulo colonial.

46. *Ordenações*, liv. 4, tít. 46.

47. Beviláqua, *Direito da família*, pp.184-6.

48. Silva, op. cit., pp. 99-100; Samara, "O dote".

49. João Correa de Lemos, 1731, AESP, 1º Of., #ord. 668, c. 68.

50. Guarda-mor Francisco de Godoy Preto, 1750, AESP, INP, #ord. 550, c. 73, e #ord. 523, c. 46; e Ana Maria de Silveira (sua primeira esposa), 1728, AESP, INP, #ord. 508, c. 31.

51. Joanna Soares de Siqueira, 1776, AESP, INP, #ord. 548, c. 71. Ela era conhecedora de seus negócios, relacionando com exatidão em que consistiam seus bens e também o montante de capital que havia dado para seu segundo marido administrar, acrescentando que ele devia prestar contas de como o havia utilizado e quais os lucros auferidos. Talvez ele não tenha sido muito rico, pois ela lhe deixou também 30$000 para as despesas funerárias dele.

52. Autos Civis de Petição para Consentimento de Casamento que ha o Alferes João Carlos da Silva Rangel, 1853, AMJ, 2º Of. da F., nº 244.

53. Ver José Maria de Souza Queiroz, 1868, AMJ, 2º Of. da F., nº 532, e d. Anna Maria de Souza Queiroz, 1867, AMJ, 2º Of. da F., nº 520.

54. Samara, op. cit., pp. 42-5.

55. Idem, pp. 45-6. Samara mostra que, embora a quantia recebida pela noiva se chamasse "arras", não o era na verdade, pois arras pressupõe um dote. Em vez disso, ela considera que fosse um "dotalício", instituição para nobres.

56. Idem, p. 48.

57. Seu neto, o historiador Alfredo Ellis Jr., parece não ter tido conhecimento do contrato matrimonial entre seus avós, pois indaga por que o dr. William Ellis parece não ter herdado tanto quanto seus cunhados quando da morte de seu sogro (*Um parlamentar paulista*, p. 22). Como o contrato estipulava que toda herança recebida seria mantida separada, o viúvo não foi herdeiro de seu sogro, como teria sido se ele e a esposa tivessem sido casados em regime de comunhão de bens.

58. Maria do Carmo Ellis, 1867, AMJ, 2º Of. da F., nº 528. Como de fato ela morreu antes dele, suas posses — um escravo, algumas jóias e uma nota promissória de 13 contos que seu irmão tomara a juros — foram herdadas por seus filhos.

59. Muito embora se pudesse estabelecer um sistema de bens diverso do de comunhão de bens, um contrato pré-conjugal não podia deserdar os herdeiros forçados (ver *Ordenações*, liv. 4, tít. 70, a respeito dos direitos dos filhos como herdeiros).

60. Francisco Arnelung, 1858, AMJ, 2º Of. da F., nº 328, e d. Maria Elizabeth Schuenck, 1856, AMJ, 2º Of. da F., nº 281.

61. Luis Manoel da Paixão Branco, 1866, AMJ, 2º Of. da F., nº 507.

62. Maria das Dores, 1860, AMJ, 2º Of. da F., nº 374.

63. Joaquim Elias da Silva, 1863, AMJ, 2º Of. da F., nº 430.

64. Antonio Francisco Baruel, 1859, AMJ, 2º Of. da F., nº 351-A.

65. O jurista do século XIX, Teixeira de Freitas, diz, em *Ordenações*, liv. 4, tít. 47, nº 5, que os maridos rotineiramente dotavam as esposas que não haviam recebido dotes.

66. Ver Samara, op. cit., p. 48.

67. Bento Joaquim de Souza e Castro, 1857, AMJ, 2º Of. da F., nº 320. Ele está relacionado na categoria "Proprietários e Capitalistas" no *Almanak 1857*, p. 132. Seu patrimônio valia 43 contos e ele deve ter se casado mediante esse contrato em virtude de seu casamento anterior, em Portugal, que havia sido devidamente anulado, e sua primeira esposa havia se casado de novo. Ao estipular que sua segunda esposa não era meeira, podiam evitar disputas judiciais após sua morte que procurassem invalidar seu casamento.

11. PROBLEMAS COM O DOTE (PP. 241-61)

1. Ver Maxwell, "Pombal". Excelente análise da influência das idéias do Iluminismo sobre a sociedade e o governo portugueses encontra-se em Novais, *Portugal e Brasil*, especialmente pp. 213-24.

2. *Ordenações, Additamentos ao Liv. 4*, lei de 17 de agosto de 1761, *Regulando os dotes das filhas das pessôas da primeira grandesa*, pars. 1-7. Silva resume essa lei em "A legislação pombalina".

3. *Ordenações, Additamentos ao Liv. 4*, decreto de 17 de julho de 1778.

4. *Ordenações, Additamentos ao Liv. 4*, alvará de 4 de fevereiro de 1765.

5. *Ordenações, Additamentos ao Liv. 4*, lei de 17 de agosto de 1761, nº 1.

6. *Ordenações, Additamentos ao Liv. 4*, lei de 17 de agosto de 1761.

7. O próprio Pombal parece ter sido casado de acordo com essa lei, pois sua esposa não trouxe dote algum para o casamento, nem herdou de sua família. Ver Samara, "O dote", pp. 47-8.

8. *Ordenações, Additamentos ao Liv. 4*, lei de 17 de agosto de 1761.

9. Ver cap. 9.

10. *Ordenações*, liv. 4, tít. 97, par. 4. O código era totalmente neutro quanto ao sexo, pois definia a categoria privilegiada como doação feita por ocasião do casamento, fosse dote a uma filha ou doação a um filho.

11. Em 1821, os escravos custavam entre 250$000 e 440$000; em 1855, custavam entre 500$000 e 1:000$000; e em 1875, o maior preço atingiu 2:500$000. Os preços de produtos alimentícios também haviam subido. Ver Costa, *Da senzala à colônia*, pp. 40 e 117-8. Sobre inflação, ver Buescu, "A inflação brasileira", e Onody, *A inflação no Brasil*, cap. 1.

12. Manoella Joaquina Gomes de Assiz, 1865, AMJ, 2º Of. da F., nº 493. Exemplo da valorização das terras encontra-se no inventário do barão de Antonina, 1875, AMJ, 2º Of. da F., nº 669. Alguns lotes de terra que ele possuía na Vila de Apiaí mostraram os seguintes aumentos de valor:

Ano da compra	Valor	Avaliação em 1875
1849	120$000	400$000
1849	150$000	600$000
1850	60$000	400$000
1853	140$000	250$000
1853	600$000	630$000
1857	80$000	150$000
1857	132$000	250$000

13. Francisco Vieira de Paula, 1857, AMJ, 2º Of. da F., nº 308.

14. Job Antonio de Moraes, 1868, AMJ, 2º Of. da F., nº 543. Cada herdeiro recebeu o valor de 1:000$000 em terras, posteriormente vendidas por 1:300$000. Se o dote de 600$000 tivesse ido à colação, a filha e seu marido teriam recebido

somente 400$000 relativos à propriedade e somente 120$000 de lucro quando ela foi vendida.

15. Dean, *Rio Claro*, p. 74, mostra que dar crianças escravas por ocasião do casamento era costume freqüente na sociedade de fazendeiros de Rio Claro.

16. Gertrudes Branca de Siqueira, 1863, AMJ, 2º Of. da F., nº 448.

17. Alexandre José Rodrigues, 1850, AMJ, 2º Of. da F., nº 184.

18. Anna Roza de Moraes, 1860, AMJ, 2º Of. da F., nº 362.

19. Computei-os como dote na base de dados; das 47 famílias da amostra que concederam dotes a suas filhas, seis consideraram-nos "dívidas".

20. *Ordenações*, liv. 4, tít. 97, par. 1.

21. José Manoel Godinho, 1863, AMJ, 2º Of. da F., nº 441.

22. José Domingues Moreira, 1861, AMJ, 2º Of. da F., nº 391.

23. *Codigo Civil*, art. 236, estabelecia a validade permanente dos dotes ou doações feitos a filhos quando eles se casavam ou quando se estabeleciam separadamente.

24. Alencar, *Senhora*, pp. 14-5.

25. Alencar, *A viuvinha*.

26. Citado em Hahner, *Women in Latin American History*, p. 53, extraído de *O sexo feminino* (Campanha), 25 de outubro de 1873, pp. 1-2.

27. Americana, *Mostra as immensas vantagens*, p. 5.

28. Idem, pp. 101-2.

29. Idem, pp. 107-8.

30. Idem, pp. 108-9.

31. John Mawe, citado por Maria Sylvia de Carvalho Franco, em *Homens livres*, p. 135.

32. Thomas e Znaniecki, *The Polish Peasant*, vol. 1, p. 117.

33. Hahner, op. cit., p. 53.

34. *Documentos com que o illustrissimo...*, p. 23.

35. Por exemplo, Antonio Bento de Andrade, 1868, AMJ, 2º Of. da F., nº 553. As filhas não haviam aprendido a ler e escrever porque a escola ficava muito longe, e os dois filhos menores de idade não haviam aprendido, um por ser surdo e o outro porque o pai preferira que ele o ajudasse na fazenda.

36. Provavelmente, eram também das famílias mais urbanas. Dean, op. cit., p. 113, descobriu que, em 1850, na zona rural, oito de cada dez esposas de fazendeiros não sabiam assinar o nome.

37. Ver tabela 15, cap. 7.

38. Beviláqua, *Direito da família*, cap. 7, p. 229. Ele coloca isso em termos universais, mas a seqüência por ele descrita é precisamente a que descreve Hughes relativamente à Europa em "From Brideprice to Dowry".

39. Ver, por exemplo, Kaplan, *The Marriage Bargain*, p. 3.

40. Rubin, "The Traffic in Women".

41. AESP, Livro de Notas 1640-2. Ver também Alcântara Machado, *Vida e morte*, p. 157, a respeito do dote prometido a sua filha por Garcia Rodrigues, o Velho.

42. Na Inglaterra, a doação por casamento também constituía um atrativo para os homens se casarem (ver Stone, *Crisis of the Aristocracy*, pp. 599 e 621).

43. Lockhart e Otte (orgs.), *Letters*, p. 129. (Tradução nossa.)

44. Ver Mello, *Carta de guia de casados*, p. 223.

45. Ver, por exemplo, Taques, *Nobiliarquia*, vol. 1, p. 139.

46. AESP, Livro de Notas, #ord. 459, c. 1, Notas Parnaíba 1685, 22/8/1685.

CONCLUSÃO (PP. 263-71)

1. *Colecção das leis*, lei de 6 de outubro de 1835. Ver também Trípoli, *História*, vol. 2, p. 272.

2. Citado por Ariès, *Centuries of Childhood*, p. 121.

3. Friedl, em "The Position of Women", documenta o maior poder do casamento das esposas dotadas da zona rural da Grécia, em comparação com o das mulheres urbanas não dotadas. Hughes diz que as famílias "garantiam a herança da filha com um dote que lhe conferia direitos e status na casa do marido" ("From Brideprice to Dowry", p. 42).

4. Ver Leacock, "Introduction"; Sacks, "Engels Revisited"; e Ryan, *Womanhood in America*.

5. Montesquieu, no início de *O espírito das leis*, descreve o casamento como uma instituição que serve para obrigar os maridos a sustentar os filhos.

6. Hermenegildo Almeida, "Direito romano".

7. *Colecção das leis*, decreto nº 181, de 24 de janeiro de 1890, art. 56, pars. 4-5. Essa lei também tornou obrigatório o casamento civil.

8. Ver *Ordenações*, liv. 4, tít. 99. Se os pais se separavam, a mãe era responsável pela criação do filho ou filha até os três anos e, a partir daí, cabia ao pai.

9. *Codigo Civil*, arts. 240 e 233. Ver também Hernani, *Direito da mulher*, p. 70, e Pimentel, "Communicação docente", p. 39.

Bibliografia

Foi mantida a ortografia original nos títulos dos livros publicados no século XIX ou início do XX.

ABREU, Dariz Bizzocchi de Lacerda. "A terra e a lei: Estudo de comportamentos socioeconômicos em São Paulo nos séculos XVI e XVII", dissertação de mestrado. São Paulo, Universidade de São Paulo, 1981.

ABREU, J. Capistrano de. *Caminhos antigos e povoamento do Brasil.* Rio de Janeiro, Briguiet, 1960.

ALBUQUERQUE, Rui H. P. L. *Capital comercial, indústria têxtil e produção agrícola.* São Paulo/Brasília, Hucitec, 1982.

ALCÂNTARA MACHADO, José de. *Vida e morte do bandeirante.* Belo Horizonte, Itatiaia; São Paulo, Universidade de São Paulo, 1980.

ALDEN, Dauril. "Black Robes Versus White Settlers: The Struggle for 'Freedom of the Indians' in Colonial Brazil", in Howard Peckham e Charles Gibson (orgs.). *Attitudes of Colonial Powers toward the American Indian.* Salt Lake City, University of Utah Press, 1969.

ALENCAR, José de. *A viuvinha.* São Paulo, Ática, 1981.

———. *Senhora.* São Paulo, Ática, 1982.

ALMANAK *administrativo, mercantil e industrial da provincia de São Paulo para o anno de 1857.* São Paulo, Imparcial, 1856.

ALMANAK *administrativo, mercantil e industrial da provincia de São Paulo para o anno de 1858.* São Paulo, Imparcial, 1857.

ALMEIDA, Cândido Mendes de (org.). *Codigo philippino ou ordenações do reino de Portugal,* 14ª ed. Rio de Janeiro, Typographia do Instituto Philomatico, 1870.

ALMEIDA, Hermenegildo Militão de. "Direito romano: o pae e obrigado a dotar a filha emancipada?", *O direito: revista mensual de legislação, doutrina e jurisprudencia,* anno X, vol. 29, 1882.

ALVAREZ LOPEZ, José Luís (trad. e org). *Historia del derecho germánico.* Barcelona, 1936.

AMARAL, J. J. A. Ginzel de. "Como se constitue o dote", tese de doutoramento. São Paulo, Faculdade de Direito de São Paulo, 1879.

AMERICANA, Zaira. *Mostra as immensas vantagens que a sociedade inteira obtem da Illustração, Virtudes e Perfeita Educação da mulher como mãi e esposa do homem.* Rio de Janeiro, Dous de Dezembro-de Paula Brito, 1853.

ANDRADE E SILVA, Raul de (org). *A evolução urbana em São Paulo.* São Paulo, 1955.

————. "São Paulo nos tempos coloniais", in Andrade e Silva, *A evolução urbana em São Paulo.*

ANTONIL. *Cultura e opulência do Brasil por suas drogas, e minas.* Recife, Universidade Federal de Pernambuco, 1969.

ARIÈS, Philippe. *Centuries of Childhood: A Social History of Family Life,* trad. de Robert Baldick. Nova York, Vintage Books, 1962.

ARROM, Silvia M. "Changes in Mexican Family Law in the Nineteenth Century: The Civil Codes of 1870 and 1884", *Journal of Family History* 10, nº 3, outono de 1985, pp.304-17.

————. "Marriage Patterns in Mexico City: 1811", *Journal of Family History* 3, nº 4, inverno de 1978, pp. 376-91.

————. *The Women of Mexico City, 1790-1857.* Stanford, Calif., Stanford University Press, 1985.

ATAS *da câmara da villa de São Paulo, 1640-1652.* São Paulo, Arquivo Municipal de São Paulo, Publicação Official, 1913.

AZEVEDO, Antonio Luiz de (org.). *Primeira parte das cartas familiares de D. Francisco Manoel de Mello (1608-1668).* Roma, 1644.

AZEVEDO, Aroldo de. "Vilas e cidades do Brasil colonial", Boletim nº 208. São Paulo, Faculdade de Filosofia, Ciências e Letras da Universidade de São Paulo, 1956.

AZEVEDO, Thales de. "Família, casamento e divórcio no Brasil", *Journal of Inter-American Studies* 3, 1961, pp. 213-37.

AZEVEDO MARQUES, Manuel Eufrazio de. *Apontamentos históricos, geográficos, biográficos, estadísticos e noticiosos da província de São Paulo,* 2 vols. São Paulo/Belo Horizonte, Itatiaia, 1980.

BALMORI, Diana & OPPENHEIMER, Robert. "Family Clusters: Generational Nucleation in Nineteenth-Century Argentina and Chile", *Comparative Studies in Society and History* 21, nº 2, 1979, pp. 231-61.

————; VOSS, Stuart F. e WORTMAN, Miles. *Notable Family Networks in Latin America.* Chicago/Londres, University of Chicago Press, 1984.

BERLINCK, Manoel Tosta. "The Structure of the Brazilian Family in the City of São Paulo", tese de doutoramento (Ph.D.), Cornell University, 1969.

BEVILÁQUA, Clóvis. *Direito de família* (1ª ed. 1895), 5ª ed. Rio de Janeiro, Freitas Bastos, 1933.

BOURDIEU, Pierre. "Marriage Strategies as Strategies of Social Reproduction", in Elborg Forster e Patricia Ranum (orgs.). *Family and Society: Selections from the Annales.* Baltimore, Johns Hopkins University Press, 1976.

BOSSEN, Laurel. "Toward a Theory of Marriage: The Economic Anthropology of Marriage Transactions, *Ethnology* 28, nº 2, 1988, pp. 127-44.

BOXER, Charles R. *The Golden Age of Brazil, 1695-1750.* Berkeley, University of California Press, 1962.

————. *Mary and Misogyny: Women in Iberian Expansion Overseas, 1415-1815. Some Facts, Fancies and Personalities.* Londres, Duckworth, 1975.

BRADING, Charles. *Miners and Merchants in Bourbon Mexico, 1763-1810.* Cambridge, Cambridge University Press, 1971.

BROTERO, Frederico de Barros. *A família Jordão.* São Paulo, Gráfica Paulista, 1948.

————. *A família Monteiro de Barros.* São Paulo, João Bentivegna, 1951.

BRUNO, Ernani Silva. "O que revelam os inventários sobre escravos e gente de serviço", *Revista do Arquivo Municipal*, São Paulo, 188, 1976, pp. 63-70.

BUARQUE DE HOLANDA, Sergio. *Monções.* São Paulo, Alfa-Omega, 1976.

————. "Movimentos da população em São Paulo no século XVIII", *Revista de Estudos Brasileiros* 1, 1966, pp. 55-111.

————. (org.). *História geral da civilização brasileira*, 7 vols. São Paulo, Difel/Difusão, 1981.

BUESCU, Mircea. "A inflação brasileira de 1850 a 1870: monetarismo e estruturalismo", *Revista Brasileira de Economia* 26, nº 4, out.-dez. de 1972, pp. 125-47.

————. *Evolução econômica do Brasil.* Rio de Janeiro, Apec, 1974.

CAMARA, José Gomes B. *Subsídios para a história do direito pátrio.* Rio de Janeiro, Brasiliana, 1965.

CAMARGO, José Francisco de. *Crescimento da população no estado de São Paulo e seus aspectos econômicos (Ensaio sobre as relações entre a demografia e a economia).* São Paulo, Universidade de São Paulo, 1952.

CAMARGO, monsenhor Paulo Florêncio da Silveira. *A Igreja na história de São Paulo, 1624-1676.* São Paulo, Instituto Paulista de História e Arte Religiosa, 1952-3.

CANABRAVA, Alice P. "A repartição da terra na capitania de São Paulo, 1813". *Estudos Econômicos* (São Paulo) 2, nº 6, dez. de 1972, pp. 77-130.

———. "Esboço da história econômica de São Paulo", in Ernani Silva Bruno (org.). *São Paulo, terra e povo.* Porto Alegre, Globo, 1967.

———. "Evolução das posturas municipais de Sant'Ana de Parnaíba, 1829-1867", *Revista de Administração* 3, nº 9, mar. de 1949, pp. 34-62.

———. "Uma economia de decadência: os níveis de riqueza na capitania de São Paulo, 1765/1767", *Revista Brasileira de Economia* 26, nº 4, out.-dez. de 1972, pp. 95-123.

CANCIAN, Francesca M.; GOODMAN, Louis W. & SMITH, Peter H. "Capitalism, Industrialization and Kinship in Latin America: Major Issues", *Journal of Family History* 3, nº 4, inverno de 1978, pp. 319-36.

CANDIDO, Antonio. "The Brazilian Family", in T. Lynn Smith e Alexander Marchant (orgs.). *Brazil: Portrait of Half a Continent.* Westport, Conn., Greenwood Press, 1972.

———. *Os parceiros do Rio Bonito.* São Paulo, Duas Cidades, 1979.

CARVALHO FRANCO, Francisco de Assis. *Dicionário de bandeirantes e sertanistas do Brasil.* São Paulo, Indústria Gráfica Siqueira, 1953.

———. *Os Camargo de São Paulo.* São Paulo, Spes, 1937.

CARVALHO FRANCO, Maria Sylvia de. *Homens livres na ordem escravocrata.* São Paulo,Instituto de Estudos Brasileiros, 1969.

CASSIANO, Ricardo. *Marcha para oeste* (*a influência da bandeira na formação social e política do Brasil*). Rio de Janeiro, José Olympio, s. d.

CHEVALIER, François. "New Perspectives and New Focuses on Latin American Research", *Newsletter: Conference on Latin American History* 21, nº 1, abr. de 1985.

CHOJNACKI, Stanley. "Dowries and Kinsmen in Early Renaissance Venice", *Journal of Interdisciplinary History* 5, nº 4, primavera de 1975, pp. 571-600.

CHOWNING, Margaret. "A Mexican Provincian Elite: Michoacán, 1810-1910"', tese de doutoramento (Ph.D.), Stanford University, 1985.

CODIGO Civil dos Estados Unidos de Brasil. Comentado por Clovis Beviláqua. Rio de Janeiro, Francisco Alves, 1917.

CODIGO Commercial do Imperio do Brazil. Annotado pelo Desembargador Salustiano Orlando de Araujo Costa, 4ª ed. Rio de Janeiro, Laemmert, 1886.

CODIGO Penal do Imperio de Brasil. Rio de Janeiro, Perseverança, 1877.

COLECÇÃO das leis do Imperio de Brasil. Rio de Janeiro, Nacional, 1864, 1875 e 1890.

COLEMAN, Peter J. *Debtors and Creditors in America.* Madison: State Historical Society of Wisconsin, 1974.

CONGRESSO Nacional — Annaes da Camara dos Deputados — sessões de 1907. Rio de Janeiro, Imprensa Nacional, 1908.

COOKE, Edward. *An Inquiry into the State of the Law of Debtor and Creditor in England.* Londres, 1829.

CORRÊA, Mariza. "Repensando a família patriarcal brasileira", in Maria Suley Kofes de Almeida (org.). *Colcha de retalhos: estudos sobre a família no Brasil.* São Paulo, Brasiliense, 1982.

"CORRESPONDENCIA do capitão-general dom Luiz Antonio de Souza Botelho Mourão, 1766-1768", in *Documentos interessantes*, vol. 23. São Paulo, Arquivo do Estado de São Paulo, 1896.

COSTA, Emilia Viotti da. *The Brazilian Empire: Myths and Histories.* Chicago, University of Chicago Press, 1985.

————. *Da senzala à colônia.* São Paulo, Ciências Humanas, 1982.

————. "Land Policies: the Land Law, 1850, and the Homestead Act, 1862", in Costa. *The Brazilian Empire.*

COSTA, Iraci del Nero da. "A estrutura familial e domiciliária em Vila Rica no alvorecer do século XIX", *Revista do Instituto de Estudos Brasileiros* 19, 1977, pp. 17-34.

COSTA PINTO, Luiz de Aguiar. *Lutas de famílias no Brasil.* São Paulo, Brasiliana, 1980.

COUTURIER, Edith. "Women and the Family in Eighteenth-Century Mexico: Law and Practice", *Journal of Family History* 10, nº 3, outono de 1985, pp. 294-303.

DANTAS, Julio. *O amor em Portugal no século XVIII*, 3ª ed. Lisboa, s.d.

DEAN, Warren. "Latifundia and Land Policy in Nineteenth-Century Brazil", *Hispanic American Historical Review* 51, nº 4, nov. de 1971, pp. 606-25.

————. *Rio Claro: A Brazilian Plantation System, 1800-1920.* Stanford, Calif., Stanford University Press, 1976.

DEUS, frei Gaspar da Madre de. *Memorias para a historia de São Vicente hoje chamada de São Paulo.* 1797 (reed.). São Paulo, Martins, 1953.

DIAS, Maria Odila da Silva. "Aspectos da ilustração no Brasil", *Revista do Instituto Histórico Geográfico Brasileiro.* Rio de Janeiro, 278, 1968, pp. 105-70.

————. *Quotidiano e poder em São Paulo no século XIX: Ana Gertrudes de Jesus.* São Paulo, Brasiliense, 1984.

DIMAKI, Jane Lambiri. "Dowry in Modern Greece: An Institution at the Crossroads between Persistence and Decline", in Kaplan. *The Marriage Bargain.*

DIRETORÍA geral de estatística. *Recenseamento do Brasil realizado em setembro de 1920.* Rio de Janeiro, Imprensa Nacional, 1922.

DOCUMENTOS com que o illustrissimo e excellentissimo Senhor Senador José Joaquim Fernandes Torres Presidente de São Paulo instruio o relatorio da abertura da assembleia legislativa provincial no dia 2 de Fevereiro de 1858. São Paulo, 1858.

DOCUMENTOS interessantes para a história e costumes de São Paulo, 93 vols. São Paulo, Arquivo do Estado de São Paulo, 1897-1980.

DUMONT, Louis. *Homo Hierarchicus: An Essay on the Caste System*, trad. de Mark Sainsbury. Chicago, University of Chicago Press, 1970.

————. "The Modern Conception of the Individual: Notes on Its Genesis and that of Concomitant Institutions", *Contributions* 8, 1965, p. 13.

ELDER Jr., Glen H. "History and the Family: The Discovery of Complexity", *Journal of Family History* 6, nº 2, ago. de 1981, pp. 489-519.

ELLIS Jr., Alfredo. *A economia paulista no século XVIII*. São Paulo, Academia Paulista de Letras, 1979.

————. "O ciclo do muar". *Revista de História* 1, nº 1, jan.-mar. de 1950, p. 73.

————. *Os primeiros troncos paulistas*. São Paulo, Nacional, 1936.

————. *Raça de gigantes*. São Paulo, Helios, 1926.

————. *Um parlamentar paulista na república*. São Paulo, João Bentivegna, 1949.

ELLIS, Myriam. "Contribuição ao estudo do abastecimento das zonas mineradoras do Brasil no século XVIII", *Revista de História* 17, nº 36, 1958, pp. 429-67.

————. "Estudo sobre alguns tipos de transporte no Brasil colonial", *Revista de História* 1, nº 4, out.-dez. de 1950, pp. 495-516.

ENGELS, Frederick. *The Origin of the Family, Private Property and the State*, org. de Eleanor Burke Leacock. Nova York, International Publishers, 1972.

FAORO, Raymundo. *Os donos do poder. Formação do patronato político brasileiro*, 2 vols. Porto Alegre, Globo, 1979.

FELSTINER, Mary Lowenthal. "Kinship Politics in the Chilean Independence Movement", *Hispanic American Historical Review* 56, nº 1, fev. de 1976, pp. 58-80.

FERREIRA, Waldemar Martins. *História do direito brasileiro*. São Paulo, Max Limonad, 1956.

————. *O casamento religioso de efeitos cíveis*. São Paulo, Sigueiras Salles Oliveira, 1935.

FLANDRIN, Jean-Louis. *Families in Former Times: Kinship, Household and Sexuality*. Nova York, Cambridge University Press, 1979.

FLORY, Rae Jean Dell & SMITH, David Grant. "Bahian Merchants and Planters in the Seventeenth and Early Eighteenth Centuries", *Hispanic American Historical Review* 58, 1978, pp. 571-94.

FONSECA, padre Manoel da. *Vida do veneravel Padre Belchior de Pontes da Companhia de Jesus*. Lisboa, 1752.

FOOT, Francisco & LEONARDI, Victor. *História da indústria e do trabalho no Brasil*. São Paulo, Global, 1982.

FREITAS, Divaldo Gaspar de. *Paulistas na Universidade de Coimbra*. Coimbra, Coimbra Editora, 1958.

FRENCH, John. "Riqueza, poder e mão-de-obra numa economia de subsistência: São Paulo, 1596-1625", *Revista do Arquivo Municipal* 45, nº 195, 1982, pp. 79-107.

FREYRE, Gilberto. *The Masters and the Slaves.* Nova York, Knopf, 1956.

————. "The Patriarchal Basis of Brazilian Society", in Joseph Maier e Richard Weatherhead (orgs.). *Politics of Change in Latin America.* Nova York, Praeger, 1964.

FRIEDL, Ernestine. "The Position of Women: Appearances and Reality", *Anthropological Quarterly* 40, nº 3, jul. de 1967, pp. 97-108.

FUKUI, Lia F. K. "Riqueza do pobre: relações pais e filhos entre sitiantes tradicionais brasileiros", *Revista do Instituto de Estudos Brasileiros* 14, 1973 pp. 67-77.

————. *Sertão e bairro rural.* São Paulo, Ática, 1979.

FURTADO, Celso. *Economic Development of Latin America: a Survey from Colonial Times to the Cuban Revolution*, trad. de Suzette Macedo. Cambridge, Ingl., Cambridge University Press, 1970.

————. *The Economic Growth of Brazil*, trad. de Ricardo W. de Aguiar e Eric Charles Drysdale. Berkeley, University of California Press, 1965.

GANDAVO, Pero de Magalhães. *História da província Santa Cruz.* São Paulo, Itatiaia, 1980.

GILLIS, John R. *For Better, for Worse: British Marriages, 1600 to the Present.* Nova York, Oxford University Press, 1988.

————. "Peasant, Plebeian, and Proletarian Marriage in Britain, 1600-1900", in David Levine (org.). *Proletarianization and Family History.* Orlando, Fla., Academic Press, 1984.

GOODE, William J. "The Theoretical Impostance of Love", *American Sociological Review* 24, 1959, pp. 38-47.

————. *World Revolution and Family Patterns.* Nova York, The Free Press, 1963.

GOODY, Jack. *The Development of the Family and Marriage in Europe.* Nova York, Cambridge University Press, 1983.

————. "Strategies of Heirship", *Comparative Studies in Society and History* 15, nº 1, jan. de 1973, pp. 3-20.

———— & TAMBIAH, S. J. *Brideprice and Dowry.* Cambridge, Ingl., Cambridge University Press, 1973.

————; THIRSK, Joan & THOMPSON, E.P. (orgs.). *Family and Inheritance: Rural Society in Western Europe, 1200-1800.* Cambridge, Ingl., Cambridge University Press, 1976.

GOULART, José Alipio. *Tropas e tropeiros na formação do Brasil.* Rio de Janeiro, Conquista, 1961.

GRAHAM, Richard. *Britain and Modernization of Brazil, 1850-1914.* Cambridge, Ingl., Cambridge University Press, 1968.

GRAHAM, Sandra Lauerdale. *House and Street: The Domestic World of Servants and Masters in Nineteenth-Century Rio de Janeiro.* Cambridge, Ingl., Cambridge University Press, 1988.

GRIGG, Susan. "Toward a Theory of Remarriage: A Case Study of Newburyport at the Beginning of the Nineteenth Century", in Robert I. Rotberg e Theodore K. Rabb (orgs.). *Marriage and Fertility: Studies in Interdisciplinary History.* Princeton, N.J., Princeton University Press, 1980.

GUIMARÃES, Alberto Passos. *Quatro séculos de latifúndio*, 6ª ed. São Paulo, Paz e Terra, 1989.

HAHNER, June E. *Women in Latin American History: Their Lives and Views.* Los Angeles, University of California Press, 1976.

HAREVEN, Tamara K. "Modernization and Family History: Perspectives on Social Change", *Signs: Journal of Women in Culture and Society* 2, nº 1, 1976, pp. 190-206.

HARRELL, Stevan & DICKEY, Sara A. "Dowry Systems in Complex Societies", *Ethnology* 24, nº 2, 1985, pp. 105-20.

HERLIHY, David. *Medieval Households.* Cambridge, Mass., Harvard University Press, 1985.

HERMANN, Lucila. "Evolução da estrutura social de Guaratinguetá num período de trezentos anos", *Revista de Administração* 2, mar.-jun. de 1948, pp. 3-316.

HERNANI, Estrella. *Direitos da mulher.* Rio de Janeiro, Konfino, 1975.

HILL, Christopher. "Sex, Marriage, and the Family in England", *Economic History Review* 31, nº 3, ago. de 1978, pp. 450-63.

HOORNAERT, Eduardo; AZZI, Riolando; GRIJP, Klaus van der & BROD, Benno. *História da Igreja no Brasil: ensaio de interpretação a partir do povo.* Petrópolis, Vozes, 1977.

HOUSTON, Rab. "Illiteracy in Scotland, 1630-1760", *Past and Present* 96, ago. de 1982, pp. 81-102.

HUGHES, Diana Owen. "From Brideprice to Dowry in Mediterranean Europe", in Kaplan. *The Marriage Bargain.*

INVENTÁRIOS e Testamentos, 44 vols. São Paulo, Arquivo do Estado de São Paulo, 1926-75.

JOHNSON Jr., Harold B. "A Preliminary Inquiry into Money, Prices and Wages in Rio de Janeiro, 1763-1823", in Dauril Alden (org.). *Colonial Roots of Modern Brazil.* Berkeley, University of California Press, 1973.

JOHNSON, Lyman L. & SOCOLOW, Susan M. "Population and Space: Eighthteenth-Century Buenos Aires". In David Robinson (org.). *Social Fabric and Spatial*

Structure in Colonial Latin America. Syracuse, N.Y., Microfilms International, 1979.

KAPLAN, Marion A. "For Love and Money: The Marriage Strategies of Jews in Imperial Germany", in Kaplan. *The Marriage Bargain.*

———— (org.). *The Marriage Bargain: Women and Dowries in European History.* Nova York, Harrington Park Press, 1985.

KENNEDY, John Norman. "Bahian Elites, 1750-1822", *Hispanic American Historical Review* 53, nº 3, 1973, pp. 415-39.

KICZA, John E. "The Great Families of Mexico: Elite Maintenance and Business Practices in Late Colonial Mexico City", *Hispanic American Historical Review* 62, nº 3, 1982, pp. 429-57.

————. "The Role of the Family in Economic Development in Nineteenth-Century Latin America", *Journal of Family History* 10, nº 3, outono de 1985, pp. 235-46.

KORTH, Eugen H. & FLEUCHE, Della M. "Dowry and Inheritance in Colonial Spanish America: Peninsular Law and Chilean Practice", *The Americas* 43, nº 4, abr. de 1987, pp. 395-410.

KUZNESOF, Elizabeth. "Household Composition and Headship Rates as Related to Changes in Mode of Production: São Paulo, 1765-1836", *Comparative Studies in Society and History* 22, nº 1, jan. de 1980, pp. 78-108.

————. "Clans, the Militia, and Territorial Government: The Articulation of Kinship with Polity in Eighteenth-Century São Paulo", in David J. Robinson (org.). *Social Fabric and Spatial Structure in Colonial Latin America.* Syracuse, N.Y., Microfilms International, 1979.

————. "From Family Clans to Class Alliance: The Relationship of Social Structure to Economic Development in 19th Century São Paulo", *Revista da Sociedade Brasileira de Pesquisa Histórica* (São Paulo) 3, 1986-7, pp. 29-46.

————. "Household Composition and Economy in an Urbanizing Community: São Paulo, 1765 to 1836", tese de doutoramento (Ph.D.). Berkeley, University of California, 1976.

————. *Household Economy and Urban Development, São Paulo, 1765 to 1836.* Boulder, Colo., Westview Press, 1986.

————. "Property Law and Family Strategies: Inheritance and Corporation in Brazil, 1800-1960". Comunicação apresentada nos encontros da American Historical Association, dezembro de 1984.

————. "The Role of the Female-Headed Household in Brazilian Modernization: São Paulo, 1765 to 1836", *Journal of Social History* 13, nº 4, jun. de 1980, pp. 589-613.

KUZNESOF, Elizabeth. "The Role of the Merchants in the Economic Development of São Paulo, 1765-1850", *Hispanic American Historical Review* 60, nº 4, 1980, pp. 571-92.

LADURIE, E. Le Roy. "Système de la coutume: Structures familiales et coutumes d'heritage en France au XVI siècle", *Annales* 27, nºs 4-5, jul.-out. de 1972, pp. 825-46.

LANTZ, Herman R. "Romantic Love in the Pre-modern Period: A Sociological Commentary", *Journal of Social History*, primavera de 1982, pp. 349-70.

LASLETT, Peter. *Household and Family in Past Time*. Cambridge, Ingl., Cambridge University Press, 1972.

LAVRIN, Asunción & COUTURIER, Edith. "Dowries and Wills: A View of Women's Socioeconomic Role in Colonial Guadalajara and Puebla, 1640-1790", *Hispanic American Historical Review* 59, nº 2, 1979, pp. 280-304.

LEACOCK, Eleanor. Introdução a Engels. *The Origin of the Family*.

LEITE, Aureliano (org.). *Homens de São Paulo*. São Paulo, 1955.

LEITE, Mario. *Paulistas e mineiros, plantadores de cidades*. São Paulo, EdArt, 1961.

LEITE, Serafim. *História da Companhia de Jesus no Brasil*, 10 vols. Rio de Janeiro, Civilização Brasileira, 1938-45.

LEONZO, Nanci. *As companhias de ordenanças na capitania de São Paulo: das origens ao governo de Morgado de Matheus, Coleção Museu Paulista* (série de História). São Paulo, 1977.

LEVI, Darrell E. *A família Prado*. São Paulo, Cultura 70, 1977.

LEVY, Maria Bárbara. *História financeira do Brasil colonial*. Rio de Janeiro, IBMEC, 1979.

LEWIN, Linda. "Natural and Illegitimate Children in Brazilian Inheritance Law from Colony to Empire: A Methodological Note". Manuscrito inédito.

———. *Politics and Parentela in Paraíba*. Princeton, N.J., Princeton University Press, 1987.

———. "Some Historical Implications of Kinship Organization for Family-Based Politics in Brazilian Northeast", *Comparative Syudies in Society and History* 21 nº 2, abr. de 1979, pp. 262-92.

LIMA, Heitor Ferreira. *História político-econômica e industrial do Brasil*. São Paulo, Brasiliana, 1976.

LIMA, Ruy Cirne. *Pequena história territorial do Brasil*. Porto Alegre, Livraria Sulina, 1954.

LISANTI FILHO, Luís. *Negócios coloniais (uma correspondência comercial do século XVIII)*, 5 vols. São Paulo, Visão, 1973.

LOBO, Eulalia Maria Lhameyer. "O comércio atlântico e a comunidade de mercadores no Rio de Janeiro e em Charleston no século XVIII", *Revista de História* 51, nº 101, 1975, pp. 49-106.

LOCKHART, James. *Spanish Peru, 1532-1560.* Madison, University of Wisconsin Press, 1968.

———— & OTTE, Enrique (orgs.). *Letters and People of the Spanish Indies: Sixteenth Century.* Nova York, Cambridge University Press, 1976.

LOPEZ ORTIZ, P. José. *Derecho musulman.* Barcelona, Labor, 1932.

LORENZO-FERNANDES, O. S. *A evolução da economia brasileira.* Rio de Janeiro, Zahar, 1976.

LOVE, Edgar. "Marriage Patterns of Persons of African Descent in a Colonial Mexico City Parish", *Hispanic American Historical Review* 51, nº 1, fev. de 1971, pp. 71-91.

MACFARLANE, Alan. *The Origins of English Individualism: The Family, Property, and Social Transition.* Oxford, Blackwell, 1978.

MAINE, Sir Henry. *Ancient Law: Its Connection with the Early History of Society and its relation to Modern Ideas.* Nova York, Holt, 1906.

MARCHANT, Alexander. *From Barter to Slavery: The Economic Relations of Portuguese and Indians in the Settlement of Brazil, 1500-1580.* Baltimore, Johns Hopkins University Press, 1942.

MARCÍLIO, Maria Luiza. *A cidade de São Paulo, povoamento e população, 1750-1850.* São Paulo, Pioneira, 1974.

————. "Crescimento demográfico e evolução agrária paulista, 1700-1836", tese de livre-docência, São Paulo, Universidade de São Paulo, 1974.

————. "Evolução da população brasileira ao longo dos censos até 1872", *Cadernos* CEBRAP 16, 1973, pp. 115-37.

————. "Mariage et remariage dans le Brésil traditionnel: Lois, intensité, calendrier", in Jacques Dupaquier (org.). *Marriage and Remarriage in Populations of the Past.* Londres, Academic, 1981.

————. "Variation des noms et prénoms au Brésil", *Annales de démographie historique,* 1972, pp. 345-53.

MARTINEZ ALIER, Verena. *Marriage, Class and Colour in Nineteenth-Century Cuba: A Study of Racial Attitudes and Sexual Values in a Slave Society.* Londres, Cambridge University Press, 1974.

MARTINHO, Lenira Menezes. "Organização do trabalho e relações sociais nas firmas comerciais do Rio de Janeiro (primeira metade do século XIX)", *Revista do Instituto de Estudos Brasileiros,* nº 18, 1976, pp. 41-62.

MARX, Karl. *O capital,* 3 vols. Nova York, International Publishers, 1967.

MATTOS, Armando de. *Manual de genealogia portuguesa.* Porto, F. Machado, 1943.

MAXWELL, Kenneth. "Pombal and the Nationalization of the Luso-Brazilian Economy", *Hispanic American Historical Review* 48, nº 4, nov. de 1968, pp. 608-31.

MCCAA, Robert. "*Calidad, Clase* and Marriage in Colonial Mexico: The Case of Parral, 1788-90", *Hispanic American Historical Review* 64, nº 3, ago. de 1984, pp. 477-501.

MELLO, d. Francisco Manoel de. *Carta de guia de casados.* Coimbra, 1747.

MERRICK, Thomas W. & GRAHAM, A.H. *Population and Economic Development in Brazil: 1800 to the Present.* Baltimore, Johns Hopkins University Press, 1979.

MESGRAVIS, Laima. *A Santa Casa de Misericórdia de São Paulo (1559?-1884).* São Paulo, Conselho Estadual de Cultura, 1976.

METCALF, Alida C. "Families of Planters, Peasants, and Slaves: Strategies for Survival in Santana de Parnaíba, Brazil, 1720-1820", tese de doutoramento (Ph.D.). Texas, University of Texas at Austin, 1983.

————. "Fathers and Sons: The Politics of Inheritance in a Colonial Brazilian Township", *Hispanic American Historical Review* 66, nº 3, 1986, pp. 455-84.

————. "Recursos e estruturas familiares no século XVIII, em Ubatuba, Brasil", *Estudos Econômicos* 13, 1983, pp. 771-5.

MILLET, Sérgio. *Roteiro do café e outros ensaios.* São Paulo, Hucitec/Pró-Memória, 1982.

MONTEIRO, John. "São Paulo in the Seventeenth Century: Economy and Society", tese de doutoramento (Ph.D.). Chicago, University of Chicago, 1985.

————. "Vida e morte do índio: São Paulo colonial", in Comissão Pró-Índio (org.). *Índios no estado de São Paulo: resistência e transfiguração.* São Paulo, Yankatú, 1984.

MONTESQUIEU, Charles de Secondat. *The Spirit of Laws,* vol. 2. Nova York, The Colonial Press, 1949.

MORSE, Richard. *From Community to Metropolis: A Biography of São Paulo.* Gainesville, University of Florida Press, 1958.

MOURA, Margarida Maria. *Os herdeiros da terra: parentesco e herança numa área rural.* São Paulo, Hucitec, 1978.

NAZZARI, Muriel. "The Disappearance of the Dowry: The Case of São Paulo", Revista da Sociedade Brasileira de Pesquisa Histórica.

————. "Dotes paulistas: composição e transformações (1600-1870)", trad. de Lina Gorenstein Ferreira da Silva, *Revista Brasileira de História* 9, nº 17, set. de 1988-fev. de 1989, pp. 87-100.

————. "Parents and Daughters: Change in the Practice of Dowry in São Paulo (1600-1770)", *Hispanic American Historical Review* 70, nº 4, nov. de 1990, pp. 639-65.

————. "The Significance of Present-Day Changes in the Institution of Marriage", *Review of Radical Political Economics* 12, nº 2, verão de 1980, pp. 63-75.

NAZZARI, Muriel. "Women, the Family, and Property: The Decline of the Dowry in São Paulo, Brazil, 1600-1870", tese de doutoramento (Ph.D.). Yale University, 1986.
NEME, Mario. "Apossamento do solo e evolução da propriedade rural na zona de Piracicaba", in *Coleção Museu Paulista* (série de História, vol. 1). São Paulo, Fundo de Pesquisas do Museu Paulista da Universidade de São Paulo, 1974.
————. "Dados para a história dos índios caiapós", *Anais do Museu Paulista* 23, 1969.
NOVAIS, Fernando A. "O código commercial brasileiro: principaes emendas approvadas pelo senado em 1848", *Revista da Faculdade de Direito* 17, 1979.
————. *Portugal e Brasil na crise do antigo sistema colonial (1777-1808)*. São Paulo, Hucitec, 1981.

OKIN, Susan Moller. "Patriarchy and Married Women's Property in England: Questions on Some Current Views", *Eighteenth-Century Studies* 17, inverno 1983-4, pp. 121-38.
OLIVEIRA, d. Oscar de. *Os dízimos eclesiásticos do Brasil nos períodos da colônia e do Império*. Belo Horizonte, Universidade de Minas Gerais, 1964.
OLIVEIRA, J. J. Machado d'. *Quadro historico da provincia de São Paulo*. São Paulo, 1897.
OLIVEIRA VIANA, F. J. *Populações meridionais do Brasil*. São Paulo, Monteiro Lobato, 1920.
ONODY, O. *A inflação no Brasil (1820-1958)*. Rio de Janeiro, 1960.
O PRIMEIRO-QUINTO livro das ordenações. Lisboa, 1521.
ORDENAÇÕES e leys do reyno de Portugal confirmadas e estabelecidas pelo Senhor rey D. João IV. Lisboa, 1747.
OUTHWAITE, R. B. (org.). *Marriage and Society: Studies in the Social History of Marriage*. Nova York, St. Martin's, 1982.

PAIVA, José Maria de. *Colonização e catequese (1549-1600)*. São Paulo, Autores Associados, Cortez, 1982.
PEREIRA DE QUEIROZ, Maria Isaura. *Bairros rurais paulistas*. São Paulo, Duas Cidades, 1973.
PETRONE, Maria Thereza Schorer. *A lavoura canavieira em São Paulo*. São Paulo, Difusão Européia do Livro, 1968.
PIMENTEL, Silvia. "Comunicação docente: evolução dos direitos da mulher — norma — fato — valor", tese. São Paulo, Faculdade de Direito, 1976.
PINTO, Virgílio Noya. "Balanço das transformações econômicas no século XIX", in Carlos Guilherme Mota (org.). *Brasil em perspectiva*. São Paulo, Difel, 1968.
POLANYI, Karl. *The Great Transformation*. Nova York, Rinehart, 1944.

PRADO Jr., Caio. *The Colonial Background of Modern Brazil*, trad. de Suzette Macedo. Berkeley, University of California Press, 1967.

———. *História econômica do Brasil.* São Paulo, Brasiliense, 1983.

PRADO, Paulo. *Paulística, história de São Paulo.* Rio de Janeiro, Ariel, 1934.

PRIORE, Mary del. *A mulher na história do Brasil.* São Paulo, Pinsky, 1988.

RAMOS, Donald. "City and Country: The Family in Minas Gerais, 1804-1838", *Journal of Family History* 3, nº 4, inverno de 1978, pp. 361-75.

———. "Marriage and the Family in Colonial Vila Rica", *Hispanic American Historical Review* 55, nº 2, maio de 1975, pp. 200-25.

RAPP, Rayna; ROSS, Ellen & BRIDENTHAL, Renate. "Examining Family History", in Judith L. Newton, Mary P. Ryan e Judith R. Walkowits (orgs.). *Sex and Class in Women's History.* Londres, Routledge and Kegan Paul, 1983.

REBELO, Bartolomeu Coelho Neves. *Discurso sobre a inutilidade dos esponsais dos filhos celebrados sem consentimento dos pais.* Lisboa, 1773.

REGISTRO geral da Câmara de São Paulo, 1750-1763, vol. 10. São Paulo, Arquivo Municipal de São Paulo, 1920.

RIBEIRO, Maria da Conceição Martins. "A vida urbana paulistana vista pela administração municipal: 1560-1828", diss. São Paulo, Universidade de São Paulo, 1972.

RICARDO, Cassiano. *Marcha para oeste* (*a influência da bandeira na formação social e política do Brasil*). Rio de Janeiro, José Olympio, s.d.

ROCHA, Manoel Antonio Coelho da. *Instituições de direito civil português.* Rio de Janeiro, H. Garnier, 1907.

ROUSSEL, Louis. *La famille après le mariage des enfants.* Paris, Presses Universitaires de France, 1976.

RUBIN, Gayle. "The Traffic in Women: Notes on the 'Political Economy' of Sex", in Rayna R. Reiter (org.). *Toward an Anthropology of Women.* Nova York, Monthly Review Press, 1975.

RUSSELL-WOOD, A. J. R. "Female and Family in Colonial Brazil", in Asunción Lavrin (org.). *Latin American Women: Historical Perspectives.* Westport, Conn., Greenwood Press, 1978.

———. *Fidalgos and Philanthropists: The Santa Casa da Misericórdia of Bahia, 1550-1755.* Berkeley, University of California Press, 1968.

———. "Women and Society in Colonial Brazil", *Journal of Latin American Studies* 9, nº 1, 1977, pp. 1-34.

RYAN, Mary P. *Womanhood in America, from Colonial Times to the Present.* Nova York, New Viewpoints, 1975.

SÁ, Joseph Barbosa de. "Relação das povoações do Cuyabá e Mato Groso de seos principios thé os prezentes tempos", *Anais da Biblioteca Nacional do Rio de Janeiro* 23, 1901, pp. 5-58.

SACKS, Karen. "Engels Revisited: Women, the Organization of Production, and Private Property", in Michelle Z. Rosaldo e Louise Lamphere (orgs.). *Woman, Culture, and Society*. Stanford, Calif., Stanford University Press, 1978.

SAFFIOTTI, Heleieth B. *Women in Class Society*. Nova York, Monthly Review Press, 1978.

SAMARA, Eni de Mesquita. "A família na sociedade paulista do século XIX, 1800-1860", diss., São Paulo, Universidade de São Paulo, 1980.

————. *As mulheres, o poder e a família, São Paulo, século XIX*. São Paulo, Marco Zero/Secretaria de Estado da Cultura de São Paulo, 1989.

————. "Casamento e papéis familiares em São Paulo no século XIX", *Cadernos de Pesquisa* 37, maio de 1981, pp. 17-25.

————. "Estratégias matrimoniais no Brasil do século XIX", *Revista Brasileira de História* 8, nº 15, set.-fev. de 1987, pp. 91-106.

————. "Família, divórcio e partilha de bens em São Paulo no século XIX", *Estudos Econômicos* 13, nº especial, 1983, pp. 787-97.

————. "O dote na sociedade paulista do século XIX: legislação e evidências", *Anais do Museu Paulista* 30, 1980-1, pp. 41-53.

————. "O papel do agregado na região de Itú, 1798-1830", in *Coleção Museu Paulista* (série de História) 6. São Paulo, 1977, pp. 1-105.

————. "Uma contribuição ao estudo da estrutura familiar em São Paulo durante o período colonial: a família agregada em Itú de 1780 a 1830", *Revista de História*, 105, nº 53. São Paulo, 1976, pp. 33-45.

SAMPAIO, Teodoro (org.). *São Paulo no século XIX e outros ciclos históricos*. São Paulo, Vozes, 1978.

SCHNEIDER, Jane. "Trousseau as Treasure: Some Contributions of Late Nineteenth-Century Change in Sicily", in Eric B. Ross (org.). *Beyond the Myths of Culture: Essays in Cultural Materialism*. Londres/São Francisco, Academic Press, 1980.

SCHWARTZ, Stuart B. *Sovereignty and Society in Colonial Brazil*. Berkeley, University of California Press, 1973.

SEARLE, Eleanor. "Seigneurial Control of Women's Marriage: The Antecedents and Function of Merchet in England", *Past and Present* 82, 1979, pp. 3-43.

SEED, Patricia. "The Church and the Patriarchal Family: Marriage Conflicts in Sixteenth-and Seventeenth-Century New Spain", *Journal of Family History* 10, nº 3, outono de 1985, pp. 248-57.

————. *To Love, Honor, and Obey in Colonial Mexico: Conflicts over Marriage Choice, 1574-1821*. Stanford, Calif., Stanford University Press, 1988.

SEGALEN, Martine. *Nuptialité et Alliance*. Paris, G. P. Maissoneuve et Larose, 1973.

SESMARIAS (*1720-1736*). São Paulo, Arquivo do Estado de São Paulo, 1937.

SILVA, Maria Beatriz Nizza da. "A legislação pombalina e a estrutura da família no antigo regime português". Separata da coletânea *Pombal Revisitado*. São Paulo, Estampa, 1984.

———. "Educação feminina e educação masculina no Brasil colonial", *Revista de História* 109, nº 40. São Paulo, 1977, pp. 149-64.

———. "Sistema de casamento no Brasil colonial", *Ciência e Cultura* 28, nº 11, nov. de 1976, pp. 1250-63.

———. *Sistema de casamento no Brasil colonial*. São Paulo, T. A. Queiroz, 1984.

SILVA LEME, Luiz Gonzaga da. *Genealogia paulistana*, 9 vols. São Paulo, Duprat, 1903-5.

SIMONSEN, Roberto. *História econômica do Brasil* (*1500-1820*). São Paulo, Companhia Editora Nacional, 1978.

SLATER, Miriam. "The Weightiest Business: Marriage in an Upper-Gentry Family in Seventeenth-Century England", *Past and Present* 72, 1976, pp. 25-53.

SOCOLOW, Susan. *The Merchants of Buenos Aires, 1778-1810*. Cambridge, Ingl., Cambridge University Press, 1978.

SOEIRO, Susan. "The Feminine Orders in Colonial Bahia, Brazil: Economic, Social and Demographic Implications, 1677-1800", in Asunción Lavrin (org.). *Latin American Women*. Westport, Conn., Greenwood Press, 1978.

STEARNS, Peter N. & STEARNS, Carol Z. "Emotionology: Clarifying the History of Emotions and Emotional Standards", *The American Historical Review* 90, nº 4, out. de 1985, pp. 813-36.

STONE, Lawrence. *Crisis of the Aristocracy*. Oxford, Clarendon Press, 1965.

———. "Family History in the 1980's", *Journal of Interdisciplinary History* 12, nº 1, verão de 1981, pp.51-87.

———. *The Family, Sex and Marriage in England, 1500-1800*. Nova York, Harper and Row, 1977.

———. "The Rise of the Nuclear Family in Early Modern England: The Patriarchal Stage", in Charles Rosenberg (org.). *The Family in History*. Filadélfia, University of Pennsylvania Press, 1975.

STUARD, Susan Mosher. "Dowry Increase and Increments in Wealth in Medieval Ragusa (Dubrovnik)", *Journal of Economic History* 41, nº 4, dez. de 1981, pp. 795-811.

SWARTZ, W. R. "Codification in Latin America: The Brazilian Commercial Code of 1850", *Texas International Law Journal* 10, nº 347, 1975, pp. 347-56.

SWEIGART, Joseph E. *Coffee Factorage and the Emergence of a Brazilian Capital Market, 1850-1888*. Nova York, Garland, 1987.

TAQUES (de Almeida Paes Leme), Pedro. *Historia da capitania de S. Vicente (com um esboço biographico do autor por Affonso de E. Taunay)*. São Paulo, Melhoramentos, s.d.

————. *Nobiliarquia paulistana histórica e genealógica*, 3 vols. São Paulo, Universidade de São Paulo, 1980.

TAUNAY, Affonso d'E. *História administrativa e econômica do Brasil*. Rio de Janeiro, Forense, 1972.

————. *História colonial da cidade de São Paulo no século XIX*, 3 vols. São Paulo, Publicação da Divisão do Arquivo Histórico, 1956.

————. *História da cidade de São Paulo*. São Paulo, Melhoramentos, 1953.

————. *História da cidade de São Paulo no século XVIII*, 2 vols. São Paulo, Publicação da Divisão do Arquivo Histórico, 1931-4.

————. *História da cidade de São Paulo sob o Império*. São Paulo, Publicação da Divisão do Arquivo Histórico, 1956-77.

————. *História geral das bandeiras paulistas*, 11 vols. São Paulo, Ideal, H. L. Canton, 1951.

————. *São Paulo nos primeiros annos (1554-1601)*. Tours: Impr. de Arrault, 1920.

TAWNEY, Richard Henry. *Religion and the Rise of Capitalism*. Nova York, Penguin Books, 1938.

THOMAS, W. I. & ZNANIECKI, F. *The Polish Peasant in America*, vol. 1. Nova York, Dover, 1958.

TILLY, Charles & TILLY, L. A. "Stalking the Bourgeois Family", *Social Science History* 4, nº 2, primavera de 1980, pp. 251-60.

TRÍPOLI, César. *História do direito brasileiro*, 2 vols. São Paulo, Revista dos Tribunaes, 1936.

TRUMBACH, Randolph. *The Rise of the Egalitarian Family: Aristocratic Kinship and Domestic Relations in Eighteenth-Century England*. Nova York, Academic Press, 1978.

TURINO, John. "Family Economies in Agrarian Mexico, 1750-1910", *Journal of Family History* 10, nº 3, outono de 1985, pp. 258-71.

————. "Power, Class and Family: Men and Women in the Mexican Elite, 1750-1810", *The Americas* 39, jul. de 1982-abr. de 1983, pp. 359-82.

VARNHAGEN, Francisco. *História geral do Brasil antes de sua separação e independência*, 2 vols. São Paulo, Melhoramentos, 1975.

VILLASBOAS, Antonio de. *Nobiliaria portuguesa*. Lisboa, 1676.

WAGLEY, Charles. *An Introduction to Brazil*. Nova York, Columbia University Press, 1963.

WAGLEY, Charles. "Kinship Patterns in Brazil: The Persistence of a Cultural Tradition", in Charles Wagley (org.). *The Latin American Tradition: Essays on the Unity and Diversity of Latin American Culture.* Nova York, Columbia University Press, 1968.

WEBER, Max. *The Protestant Ethic.* Nova York, Scribner, 1952.

WILLEMS, Emilio. "Social Differentiation in Colonial Brazil", *Comparative Studies in Society and History* 12, nº 1, jan. de 1970, pp. 31-49.

WILSON, Fiona. "Marriage, Property, and the Position of Women in Peruvian Central Andes", in Raymond T. Smith (org.). *Kinship Ideology and Practice in Latin America.* Chapell Hill, University of North Carolina Press, 1984.

WORMALD, Jenny. "The Blood Feud in Early Modern Scotland", in John Bossy (org.). *Disputes and Settlements: Law and Human Relations in the West.* Cambridge, Ingl., Cambridge University Press, 1983.

YVER, Jean. *Egalité entre héritiers et exclusion des enfants dotés.* Paris, Sirey, 1966.

ZEMELLA, Mafalda P. *O abastecimento da capitania das Minas Gerias no século XVIII*, Boletim nº 118 da FFLCH da USP. São Paulo, Universidade de São Paulo, 1951.

Índice remissivo

Neste índice, um asterisco (*) após um número de página indica a existência de uma referência distinta na página seguinte, e dois asteriscos (**) indicam referências distintas nas duas páginas seguintes. *Passim* é usado para um grupo de referências próximas entre si, mas não consecutivas.

ESTA OBRA FOI COMPOSTA PELA SPRESS EM MINION E IMPRESSA
PELA GEOGRÁFICA EM OFF-SET SOBRE PAPEL PÓLEN SOFT DA COMPANHIA
SUZANO PARA A EDITORA SCHWARCZ EM NOVEMBRO DE 2001